24

其他卷

柏杨全集

人民文学出版社

图书在版编目(CIP)数据

柏杨全集:限量版.24/柏杨著.—北京:人民文学出版社,2010

ISBN 978-7-02-008000-7

Ⅰ.柏… Ⅱ.柏… Ⅲ.①柏杨(1920~2008)-全集②柏杨(1920~2008)-回忆录③诗歌-作品集-中国-当代 Ⅳ.C52

中国版本图书馆 CIP 数据核字(2010)第 048998 号

责任编辑:廉 萍 宋 强 装帧设计:翁 涌
责任校对:李晓静 责任印制:张文芳

24 其他卷

柏杨全集

柏杨回忆录

柏杨诗

目　　录

柏杨回忆录

柏杨诗

上辑·诗四十首

附录·诗三首

下辑·词十二首

后辑·诗十二首

附录·散文一篇

柏杨回忆录

柏杨口述　周碧瑟执笔

提 要

不论称“自传”“自述”或“回忆录”，都是面对自己的过去，从出生、成长以迄于今的生命史；不论是自己手写，或是口述后由他人执笔，在追忆的当下，重新体验一生的酸甜苦辣，会是悔恨交加，抑或无限荣宠，感念仁慈的上苍？

著作等身的柏杨，却没有亲笔为自己刻画生命的年轮，而是选择以口述/记录的方式来为自己写历史，而执笔者周碧瑟竟“不是一个写文章的人”。在本书的《序》（柏杨）及《代序》（周碧瑟）很清楚交代这样一本书的因缘及写作过程。

全书四十七篇，首篇以“野生动物”为题记其出生，然后便一路展开柏杨七十五年的岁月，以生活和际遇带出时代社会，在这里我们看到不认输的柏杨，如何在复杂而艰困的环境中寻找出路，卑微却又勇敢地活着，一点一滴积累着巨大的生命能量，发光发热，照明人世的幽暗以及历史的长夜。

周碧瑟的文笔灵动活泼，从口述到记录，看不出有任何表达上的疏漏；材料虽受限，却能裁剪得体，全书一气呵成，柏杨因此而跃然纸上，重演他的一生。

序:重飞来时路

苏东坡有一首诗:“人生到处知何似,应似飞鸿踏雪泥。泥上偶然留指爪,鸿飞那复计东西。”充满人世沧桑的伤感,从小就在我心头回荡。正像我来自的北中国大地,冬天万里雪飘,雪地上一趾一履,痕迹都十分明显,可是,大雪继续纷飞,任何痕迹都会湮没。

人生,正是如此。一个人从呱呱坠地起,他就命中注定要一个人走完他生命的全程,不管他是欢乐或是愁苦,不管他有许多伙伴或孤单一人,也不管全程是长是短。没有几个人能够再回他的起点,重踏原来的脚印,因为大雪继续纷飞,原来的脚印已经不见。只有少数幸运的人,借着回忆录、自传之类的文学作品,才能像飞鸿一样,重返他的来时地,重寻过去留下的痕迹。脚印埋藏在万丈深的底层,外人看起来,不过一片冰天雪地,但从那万丈深的脚印上发出的人性温暖,往往使飞鸿肠回气荡。就在这里,埋葬着他的往事,是欢乐、是悲哀、是歌声、是哭泣,一一涌上心头。

多少年来,朋友们一直劝我写回忆录,我也认为每一个人都有写回忆录的义务,把他们的时代真相,留给后人。可是,想不到,当我打算开始的时候,一连串发生心脏病和视网膜出血,以及脊椎开刀,体力和视力大不如前,好像一个身经百战的沙场老兵,当他提矛跨马,轮到要为自己冲锋陷阵时,却已提不动铁矛,跨不上战马。

就在这个时候,周碧瑟博士挺身助我完成心愿,她是一个最好的工作伙伴,态度的认真和工作的狂热,使我感动。她每天乘车一个半小时,从学校到我家,一进家门,一分钟也不停地开始工作,三个小时后,再乘一个半小时的车赶回学校。没有她这份坚强的意志,这本书不可能完成。就在她的扶持下,我这只飞鸿,从原生地太行山下一个村落,重新飞过为时七十五年的漫长旅程。

日本作家黄文雄先生曾引用日本的一句谚语,说我是一个看过地狱回来的人,他指的是七十年代台湾恐怖时期我几乎被政府枪决。实际上,我不仅看过,而且我一生几乎全在地狱,眼泪远超过欢笑。在写作途中,碧瑟常常把笔放下来,凝视着我,叹息说:"您的灾难,怎么没完没了?"

但我并不认为我是天下最受苦的人,绝大多数中国人都比我更苦,这是民族的灾难,时代的灾难,而不是某一个人的灾难。回顾风沙滚滚的来时路,能够通过这些灾难,我比更多的中国人要幸运得多,使我充满感恩之情。

我的妻子香华在我视力衰退的时候,曾经说过:"我是你的眼睛。"果然,她帮助碧瑟校对本书。而给我鼓励最多的朋友:陈宏正先生、王荣文先生、苏墱基先生,这三位像碧瑟一样难得的伙伴,我有幸结识他们,没有他们,这个回忆录根本不可能开始。

1995年11月9日于台北花园新城

陪柏杨重走七十五年(代序)

周碧瑟

半年前,五月时候,偶然地,在柏杨先生做东的餐会上,闲聊时,我问他:"柏老,什么时候可以拜读您的自传?""恐怕叫你失望,我的眼睛内出血,视力不行,恐怕不能再写长篇。"

"视力不行,大脑并没有坏,依然可以回忆。这样吧,您口述,我帮您笔录、整理。"看着柏杨沮丧的神情,唯恐他心脏开刀后恢复期的忧郁症再度复发,所以,我未经思索,就顺口回应。不料柏杨一听,很兴奋地伸出右手,举起小指与我的小指打钩说:"好,一言为定,不可后悔!"当时,5月,是我最忙的时候,我指导的硕士班研究生正要毕业论文口试,再加上筹备6月10日阳明大学的首届毕业典礼,忙得不可开交,哪来余暇?

也就在这个时候,阳明大学教务长张仲明教授起意邀请柏杨出席首届毕业典礼做贵宾致词,校长韩韶华教授完全同意。这是阳明医学院改制大学第一届的毕业典礼,能请到一位不具任何官衔,而这么有爱心,这么有器度的人文大师来演讲,对阳明大学而言,意义重大。但是,这时柏杨正生活在恐惧之中,每天醒来第一件事就是看眼睛出血情况是否好转,心情跟着起起落落,活得小心谨慎,不敢大声讲话,更不敢打喷嚏,他自称活得像个“公主”,心情坏透,拒绝任何演讲。于是,我跟他谈判,他来阳明演讲,我就一定替他执笔写回忆录,达成协议。

6月10日,阳明大学首届毕业典礼,在校长的扶持下,柏杨站上讲台,做三十分钟精彩而生动的演讲:《专业与人文》。一个很严肃的题目,被他讲得台下听众笑得前俯后仰,但却寓意深远,令人玩味。

接下来,该是我履行承诺了。我一生从未做过生涯规划,一切随缘随兴,也因为如此,才有《柏杨回忆录》这个浩大的工程,不期然地在我生命中冒出来。以我工作的时间表,无论如何,都无法匀出这一段时间。可是,写本文的时候,这项庞大的访谈工程已告完工,连我自己都不敢相信这竟会成为事实。

五个月来,支持着我做这件事的动机就是“承诺”。苦,是真苦!想想,也是报应!目前在健保局当企划处经理的李丞华教授多年前曾说过:

“周老师的饭很难吃,吃她一顿饭,害我忙了两个月!”

“不吃白不吃,该做的还是逃不掉,吃了再说。”这是另一位学生高翔医师的答话。

我于1977年起开始任教阳明,1978年暑假,创组“阳明十字军”,每年寒暑假自费下乡服务,迄今十九载,未曾中断,已成阳明的传统,也是数以千计的阳明人共同的回忆。这一切,都是和学生们“吃饭”吃出来的。而今,当老师的我,吃了柏杨一顿饭,竟使我忙了五个月!

6月13日下午,我到环保署开会,会后,打电话给柏杨:

“柏老,您晚上在家吗?”

“在!”

“那我现在过来。”

我叫车直驶花园新城，就这样，在毫无计划的情况下，开始第一个字。以后，只要有空，就去花园新城，到了第十次，我问柏杨：

“柏老，您现在还担不担心我不写呢？”

“不了，现在倒是担心我不写了！碧瑟，还好我不是你的伙计，否则，你是一个很严苛的老板。”

倒是张香华很得意，她说，柏杨一辈子催人，终于也有被人催的时候。

五个月间，共计访谈八十五次，大部分是在晚上，从八点多到十一点多。每次工作两到三个小时，总共约二百个小时，其中有一半是在花园新城柏杨的家里，另一半是在荣总的病房（包括眼睛与脊椎两次开刀，共住院两个多月）完成的。无论是眼睛或脊椎开刀，都是在开刀的第二天晚上就开始工作。柏杨这两次开刀后，都没有出现忧郁症状，可能因为没有时间让他忧郁吧！这期间，我的助理去看他，他向我的助理告状：“你们这个老师太严苛，是个不好的老板。”

脊椎开刀后不久，一个星期天下午，病房要打扫，柏杨躺在病床上被推到外面走廊，我们就在走廊上工作，柏杨忽有所感说：“这好像又回到当年在调查局被逼供的情景。”

在花园新城工作，几乎都在暑假期间，我每天下班，搭阳明一号校车到终点站景美，再转计程车上山。工作结束时都已近午夜，电话叫车，柏杨或香华送我上车，回家再去电话报告平安。花园新城揽翠大厦夜班的管理员有一次问柏杨：“你们每天晚上补习，都要补得这么晚啊？真辛苦！”

电话叫的计程车，坐起来较有安全感，可是有一次，在半路上，司机忽然叫我换车，令我一惊。三更半夜，在荒郊野外，确实害怕，大概司机也看出我的惊恐，补充说道，他的车子有毛病，特意把发动机熄火再启动，向我显示汽车确有问题。于是，我在半路换了车，虽也平安抵家，但确是受了惊。另一次是司机在半路上停车，说他的车是向车行租来的，制冷出了问题，必须打电话向车行报告，要我在车上等候。在车上等候的期间，脑子里也不免会东想西想，最后证实，汽车的制冷确实坏了，但细胞在紧张时死了不少。整个工作期间，对我而言，最大的压力是半夜回家的安全问题。而偏偏柏杨的文思却是越晚越好，每次，都有一番挣扎，总在工作效率最高的时候收摊。

学校一开学，我实在无法在下班时间离校，每天总得忙到晚上七八点，才能把桌上的工作清理掉。柏杨却不幸在荣总住院，从我办公室走到他病房，只需要五分钟，从病房走回我的宿舍，大约只要十五分钟，节省了我许多交通时间与精力。

10月25日晚上，正在工作，一位医院看护捧着《中国人史纲》上、下两册书走进柏杨的病房说："我照顾的病人，才二十六岁，在工地被钢梁打到，双腿受伤，可能难以复原。他对您非常敬佩，听说您也住院，今天是他的生日，他很希望先生能在他买的书上签名。"柏杨在书上写下：

宗翰小弟：我们是同命，相信灾难会成为跳板。

柏杨

10月26日，柏杨叫家人送来两本书《柏杨小说选集》和《路，要你自己走》，送给江宗翰。

10月27日晚上，柏杨出院的前夕，江宗翰坐轮椅进了柏杨病房，他根据柏杨书上的签名，为柏杨刻了一个石头印章，送给柏杨。

一连三天，三个场景，我都有幸在场。读者的崇拜，柏杨的温馨，使人感叹！整个访谈笔录过程中，常常遇到的困难是柏杨的国语实在太烂了，乡音又重。像"使""是""自"，他永远讲不清楚，总得等全句字义了解之后，再回头去分辨该是哪一个字。有一次他很费劲一个字一个字地说：学生的"生"，台独的"台"。我就写下了"生台"，可是全句一念，完全不通，幸亏我不耻"上"问，自承学问不够，才水落石出，原来是"生态"，"态度"的"态"而非"台独"的"台"，两人不禁哈哈大笑。更有一次，他讲ㄒㄧㄒㄩ，我问他怎么写，他一时之间也说不上来，这时两个人的沟通触了礁，柏杨直怪汉字的缺点，如果用罗马拼音就无此困扰。最后，根据前后文句的意思，几经猜测揣摩，终于写出了他要的"觊觎"两个字。

比较危险的一次错误，他说读者对《通鉴》的"怀疑"……我好奇地问："怀疑什么？"搞清楚后，原来是"欢迎"，意思竟完全相反。另一个问题是他念"直律"，令我很难下笔，再细问，原来是"直率"，"率"在这里音"帅"。难怪了，这时我才了解柏杨为什么对中国文字那么生气，文字本身已够复杂，再来个破音，真是火上加油，雪上加霜。至于一般人常犯的错，柏杨更是常犯，有边读边，没边读上下，以及"方"和"黄"永远念不清。于是笔录时，还必须留一部分大脑的功能去解读这些难题。

柏杨最大的福气是随时随地都可以睡觉，在荣总病榻畔的访谈中，有一次，谈到一半，忽然冒出：

"碧瑟,对不起,我要睡一下。"

一个转身,立刻听到他打鼾的声音,入睡之快,令人惊讶羡慕。更妙的一次,写到一半,毫无预警,他已睡着了;等护士拿药进来,把他吵醒,他在没有提示之下,立刻接着下一句,衔接之顺,也令人佩服,他睡前与睡后,脑筋是连线的。

我不是一个写文章的人,而竟替一位大文豪执笔,朋友都替我捏一把冷汗。柏杨一生从事写作,他用字如神,而我却是个门外汉。读者们希望读到的不只是柏杨本人的第一手资料,更希望能享受他绝妙的文句与字里行间洋溢的感情。因此,我尽可能地保留柏杨文字的原味,这本书,我唯一的贡献只在于"逼供"。在柏杨眼睛开刀以及接踵而来的脊椎开刀,这五个月不能看、不能坐的岁月里,我抢救了他这段时间,写成此书。这是柏杨的朋友(包括我)和读者期盼多年,催问多年的一本书。

柏杨的一生充满传奇,知道他成长的环境与过程之后,较能了解他对中华文化的批判。我在五个月间,陪他重走一遍七十五年的岁月,收获之丰难以言喻,感谢上苍,给了我一个这么难得的机缘。

1995 年 11 月 9 日写于阳明大学

1. 野生动物

天下所有人都知道自己的生日，中国人甚至知道自己出生的时间是几分几秒；只有我，什么都不知道。不知道自己的生日，属于世界上无与伦比的小事，没有人会为它眨一眨眼。可是，假如有一天，忽然有人宣布我是世界上最伟大的作家，恐怕就要劳动一大批考据学家忙得团团乱转。

据说，我出生于1920年，这是我唯一记得的数字。不过到了后来，连这个数字也不敢十分确定，因为事实上，并没有一个人告诉过我，包括父母。母亲在我生下来不久即行去世，中国人的父亲向来把儿女的出生养育归于母亲的职责，更不会记住儿女的生日。这个数字的来源，似乎是从家人口中，偶尔听到，因而留下印象的，日久天长，或许记错，或许讲的人根本不是讲我，而是讲别人。我还模糊记得我的生日是阴历九月初七，不过，更加不敢肯定这个日子。二十世纪二三十年代的内陆乡村，几乎仍是原始社会，除了大人物或是世家子弟外，很少有人为一个孩子庆生。所以我的生日是哪一天，毫无意义。我的出生就像一个动物族群中的一只小驹，诞生在茫茫的天地之间。

1949年，我二十九岁（假定我的生年没记错的话），流浪到台湾，在行政组织严谨的台湾区公所办户口时，因为不能肯定我的生日，所以临时起意，顺口报出一个印象中不容易忘记的日子——11月1日。那是东北第一大城沈阳市在国共内战中陷入共军的日子，当时，对正在沈阳办《大东日报》的我来说，是一个晴天霹雳。所以我选了11月1日成为我户口上正式记载的生日，一直保持了二十年。1968年的3月7日，我被调查局以“共产党间谍”以及“打击国家领导中心”的罪名,逮捕入狱,要求处死。其后,又被改判有期徒刑十二年。从此,我就以3月7日作为我新的生日,不但纪念我的苦难,也强调自该日起,对笼罩我一生的蒋家父子政权的唾弃。然而,正当大家已经接受我的生日是3月7日时,却在稍后出现的文件上,发现我真正被捕的日子是3月4日。为什么发生三天的差误?这和传统官场作业有关,原来法律规定,任何刑事案件,调查机关收押被告,不得超过四个月,而且冠冕堂皇地宣示:如果超过四个月,被告在拘押期间所有的口供与证据,都作无效,用来保护被告的人权。而我是1968年7月7日由调查局移送台湾警备司令部军法处的,如果不把拘押日期从3月4日改为3月7日的话,调查局的拘押行为就完全违法,我则完全无罪。所以,特务们就把被捕日期后延到3月7日,这是诬陷手法小动作之一。仅只生日一项,竟有这么多曲折变化,难道一开始就命中注定一个小人物求活不能、求死不得的坎坷一生!

跟生日同样暧昧的是,我不知道生在哪里。有人说,我生在父亲当县长的河南省通许县县长宿舍;有人说,我生在河南省开封县东桐板街;没有一个人明确地告诉我,到底我生在哪里。只是,在我长大后,发现我被归类为河南省辉县人。

辉县是中国最古老的城市之一,不过在历史上却默默无闻。最著名的一件事,发生在公元前221年,秦国消灭了当时华夏土地上所有的独立国家,统一了当时已知的世界,把他最后俘虏的一个名叫田建的齐国国王,放逐到共城(就是现在河南省辉县),任凭他自生自灭。这位当了四十五年的国王,享尽人间的荣华富贵之后,被软禁在太行山麓松柏树林中。最后,他的随从全部逃走,妻子跟王位继承人的儿子,饥寒交迫,日夜啼哭。田建伤心过度,终于郁病而死。王后与王子都不知道下落。齐国遗民听到这个消息之后,为他写下一首哀歌:

满耳松涛

满目柏林

饥饿时不能吃

口渴时不能饮

谁使田建落得如此下场

是不是那些——

平常围绕着他的客卿大臣

这首哀歌,在辉县广大的土地上飘荡。两千余年之后的今天,辉县已很少人记得这件事,它太遥远了。现代的辉县人,尤其是居住县城东北六公里的常村郭姓居民,他们所有的记忆,最远追溯到三百年前那个令人作呕的明王朝末年。那是一个无边无涯的大黑暗时代,整个中国北部大约五百万方公里、比一百五十个台湾都要大的面积上,发生被贪官污吏制造出来的可怖饥荒,旱灾、蝗灾,所有含叶绿素的叶子,全被啃光。大地如焚,河水干枯,一片焦土。饥饿的灾民,互相交换子女,烹杀煮吃,当孩子们都吃尽的时候,他们吃观音土——一种白颜色的松软石头,经水煮过,会变成糨糊,人们把它喝下去,暂时填满肠胃,可是不久它就凝结,恢复成石头硬块,既不能消化,又不能排出,直到一个一个活活胀死。

就在山西省洪洞县,一个郭姓大家族几乎被饥饿消灭,残存的一些族人,在一棵大槐树下,把一个铁锅摔破,分给每一个支派的族长,然后互相祝福,四散逃命。他们相约等这场灾难过去(人往往认为灾难会过去,以寄望于未来),总有一天,大家从四面八方返回故土,重建家园。万一到时候子弟已互不认识,锅片就是信物,可以为证。

于是当中有一支从洪洞县出发,向东逃亡。那是一段悲惨凄凉的旅程,中途幼儿夭折,老年人逝世,沿路写下悲苦的河南辉县先民移民史。他们翻过高达两千公尺的太行山,继续向东逃亡,终于在太行山东麓的辉县定居,他们的子孙一直传到现在。转眼三百年,锅片已经不知道何处而去,子孙们对往日大槐树下摔锅片的故乡,早已失去记忆。今天,当辉县人被询问到这个故事的时候,只见他们一脸茫然的表情,透露人世无限的沧桑。

我,柏杨,就是这支苦难先民的后裔。

2. 家　庭

从我不知道出生日和出生地，如果推测我有一个原始、贫穷、没有一点文化的家庭，也并不过分。不过，我们却是小康之家。惭愧的是，一直到年纪很大，特别向亲友查问，才知道我的祖父名叫郭统。除了这个名字外，对祖父本人，以及祖父以上的祖先，一无所知。只知道祖父有两个儿子，大儿子郭学忠，二儿子郭学慈。学忠就是我父亲，从小念过《四书》，在清王朝政府被推翻、中国五千年专制制度结束、中华民国成立之际，读过当时开风气之先的警察学校，后来当过一任河南省通许县县长，又当过开封县警察局官员。到了 1930 年，中国军阀大混战，父亲参加反抗军——第八方面军，在樊钟秀将军手下当交通科长。这一场内战，是地方军阀阎锡山、冯玉祥及樊钟秀等联合的反抗阵线，与中央军统帅蒋中正对决，在中原地带(也就是河南省)会战。这场会战中，反抗军一开始就失利，樊钟秀被中央军的飞机炸死。

樊钟秀之死，说明了世界上确实有很多绝顶聪明人，实际上却是那么愚昧无知。那时候中央政府的空军，不过只有几架飞机，偶尔派一架到前线侦察或轰炸，全靠驾驶员的肉眼观察，没有任何仪器，威力有限。但是，每逢飞机在空中出现时，都会引起反抗军官兵的惊慌，恐吓力十分强大。因为人们一辈子从来没有见过一个东西可以在天上乱飞，而且可以击毙人马。那螺旋桨的刺耳噪音，能使全城居民，像发生地震一样的呼叫。第八方面军总部设在许昌县城，官兵也因惊慌过度，跳嚷喊叫着四散奔逃。对于这一项来自天空的心战威胁，冯玉祥有一项心战的措施，他告诉反抗军说，乌鸦是拉屎的，乌鸦屎拉到你们头上过没有？飞机难道比乌鸦多吗？炸弹难道比乌鸦屎多吗？你们怕什么？

这一项漏洞百出的心战教育，对那些几乎全部来自贫苦农村、头脑简单的反抗军官兵而言，是至理名言，完全接受，而且在酒酣耳热之际，还讥笑那些对空袭心怀恐惧的人："长他人志气，灭自己威风。"认为自己才是天下第一智士。这种不允许别人反驳的安全感，成为一种理直气壮的信念，以至于连樊钟秀都确信不疑。于是，有一天，当他乘坐当时很少见的漂亮小轿车出城视察前线阵地的时候，遇到中央政府的军机正好在天空出现，卫士建议停下来到附近躲避，樊钟秀嗤之以鼻说：

"乌鸦屎掉不到我们头上，你怕什么？你这么胆小，还不如回家抱娃儿去！"

那架飞机在天空上只盘旋了一圈，驾驶员虽然不知道车子里是樊钟秀，但可肯定车子里必然是当时的重要人物，于是，投下炸弹，车子和车子上的人，全都粉碎。

这件父亲亲身经历的往事，我从小就印在心中，刺激我产生一种思考，那就是，无论是哲学或科学，无论是政治或军事，无论是文化或商业，一旦最高指导原则犯了错误，一定是一场悲剧。而它是不是错误的，并不一定不可以验察，只要允许公开辩论就行了。一旦不准许公开辩论，指导原则变成皇后的贞操，不容许置疑，它一定会产生错误。

我就在这样的家庭中长大，父亲郭学忠于樊钟秀被炸死、第八方面军瓦解、反抗阵线失败后，逃回开封，改业经商，从事花生进出口生意。在不久即统一中国的国民党看起来，他是一个北方军阀的残余，政治对他，从此绝缘。

至于亲生母亲是谁，我不知道，只记得她仿佛姓魏，家住辉县西关，如此而已。我不知道母亲的名字，不知道母亲的容颜，也不知道母亲哪一年死亡。在一个从没有人告诉我生日的家族里，更没有人告诉我为什么母亲年纪轻轻竟然去世。

而且甚至于一直到小学四年级，我都不知道我叫妈妈的那一个女人，不是我的亲娘。四年级的时候，我才听到一星点关于亲娘的消息，唯一的嫡亲姐姐郭育英，抱着几个月大的我，孤独地站在床头哭泣。育英跟我是一母同胞，她没有受过什么教育，就嫁给一个父亲朋友的儿子窦清淮。窦清淮长得什么样子，以及窦家情形，我并不清楚。我只和姐夫见过一面，但是没有交谈过一句话。那一年正是反抗军失败后的次年，一天傍晚，一个年轻人仓促地闯到家来，和父亲在窗下密谈，然后满脸惊慌地踉跄离去。父亲告诉我说：

“这是你姐夫，有人告他是共产党。”

从此就再没见过他，后来听说他终于被捕，在刑场上被枪决。育英姐一直守寡，带着唯一的小女儿窦芳爱，母女相依为命，直到老死、苦死。

姐姐是这世界上最关心、最疼爱我的亲人。她比我更是时代的受害者，缠小脚，几乎不识字，使她无法维持自己的生活。她在继母进门之后，首先受到冲击。因为继母进门后第一件事就是迫使正在读小学二年级的姐姐停止学业，草率嫁人。以后，我回到辉县读百泉初中，欠了附近摊子很多的糖果钱，被债主追逼得无法招架，只好向姐姐求救。我是一个混沌的人，那年，我十四岁，根本不知道姐姐那么样的贫穷。姐姐拿出所有的储蓄，不过一串钱(当时的一块钱银圆可以换四串钱)，她仍托人带给我，嘱咐我千万节省使用。这一点钱，根本不够还债，不到两天我就把它用光。那个时候，乡下学生已经开始流行穿制服，制服的最大特征，就是裤腰跟传统式的裤腰不一样，而又是机器对口双线缝纫，跟手工的单线缝纫不同。我非常羡慕那种摩登的长裤，但是，已经中落的家道，供不起我做这样的制服，我天天生气，向已经出嫁、贫穷而又丧夫的姐姐要钱。姐姐没有钱，就亲手裁布缝纫，为弟弟做只有机器才可以做得出来的长裤。对口缝纫是那么样的辛苦，我仍不满意，扔在一边，连一眼也不肯看，惹得姐姐落泪。

1937年，抗战爆发。1949年，我被内战的战火驱逐到台湾。四十年后，重返故土，姐姐已于前一年逝世，临死还拿着我这个不争气弟弟的信，叫别人念给她听。

3. 继　母

“人皆有母，我独无！”这是我对自己身世的叹息。

西方有一句话：“上帝不能跟每一个人同在，所以赐给他一个母亲。”但上帝并没有赐给我一个母亲。正确地说，是赐给了我一个母亲，但在我最需要母亲的时候，上帝却把她夺回。带我长大的是继母，这位继母是满洲人，她非常漂亮，也绝顶聪明（可悲的是，她只有聪明，没有智慧），没有人比得上她更能说善道。她原来是一个满洲籍官员（河南省怀庆府道台）姨太太所生的儿子的妻子。二十世纪一十年代，清王朝灭亡，民国建立，那位满洲官员从高位上跌下来，一病而逝。不久，继母的丈夫也一病而逝，全家只剩下婆媳二人。大概就在这个时候，父亲中馈乏人，就把寡媳娶进家门，也把婆母接过来。婆媳的身份变为母女，问题是，她们到底不是母女。这位可怜的婆婆，孩子们都以北方的习惯叫她姥姥。

继母共生有两个男孩跟两个女孩。以我判断，继母一定携带了她丈夫与她公公的全部财产，嫁到郭家。所以，她在家庭中，居于强势地位，颐指气使，没有任何顾忌。因为她没有受过什么教育的缘故（那个时代所有妇女受教育的机会非常少），她时常对父亲破口大骂，侮辱到祖宗三代。而且，她发起泼来，简直像一头疯狂的野兽，趿拉着鞋（鞋子被压下后跟，当作拖鞋穿），不只是在家里叫骂，还到门外大街之上，有行人来来往往的地方，一面走，一面挥动着手势，高声叫喊，每一次几乎都是父亲把她半劝半吓，扶持回家。吵闹本应该就这样结束，但是不然，这不过是更大吵闹的开始。她回到家里，仍然继续她的诟骂，愤怒地擂着桌子，把桌子上的东西掷向窗户或掷向墙壁上的字画，砸碎的声音和家人围在她面前祈求息怒的声音，使她更觉得自己扮演着一个重要的角色,反而加倍兴奋,然后再悲从中来,号啕大哭。等到眼泪哭尽或她觉得哭下去已经没有意义的时候,她就干号,干号过久,她会上气不接下气,艰辛地气喘,并口吐白沫,眼看就要毙命,这时父亲总是从抽屉拿出经常放在那里的"喷射管"(一种可以伸进口腔,把药粉喷到喉咙的一种管状器材),喷一种粉剂(到现在我也不晓得是什么药),喷到她喉咙深处。这时继母脸色苍白,双手与双臂痉挛,骂声渐小,最后变成呻吟。这种闹剧每次都需要一个小时或两个小时,而每隔一月半月,总要上演一次。

夫妻吵架吵到这种程度,在我心中留下深刻的烙痕。虽然那个时候,我还不知道继母不是亲娘,但对继母的泼辣手段,早生出强烈的反感。除了这种镜头之外,我跟每一个孩子一样,对一个并不知道不是亲娘的母亲,仍充满了孺慕之情。我是多么渴望继母能够抱抱我,亲亲我,喊我一声乖儿子。然而,在我的童年里面,从来没有发生过这种事。

每一天早上,两个弟弟和两个妹妹,被各人的奶妈安置在桌前,吃各人的牛奶和荷包蛋时,只有我没有人理会。我也站在桌前,既饥饿又渴望温暖的心灵,使我东看看,西看看,左跑跑,右跑跑,希望有人也给我一碗,结果当然没有。眼看着香喷喷的荷包蛋和牛奶,灌入弟妹的口中,有时候,有些弟妹还拒绝早餐,也没有一个奶妈愿意把它递给我,她们总是自己径行坐下,把它吃光。我眼睛瞪得大大的,呆呆地望着那红红的荷包蛋和热腾腾的雪白牛奶,口水从嘴角淌下来。只有一次,我喊叫说:

"妈,我也要吃。"

继母冲进来,一耳光打到脸上。她愤怒的倒不是我胆敢要求吃荷包蛋和牛奶,而是我的口水,继母认为我没有出息,诟骂说:

"叫炮头(这是开封土话,就是被枪毙的头),你也配吃?"

从此以后,我就没有再期待妈妈会给我牛奶和荷包蛋。每一次,我都是自己用袖子擦干口水,默默地走出房间,饥肠仍然辘辘。我一直不知道,为什么全家孩子里,只有我一个人不能吃?

开封街上有一种贩卖江米甜酒(南方叫“酒酿”)的小贩,一根扁担前面挑着一个小柜子,柜子上有一个小小的泥制火炉,炉子右边有一个小小风箱,左边放着若干小碗,柜子下面放有一大罐酒酿和一大罐白糖;后面挑着一点木炭、木柴,和一桶清水,这在当年,是足以使全城小孩欢喜若狂的美食。小贩经常把担子放在有小孩购买的地方,拉开嗓子高叫:

“江米甜酒! 江米甜酒!”

兄弟姐妹们只要听到这个叫声,立刻争先恐后地跑出院子,冲出大门,站在担子边上,用同样的声音高叫:

“江米甜酒! 江米甜酒!”

江米甜酒不久就到了兄弟姐妹的手上。我像一个冥顽不灵的小动物,每一次都随着大家飞奔而去,也站在担子前面,高叫:

“江米甜酒! 江米甜酒!”

然而,江米甜酒永远不会到我手上,因为小贩明确地知道,弟弟妹妹身上都有钱,吃过后各人都会付各人的,而我身上则从来没有一个铜板。所以我每一次都似懂非懂的,慢慢把手放下,两只眼睛骨碌碌地绕着那热气熏面的酒酿,一直看到弟妹们吃完后付罢钱一哄而散,才自言自语,用脚踢一下地面的小石子,低着头回到我的破床上,直等到几天以后,那种“江米甜酒”的声音再起。

后来有一天,我从别人(大概是佣人吧)口中,忽然发现娘亲原来是继母,不但有前夫,而且跟前夫还生了一个女儿。这消息对一个孩子来说,应该是一个晴天霹雳,但我似乎比其他男孩子粗糙得多,并不因这个原因而去探听亲生母亲是谁,也可能是因为那个时候,身边并没有可以探听的人。亲姐姐和继母以前所生的姐姐都已经嫁出去了,没有人能告诉我更详尽的讯息。而我对继母也没有敌视的心理反应,甚至忽然间为继母的未来,忧心忡忡。因为有一次,我去城隍庙游逛,看到“十八层地狱”的一个场景:一个女人赤身裸体地跪在那里,被两个面目狰狞的小鬼,用钢锯从她头上锯下,把她锯成两半,血水顺着锯口流下,凄惨可怖。城隍庙里的道士告诉我,这是再嫁夫人的下场,凡是再嫁夫人,死了之后,小鬼就要把她锯成两半,一半给前夫,一半给后夫。我被这种残酷的手段吓怕了,连做梦都梦见继母被锯成两半,我深为继母的命运悲哀。但是一个十几岁的男孩没有办法解决继母这种灾难,所以很多次,我从梦中号叫惊醒,束手无策,但是我不敢告诉任何人。因为从城隍庙那个景象,使我隐约感觉到:再嫁是一种丑闻,所以我不敢告诉任何人我内心的焦虑。

当然,继母对我并不是没有和颜悦色的时候。记得一个夏天的夜晚,我光着脊梁,趴在院子里一张竹床上,迷迷糊糊乘凉。父亲正要出门搭火车南下去许昌(第八方面军司令部所在),穿过院子时,关心地对我说:

"快回去,快回房间睡觉,这里会受风寒。"

送父亲出门的继母,也柔声地重复一遍说:

"快回房间睡觉吧! 这里会受风寒。"

这是我记忆中,继母给我唯一一句最温暖的话。我这个十几岁小男孩的幼弱心灵里,忽然觉得温暖起来,第一次感到母爱给自己的力量。我趴在那里,咀嚼这份母爱,从来没有出现过的幸福感充满全身,渐渐地睡去。

可惜这童年第一次美梦——真正的美梦,几分钟后即行破灭。继母送走了父亲,折回房间,经过庭院时,劈头劈脸地就对我暴打。我脸上的血,顺着继母戴着戒指的手指流下来。还没有弄清楚是怎么回事的时候,已听到她尖声地叫骂道:

"你这个叫炮头,每次你爸爸在家的时候,你就仗着爸爸的势力不听话、找别扭。叫你回房睡,你偏睡在院子里,叫你爸爸认为我不疼你,是不是? 现在你爸爸不在家,你还仗势谁? 我要活活把你打死!"

那一次不知道谁救了我,当我回到房间时,满身疼痛不堪。

我一个人住一间大房子,只有一张床、一条褥子、一个枕头、一条棉被,和一个尿壶,春夏秋冬都是这样。没有人给我打扫整理,我自己也不会打扫整理。尿壶放在枕头旁边,每隔两三天,提到厕所倾倒一次。夏天的时候，这间房子会发出一种臭味，那是尿和汗的混合味。而冬天是我最大的灾难。我从小时候开始，一到初冬，双手就开始发红发肿，那是严寒引起的皮肤反应（也就是所谓的冻疮）。手背被冻以后，天气稍微转暖，即痒不可止，忍不住要去搔它抓它。孩子没有分寸，往往抓破了。接着天气再冷，手再红肿，再搔再抓，血痂破裂，血再流出。等到天再转冻，旧肿未消，新肿再生，旧痂未愈，新痂重结。这样反反复复，不到一个月，双手就肿得比原来要厚一倍以上，全是冻烂而被抓破的鲜肉或鲜血，痒痛交集。每一个到郭家的访客，都会感觉到吃惊和怜悯。我常听到客人们叹息：

"可怜！你是一个没娘的孩子！自己要保重！"

我这才逐渐地感觉到，继母跟亲娘不一样，悲哀和怨恨在心中滋长。不过，事实上，我不是一个可爱的男孩。我倔强、逃学、功课不好、总是打架，也就是在一般情况下，被认为是不听话、不乖的男孩。我虽然努力讨好继母，但是性格上使我学不会卑膝奴颜，也说不出讨人欢喜的一些话。而我又好吃懒做，据我记忆所及，几乎没有一个长辈真正由内心喜欢过我。我除了爱吃零食外，还爱买书。那时，我最爱看的有《小朋友》杂志，以及一些薄薄的儿童读物，像《牛话》、《鬼话》之类，这是一个少年人无力负担的。我曾经欠当时开明书店将近两块钱的书费，那时学校的伙食一个月才三块钱，这个天大的数目字，逼得我暗暗地写信给远在许昌的爸爸，要求爸爸悄悄地寄钱给我还债。做父亲的不会体念一个孩子的穷困和恐惧，他写信给继母，责备我乱花钱，要继母给我钱还债。当我痴痴地在暗中盘算父亲会不会来信、会不会寄钱，以及如何寄钱的那些日子，一个孩子的神经完全绷紧，不能承受任何一点点声音的刺激。有一天，继母把我叫到跟前，面带微笑地用一根大拇指粗的麻绳，绑住我一条腿，和反伸在背后的两只手。我知道事情严重，而且预感到我写信给父亲的事件暴露。我想挣扎拒抗，可是看到继母的笑容，不像是要责备我的意思，而心中也暗暗地期望，父亲并没有写信。一直等到竹棍劈头劈脸打下来时，我已经无法逃走。我只有跪下来哀号：

“再也不敢了！再也不敢了！”

我不知道再不敢做什么，对一个无助的、被捆绑的小孩，唯一的希望是借着“不敢”两个字减少毒打的痛苦。继母收回她的笑容，用另外一个使我心都冻结的面孔说：

“你长大了，可以给你爸爸写信了，是不是?”

然后是竹棍一次一次地打下，比急雨还快的速度，遍布我的全身。双手被绑在背后，我无法抱头，于是把头埋在床下，脊背和小腿承受了所有棍棒。我哀号的声音终于引起了家人的营救，他们把房门冲开(继母是关着门打我的)，大叫：

“太太，你会打死他的！”

这一次，我终于逃出一死，但我逃不出灾难，一个没有亲娘的孩子的那种灾难。

学校每次放学，小朋友的家长都纷纷来接，只我没有，我始终是一个人孤单地来，孤单地往。清晨，我爬起来，悄悄地走进父母的睡房，在床头小桌上，总有父亲前一天晚上给我放的一个铜板(二百钱)。我就拿着，到巷口摊子上吃一顿早点。有时，父亲忘记放那个铜板，我就饿着肚子前去学校，没有一个人会关心我的饥饱和冷暖。有时父亲不在家，我明知道床头不会放铜板，但是仍痴痴地蹑手蹑脚地前去探看究竟，然后失望地跑出家门，听到自己肠子发出的咕噜声音。

我对这种现象，从没有感到难过，因为我从小就没有过温暖，可是每天上学下学，我却感觉到孤儿的凄凉。有一次，忽然大雨倾盆，最后一节下课铃响，成群结队的家长们，拿着雨衣雨伞，在走廊上，或闯进教室，纷纷找他们的孩子，孩子们也叫跳欢闹，扑到他们亲人的怀里，大手牵着小手，或小手牵着大手，纷纷离开学校，最后，终于走尽。雨势仍然很大，空无一人的教室，空无一人的校园，只有大雨倾泻的声音，和满地冒出来的空泡。雨像钢丝一样地穿过天空，十几岁的我，感觉到无情的冰冷，我明知道没有人会来接我，但仍盼望家人会突然出现。一个男孩心里的眼泪，像雨一样地流下，我靠着窗子，呆望着灰蒙蒙的天际，紧抱着书包，不知道在等待着什么，只是呆在那里，像睡梦一样的迷蒙。终于我猛然惊醒，一位老师站立在面前。

"你等家人来接吗？"老师问。

"是的。"我回答。

"他们怎么还不来，天都快黑了？"

夜幕已经降临，而雨仍未停止，我不知道怎么样回答老师的问话，愣了一下，然后，拔起脚步，顺着走廊，奔向校外。大雨瀑布一般地泼到我的身上，一路上，我听到店家们的惊喊：

"这个小学生怎么在雨地里乱跑？"

半个小时后，我终于冲进家门。家人都聚集在堂屋的台阶上看雨，小说上那种温馨的镜头——妈妈紧抱着冒雨归来的孩子——没有出现。出现的是一声吆喝，那是继母的暴怒。她跳起来，抓住我的头发，开始打我耳光，叫骂说：

"你这个叫炮头，看你把自己淋成这个样子。你知道你爸爸今天回来，故意淋给他看是不是？那我就打给他看。"

在家人劝解下，继母终于松开了手，我逃回到我的小屋，自己脱下衣服，钻到被窝里发抖。我从继母口中得知爸爸今天就要回来的消息，感到无限兴奋。

4. 上小学的日子

童年时候的凄惨生活，父亲并不是不知道，所以，当他在许昌第八方面反抗军供职的时候，常常把我单独带在身边，但也造成严重的伤害。我一生在求学上所遭遇到的困难，使我终生没有在一个学校毕过业。从小学到大学，每一个学校如果不是被迫离开，就是被学校开除。假定我在人生旅途创造了一些奇迹，这个终生不断被开除、从没有毕过业的现象,应是一项奇迹。回忆求学历程的艰难和坎坷,怀着无限的惆怅。

我没有读过幼稚园,二十世纪二十年代开封似乎还没有幼稚园。在我记忆中,有一天忽然被父亲送到省立第四小学读二年级,那一年正是 1931 年,入学不久,就发生九一八事变。什么是九一八,什么是东三省,什么是日本军阀,什么是沈阳,什么是北大营,对一个十岁的孩子来说,没有一样知道。我最深刻的记忆是,当老师在课堂上告诉大家,日本军队侵略中国国土、屠杀中国人民时,全班小孩随着老师的嘶哑声音,哭成一团。当时老师用"千钧一发"这个成语,形容中国命运,解释说中国的命运就像一根头发,下面悬挂着千斤重量的钢板,我和小朋友们紧张得小身体都浑身淌汗,第一次为国家付出重重忧心。"千钧一发"是我学会的第一个成语,也是我为爱国付出生命的起步。

朋友们都知道我的算术非常之差(我到七十岁,对九九表还不太熟悉),但我并不是压根没有算术才能。读小学二年级时,发生平生第一件最光荣的事。有一天,老师在黑板上出了一道乘法算术题,征求同学解答,全班都不会,没有一个人敢举手,只有我举手,走到黑板前把它答对了,那位女老师十分高兴,就把手中用的粉笔(尖端在出题目时已经磨损了一点)送给我当作奖品。我小心翼翼地把那粉笔带回了家,可惜不能向家里任何人炫耀,使他们分享我的喜悦。再小心翼翼地保存那支粉笔,直到遗失的那一天。

然而,我的算术天才就到此为止,再也不能提升。不久,被父亲带到了许昌。有一天,当我从许昌被送回开封要读三年级的时候,发现第四小学已开学几个月了,拒绝接收我入学。父亲就运用人事关系把我送到省立第六小学,而且插入四年级。

这样一个跳跃式的蹿升,对大人讲起来没有什么,可是对一个孩子来说,算术这一门,首先就跟不上,而且除了自己苦恼外,我无处倾诉。假使在一个正常家庭,父母可能为我请家庭教师。但对我来说,继母不打我,已经是幸福的生活了。没有人关心我的学业和我的学校生活,严格地说,只是像一个野生动物,让我住在那间幽暗、寒冷,又肮脏的房子里,自生自灭。偏偏那一年,第六小学施行新式的"道尔敦"制。什么是"道尔敦"制,到现在也弄不清楚,依稀地记得"道尔敦"制是依据小学生的兴趣,有时合班上课,有时分班上课。算术差的同学,仿佛可以分开独立上另外一种课,于是我的算术就永远地更无法长进。这种算术的恶魔利爪,从我小学四年级的时候就抓住我,深入心肺,几乎把我撕成碎片。我在第六小学读了几个月后,又发生变化。不知道什么样的原因,激起了继母的暴怒,她用一柄切西瓜刀(北方人专用来切西瓜的一种特制的刀,像前臂那样长,半月形的弯曲,刀口并不十分锋利,刀背比较厚)追杀我,我大哭着逃走。在逃出门坎的时候,被绊翻在地,继母用西瓜刀砍下来,砍在地砖上,地砖都被砍出灰末。家人上去把她拦住,我只有蹲在街头墙角大哭。

父亲得到消息,从许昌赶回开封,发现他的后妻和他前妻所生的孩子,已不能并存,就把我交给正在河南大学读书、他的堂弟郭学溎,把我带回老家辉县。辉县距开封三百公里,位于开封的西北方,在太行山的东麓之下。在此之前,我从不知道世界上还有一个辉县,更不知道还有一个老家。这是一个使人胆怯的迁徙,可是我大概天生迟钝的关系,并没有特别的恐慌感觉。反而觉得能到一个没有继母的地方,那太好了,简直是天堂,所以高高兴兴地随着堂叔上路。辉县对我来说,果然是一个自由自在的世界。今天,朋友都知道我是一个语言的低能儿,可是那次迁徙,却用不到一年的时间,就把开封话完全忘记,而改说一口辉县话。我认为辉县话是全世界最难听的语言之一,不过,我学习语言的能力,跟学习算术的能力一样,就到此为止。

我的老家,在辉县县城东北约六公里的地方,名叫常村,再两公里之后又有一村,名叫沿村,这两个村庄约有五百户人家,就是本书开始时所叙述的从"山西省,洪洞县,槐树下,摔锅片"逃难出来,在此安家落户的郭姓一支家族。对这个庞大的郭姓族群,我所知道的,也仅是如此。

所知道的另一件事，就是我们家务农为业，祖父以上的名字，全都不知道。荒凉穷困的乡村文化就是如此的简陋，只知道曾祖父共有九个孙子(但不知道曾祖父有几个儿子)。在这九个孙子中，父亲郭学忠排行老大，同一个母亲的弟弟郭学慈排行老五，携带我回辉县的郭学溎，是最末的弟弟老九。父亲是“学”字辈，我这一代是“立”字辈，下一代是“本”字辈，再下一代是“乃”字辈。这种用字来排辈分的文化，可能始于大分裂的南北朝时代，是一种凝聚家族向心力的方法。在这一点可以看出东西方文化最大的不同。西方人称呼爸爸的弟弟为约翰叔叔或琼森叔叔，显示出来他们个体的独立存在。中国则称为二叔、三叔、四叔、五叔，表示他们亲密无间的团结，个体完全消失了，以致很多中国人只知道他有二叔、三叔、四叔、五叔，而不知道他们叫什么名字，向朋友介绍时，也不知道怎么介绍，因为朋友总不能跟着他叫三叔、四叔。辈分或排行，事实上是一种脆弱的形式，《资治通鉴》上可以看到，当一个家族内讧互相屠杀时，仅仅靠一个字相同，或排行顺序，没有一点作用。

我家里也是如此，虽然有“学”字辈、“立”字辈，看起来血浓于水，实际上，亲情的冷淡，使我在小小的年纪时，都深为吃惊，以致不久就产生一个具体印象：

家族不如亲戚，亲戚不如朋友！

父亲和五叔学慈，是一母同胞兄弟，当时还没有分割遗产，所以常村有一座祖屋，由五叔居住；而在辉县县城里，父亲另有一座四五个院子的巨宅。这座巨宅空空荡荡，父亲就请一位表婶，专责照顾我——给我煮饭和洗衣服。这位表婶姓什么，是怎么一个亲戚关系，我全不记得。但是她为人慈祥、宽厚，十分健谈。我从继母手中，逃到这个小小的自由天地，已经踌躇满志了。而且，不久就暴露出野性的一面，喜欢顶嘴，喜欢逃学。继母那种严苛的管教虽然没有了，却又跌进一个毫无管教的陷阱。

一到辉县，就被送到县立小学，仍读四年级。就在四年级上，遇到影响我最大的恩师，名叫克非。他可能是犹太裔的中国人，命我们这些小学生叫他克非老师,教我们国语和作文。他大约二三十岁,瘦瘦的,精神奕奕。记忆最深的一件事是,克非老师为我们讲解一本新文艺小说《渺茫的西南风》。事隔六十多年,内容已经模糊,但仍记得他上课时的情形。有时坐在讲台上,有时坐在学生的课桌上,态度很自然、很和气,脸上一直挂着笑容,在说到哀伤的时候,一脸悲痛。

在二十世纪三十年代,一个小学老师竟在课堂上讲解课本外的小说,实是一种创举。辉县是一个荒僻的县城,会请到这样的老师,是辉县人的福气。就因为他的讲解,引发了我内心潜在的阅读兴趣。

除了像《渺茫的西南风》这样的新文艺小说,我开始偷偷地看《三国演义》《水浒传》《七侠五义》《小五义》《续小五义》等等,以及新式的武侠小说《江湖奇侠传》《荒江女侠》等等,看得如醉如痴。

四年级结束后,克非老师不知去向,从此再也没有见过他,而他也根本不知道我,即令知道,也不会晓得我是对他心怀感激的学生之一。

5.恶师和初中

这个短暂的少年黄金时代,不到一年就结束了。小学五年级是我另一个苦难的岁月,再没有克非这样的老师了,级任老师是一个名叫侯万尊的年轻人,那一年他从初级师范学校毕业不久,相当于初中程度,算术特别好,什么四则题、鸡兔同笼、繁分数、假分数,无不精通。那时候,他大概只有二十几岁,聪明能干,可是性情暴躁。我的算术程度恰好跟他相反,什么四则题、什么鸡兔同笼、什么繁分数、假分数,一个也不会。仅这一点,就足以使他怒不可遏,认为我既愚笨而又不肯用功。他对于既愚笨又不肯用功的学生,唯一的办法就是打,每错一道题,就打五手板。每天算术课时,我总要挨十手板或二十手板,每一板下去,手都痛得像火烧一样。我想到如果父亲在的话就好了,他可以到学校向老师讲情,少打我几板。但是不知道父亲身在何方,而且我也不敢写信,恐怕落到继母之手。回家面对乡下人的表姊,又无从倾诉。所以每天上学是我最痛苦的时刻,不敢不去,去,又害怕那不可避免的无情手板。当一个孤儿,我没有第二个选择。

侯万尊不是只打我一个孩子,他打所有算术不好的孩子,一个叫秦鼐的同学,也经常被打得哭哭啼啼。有一天,秦鼐那位身为邮政局局长的父亲,到学校找校长抗议,立刻引起轰动。抗议的结果如何不知道,但经常挨打的同学,尤其是我,渴望着这项强大的外力,能阻吓侯万尊的板子。

第二天上课的时候,侯万尊站在台上,宣布说:

"我不在乎任何家长抗议,只要学生功课不好,或者是犯错,我还是要责罚。"

听了之后,心都凉了。不过,这个秦鼐事件,使聪明的侯万尊发现,有家长呵护的孩子不要打,没有家长呵护的孩子仍是他的出气筒。出气筒,是的,由管教学生变成拿学生当出气筒,是一个脾气暴躁的教师的自然倾向。

我的算术从此恶性循环,一辈子都无法提升,对我的升学,造成致命的杀伤。这是我平生中最痛恨的一位老师,我不能原谅他的暴行。有一次,大概一个星期天,我在校园里打篮球,侯万尊也来参加,他连投两个球都进篮了,我捡起球来又传给他,并故意讨好地叫一声:

"侯老师,再投一个!"

不知道这句话有什么不对,侯万尊突然脸色大变,喝问道:

"你怎么敢对老师这种态度?跟我来!"

我虽不知道闯了什么祸,但我知道我闯了祸,而且是大祸,双腿重得几乎抬不起来,低着头像囚犯一样地跟在他的背后,一直走到他的宿舍。宿舍门上钉着一个牌子,上写"仰民室",仰民,是侯万尊的别号。

侯万尊一进他的房间，就抽出手板，向我狞笑说：

“伸出手来！我不打你的右手，好让你写字，我打你左手。”

侯万尊端详着我恐惧的面孔，冷冷地问：

“你说，叫我打你几板？”

我完全变呆了，我想说几句乞求讨饶的话，但我的性格使我开不了口。主要的是我想认错，又不知道错在哪里，又恐怕认了错，使侯万尊更为发怒。我只一心想到怎么逃过这一场毒打，一股被羞辱的恨意从心中升起，我的心灵向侯万尊咆哮说：

“你为什么问我？板子在你手里，你要打多少就打多少，你怎么会听我的？你欺负一个孤儿罢了。”

但我忍耐着尽量把语气放缓放软，忽然间脱口而出，说：

“随便。”

“我就打你这个‘随便’。”

侯万尊暴跳起来，大声叫骂，一面用手板雨点般打上伸出来的我的小手。我痛得大叫，每一板子下去，小手都被打得甩向背后。侯万尊并不痛惜，仍大叫：

“伸出来，伸出来！”

在这一生中，我就后悔我当时不敢拔腿逃走，痛恨自己畏缩，没有胆量。尤其是我必须自动伸出手挨打，是我一生中最早的一次重大侮辱，我不能忘怀。我把侯万尊恨入骨髓，心里想：

我长大了一定要报复。

几十年后我终于长大了，甚至于长老了，我虽然没有报复，但却转化成一种强烈的诉求，那就是我反对任何体罚，认为凡是体罚学生的教师，都应受到严厉的谴责。

这是我最后一次被打，大概挨了十几板后，侯万尊才让我捧着渗出鲜血的小手出门。我害怕学校，又逃不出学校，天地之大，在我看来只是一个牢笼。

有一天，在我住的“老司院”空地一口水井里，人们打捞出一具跳井自杀的尸体。我望见那光着上背的男性尸体，脚上头下的从井里吊出来。隐约听说,那是县政府的一位职员,因为家庭过度贫穷,无法赡养家小,才投井自杀。就在刹那之间,十二岁孩子的我兴起投井自杀的念头。可是我没有付诸实施,因为我一转脸就遇到一个同班同学,大声告诉我一条生路,那是一份招生简章,同学高高举在手上,喊叫着,跑着。他也是挨打族群的一员,所以我立刻就会悟到是一个天大的消息。果然,那份简章上说:在辉县县城北方约三公里的百泉镇上,新成立的私立百泉初中,招考一年级新生,除了高级小学毕业生可以报名外,高级小学五年级肄业生也可以用同等学力报名。我正在就读高级小学五年级,这消息使我高兴得发疯,没有告诉任何一个人(事实上是全世界没有一个人肯垂听我的咨询,包括表婶在内),就悄悄地带上毛笔盒,前去投考。

这是一生中唯一的一次充满自信的考试,半个月以后,学校发榜,我被录取。辉县是一个荒僻的县份,教育并不发达,百泉初中虽然是当时该县唯一的最高学府,但因全县没有几个高级小学的缘故,唯恐招收不到学生,所以包括我这种菜鸟在内,才勉强招足了两班。

百泉初中的环境十分优美,天下没有几个学校像百泉初中那样的紧傍着小河小桥,“百泉”这两个字,当称“百泉乡”的时候,它只是一个普通的村庄,而在百泉乡的中央,苏门山下,有一个“百泉湖”,那是一个美丽而巨大的池塘,湖水清澈得可以看出从底部冒出的泉水水泡。像星宿海是黄河的发源地一样,百泉湖是卫河的发源地,百泉初中就在百泉湖下方不到半公里的地方。可是这么好的环境,学校却设在一座破庙里边,包括学生宿舍在内,全是用借来的庙宇和民宅,因为距县城有三公里之遥,所以我也成了住宿生。

一般小孩第一次离家到学校住宿的那种依恋或畏惧的感觉,我一点都没有。在开封时,我一个人住一间房子,回到辉县,也是一个人住一间房子,而宿舍里,小朋友拥拥挤挤反而觉得热闹有趣。不过那些小朋友都来自四面八方的荒村僻壤,尤其是来自山地的学生,讲得一口比辉县话还奇怪的盘上话(“盘上”是辉县北部山区地带,海拔约一千米)。他们是当时典型的山地居民,呆头呆脑,言语粗鲁。

最初，我们十几个人一个寝室，木板床紧紧相连。有一天晚上，和隔床来自盘上的一位名叫尚均的同学，一言不合，他闪电拳头已击中我的胸膛，我看他个子既大而又蛮不讲理，不敢还手，吃了闷亏，但以后我们成了好朋友。十年后，尚均当辎重兵团驾驶兵，还载着当时已是兰州大学学生的我，西出玉门（甘肃省玉门县，不是玉门关），饱览西疆的景色。

我以辉县平地人的身份看盘上山地人，县城距盘上大约二十公里，认为盘上人言语奇怪，没有教养。而开封人看辉县人，也认为辉县人言语奇怪，没有教养。北京人看开封人，同样认为开封人言语奇怪，没有教养。南方人看整个的北方人，也认为北方人言语奇怪，没有教养。后来更发现，外国人认为中国人也都言语奇怪，没有教养。这种观察和感慨，虽累积了四十年才得到，但它确是源于尚均那猛烈的一拳。

我考取初中，对自己而言，是一件惊天动地的大事。第一，我终于彻底摆脱了恶师侯万尊；第二，我开始学习英文，用不了两个礼拜，就把二十六个字母既会写又会背，可惜我的英文程度就到此为止，以后再也不能提升。好比说，那个“the”的发音，我几乎念了一年多，几千万遍，还是不会。因为我念英文，完全是用中文注音的，而“the”的发音是没有恰当的中文可以注的音。然而，使我对英文完全绝望的一件事是，发生在第一学年，学校开课后不久，英文课本上有下列的一句话：

“I have a pen.”

我就注音“爱海夫恩盆。”智者千虑，必有一失，万万想不到，书被磨来磨去，字迹有点模糊，“恩”变成“思”，“盆”变成“盒”。我就读：

“爱海夫思盒。”

英文老师是梁锡山先生，河南大学毕业，他眼睛瞪得像一对铜铃，问我：

“思盒？思盒？思什么盒？哪里来的思盒？你怎么读成思盒？”

他慢慢走到我面前，把我吓坏了，赶紧低头找书再看，因为惊慌过度，连“思盒”也不见了。可是梁老师却耳聪目明，他把英文课本夺过去，一眼就看到了毛病出在哪里，顺手拿起了砚台，敲打我的脑袋，重复说：

“思盒，思盒，看你还敢不敢再思盒！”

这一次是我上初中第一次挨打，以后虽没有像小学五年级时那样打不离身，但也唤回了我自以为从此完全摆脱了的挨打噩梦。我的英文程度是这样的低落，算术程度更在水准以下，雪上加霜的是，初中课程除了算术一门课以外，又加上代数，除了代数以外，又加上物理和化学，每一门课都是一个苦难，使我无法应付。我真不明白，世界上竟然有这么多学问，学也学不完。尤其学校的师资，一个不如一个。像英文老师梁锡山，他是一个非常和睦的年轻人，拥有一个痔疮和一个胖太太。他的英文程度到底怎么样，没有人知道。但是我发现英国人的名字中经常有威廉第三、查理第五，感觉到非常奇怪，心里想，这是不是和中国的三叔、五叔一样？而且，我读了两年初中，最大的困惑是，不知道英国人有没有姓。假定没有姓的话，他们家族怎么区别？假定有姓的话，那姓应该是什么样子？尤其使人大惑不解的是，好比说詹姆士第三，生了一个儿子，应该叫詹姆士第四才对啊！想不到他会叫约翰第二，这使十二岁的我，想了两年都没有想通。有一次，我鼓起胆量，向梁老师提出这个问题。

梁老师回答说：

“英国人没有姓，他们都是依照第五、第六顺序排下去的。”

“可是也不对啊！”我说，“那么，詹姆士第三，生了一个儿子应该叫詹姆士第四才对，为什么却叫约翰第二呢？”

梁老师被问住了，他倒没有翻脸，只搔搔头，站起身子，说：

“有时候他会将儿子过继给他哥哥、弟弟的，所以连名字和辈分都改了。”

我还要再继续问下去，梁老师已经走开，手摇着一把折扇，用力地扇风。

我心里虽不服气，但并不敢追上去再问，以后也不敢再提出来。我心里有一种反抗意识，我相信英国人一定有姓。

最致命的老师，还是算术与代数的老师，我已经无法记得这两门功课是怎么读的，根本不晓得代数是什么东西。很多同学以及一部分老师，总夸奖我聪明，我确实聪明，但一个人一旦聪明到认为不用学习就什么都会的时候，就已经走到尽头了。就在百泉初中，十二岁的我，揭起了"横行"革命，仇视所有横排的书籍，包括英文、算术、代数、物理、化学，决心对它们连一眼都不看，上课也只打瞌睡。大家不是都说我聪明吗？聪明不能使我学会功课，却使我交了不少狐群狗党的好朋友，考试的时候，专门传小抄给我。所以，我的功课虽然天下最烂，但考试成绩总是漂漂亮亮的。同样的，我考试成绩虽然漂漂亮亮的，但是我的功课却是天下最烂。举个例子，我一直读完了上、下两册化学，可是"原子价"是什么，直到二十世纪要过完了，仍然不知道。

至于物理学一位朱姓的老师，是一个长胡子的小白脸，扭扭捏捏像个大姑娘。他也是大学毕业生，不过他的程度跟我同样差劲。朱老师一上课，就把书本上的课文一字不漏地抄到黑板上，再由学生抄到练习簿上。在记忆中，朱老师从没有和学生说过一句话，学生也从来不敢问他问题。无论是物理或化学，百泉初中没有做过一次实验。这样的一个乡村草莽学校，能够维持下去，也是一个奇迹。

可是，也有使我怀念的老师。第一位是国文老师刘月楼先生，他是河南省陈留县人，也是英文老师又兼校长的梁锡山读私塾时候的老师。他已经很老了(可怜，那个时候他不过六十岁，以现代眼光看起来，离老还差大大的一截)，脸上堆满了像核桃一样的那么深刻的皱纹，顽皮的学生就给他取了一个绰号叫"老核桃"。刘老师非常欣赏我的作文，每一次都批上一个"甲上"，使得我在学校里声名大噪，也使我飘飘然自命不凡，忘了我是谁。虽然我对"横行"功课一无所知，但仍然昂首阔步，好像是一个功课最好的学生一样。实际上，我的国文程度，并不如刘老师所嘉许的那么好，因为他也是一个半吊子。我记得当时作文,开头常用的一句话是“满天星斗,月明如画”,刘老师总是在旁边加上双圈。直到五十年后,同样教国文的妻子香华,告诉我那不是“月明如画”,而是“月明如昼”;而且,当满天星斗时,月光不但不可能“如画”,也不可能“如昼”。半世纪荣耀,一下子破灭。

另外一个可爱的老师,确确实实是一位可爱的老师,是一位音乐女老师,已记不得她的姓名。她大概最多不过二十三四岁,面颊红得可以挤出苹果汁来,教百泉初中的时候,已挺着五六个月大的肚子。有一次音乐课,学生隔着窗子看到她丈夫护送她从邻近的乡村师范学校,走向百泉初中。她丈夫可能在百泉师范教书,他的右手拉着她雪白的左手,另一只手提着一个小提琴,小心翼翼地扶着她跨过水沟。我们这一群野孩子,从来没有见过这种场面,和这么漂亮的女人,和这么亲密的夫妻关系,我们就在教室里大声呼叫,用脚跺地,双手握拳,拼命地擂动书桌,一直把训导主任引过来,幸好,没有人挨打。但这位女老师好像只见过一次,却终生难忘。

我考上初中后不久,继母从开封也回到辉县。她昭彰的恶名使大家害怕。和我家一墙之隔的二叔郭学涛的妻子,立刻把两家往来的唯一小门,用砖堵死(四十年后,当东德兴建起柏林围墙的时候,我第一个想起的就是家里这个围墙),以免受到继母的牵连或影响。这项强烈反目的措施,我并不知道它的原因。后来才发现,就在我回到辉县这两年间,父亲跟继母,统统吸上了鸦片,房地产几乎全部卖光,在开封不能立足。又过了不久,父亲也跟着回来,他们才发现我已就读百泉初中。父亲表示说,本来计划把我送到开封省立初中的,大城市学校的学生跟乡下学校的学生会有很大的差别,但是既然已经念了乡下的初中,也就算了。

6. 背影和呼喊

继母突然在辉县出现，一开始的时候，把我吓呆了。但是，因为第一，辉县到底是郭家的老宅，来往的都是郭家的亲友；第二，她刚刚回来，一切还很陌生，所以我所恐惧的挨打，竟然没有发生也许是新环境的新鲜感，使继母暂时收敛起她的凶性，甚至还面带笑容。我从没有享受过这样的待遇，于是，立刻就忘记过去所受的种种凌虐；而且还感觉到有一种骄傲，觉得晚娘跟亲娘一样，第一次尝到父母双全的温暖，在这一段时光中，我无比地快乐。辉县家宅共有四五个一连串相连的院落，大门在一个街道上，后门在一个广场上，那就是当时很有名、现在已盖满了房子、早被人遗忘的"老司院"。从"老司院"的后门进来，就是一个菜园，表婶就在那个菜园里种些黄瓜、丝瓜、茄子。我对这个很有兴趣，尤其非常喜欢搭黄瓜架，也会用井水灌溉。有时候摘下来最嫩最脆的黄瓜，一面走，一面吃，是我最大的乐趣。

可惜，好景只维持了很短一段日子。有一天，当我玩耍回家的时候，没有进门就听到继母跟父亲吵闹的声音，最熟悉的开封家里那种扯破尊严、下流的嘶喊和辱骂，突然间重现眼前。继母那种厉声尖叫和不停地跳脚，辉县人虽然原始落后，没有见过世面，但是也没有见过女人这样发威的场景。大家所受的惊吓，远超过习惯这种叫骂的我。

我躲在墙角，脸色发白，看到父亲愤怒地冲进房子，披上大衣，拿起皮包，一直走出后门。那是很明显的，他要离开辉县这个家，摆脱这个失败的婚姻所带给他的折磨。而从继母的诟骂中，知道他要再回开封。我忽然惊恐起来，很想扑上去拦住爸爸的去路，但是我不敢，于是身不由主地远远跟在父亲背后，一路追踪，从家的后门，穿过空荡荡的"老司院"，穿过东大街，穿过南大街，一直望着父亲的背影。在大衣的包装下,看不出来他的身材,但我知道父亲非常瘦弱,年纪很老了(那一年,父亲不过四十几岁,可是在一个十几岁的孩子看来,确实是很老了),而且一直咳嗽。每一声咳嗽,都使他提着手提包的右手抽动,我为可怜的爸爸流下眼泪。静静地追下去,爸爸就在前面人群中忽隐忽现,最后出了南门。南门外,就是一条通向新乡的二十公里长的马车大道,我发现父亲会一直步行走到新乡(那时候还没有任何代步的工具),而到新乡后再坐火车前往开封。

我原来并不知道为什么追赶父亲,也不知道追到父亲后,又要做什么。现在我忽然兴起一种强烈的欲望,希望如果追到父亲的话,盼望他能把我带在身边,一块儿回开封。而就在出了南关后,行人逐渐稀少,我没有办法隐藏,父亲突然转回头来,看到了我。我也看到了父亲,又惊又喜,我在心里喊:

“说不定爸爸会带我走!”

正当我要跑到爸爸身边的时候,爸爸忽然大喝一声:

“你干什么?马上给我回去!”

我稍微一呆。

“快回去!快回去!”父亲厉声说,“你要挨揍?”

我立刻转身飞奔,再也没有回头看父亲一眼,而就在我踏进家门的时候,已听到继母冷冷的尖叫声:

“叫炮头,你仗势你爸爸在家,横冲直撞,现在,你爸爸走了,我看你还仗势谁?”

骂声还没有结束,一个父亲平常用的书桌上檀香木做的大约拳头大的镇纸飞了出来,击中我的胸脯,我往后踉跄了几步,栽倒在地。继母随即冲上来,用一个小板凳砸下去,我抱住头部,哀号着逃开,一面哭一面跑,一直跑了两三公里,跑回学校。

在这种环境下,我的功课注定低落。当我在百泉初中升二年级的时候,二年级共两班,一班成绩较好,一班成绩较差,同学们就把较好的那一班称为白菜班,较差的一班称为萝卜班。我当然被分到萝卜班,有时,我去问刘月槎老师功课,他总是和和气气地对我说:

“你好好用功，我提升你到白菜班。”

可是，不幸，我这一辈子都读不上白菜班。

我虽然功课出奇地低落，可是，那个时候，正是发育的年龄，却是非常能吃。全校小朋友的伙食，也跟我们的班级一样，分成两团，一个伙食团被称为“白菜团”，可以吃白面馒头，而且有肉；另外一个伙食团被称为“萝卜团”，只能吃玉米面做的窝窝头、一碗稀汤和几粒咸菜，稀汤里根本没有一滴油。“萝卜团”一个月只缴一块银圆，“白菜团”则需两块银圆。表婶每月给我的伙食费是一块银圆，所以只好参加“萝卜团”。

玉米面窝窝头绝对可以喂饱肚子，但是，一个像我这样年龄的孩子，需要吃三四个才会饱，而玉米面粗糙又没有味道，难以下咽。最残忍的是，这两个伙食团门靠着门，相邻并立，每次吃饭，对我来说，都是艰难的考验。我们所谓的饭厅，就是厨房前面的院子，没有桌子，没有椅子，也没有小板凳，各人端着各人的碗，围绕着院子，蹲下进食。“白菜团”的同学们手里的白面馒头发出一种清香，热腾腾的炖肉，更刺激辘辘的饥肠。我一辈子都不会忘记那种贫富差距带来的创伤，渴望吃一口肉，一口就好。按理来说，我家那时的情况，依弟弟妹妹每天早餐可以喝牛奶吃荷包蛋的标准来看，我还是有资格参加“白菜团”的，我吃不到，因为谁叫我是没有亲娘的孩子。我的眼睛不断望着那白馒头和肥肉，当有人望过来的时候，我会立刻把头转到别的地方，表示自己并不在乎吃什么。很多年后，有人向我宣传人类天生是素食动物的时候，我完全不能接受，我认为人类天生的是肉食动物，拒绝吃肉是违反上帝的意思，不准别人吃肉是一种对别人的惩罚。因为正餐使我一直有一种饥饿的感觉，所以就向校门外那些卖零食的摊贩买零食，当然我没有钱买，于是乎，我又犯了开封时代的老毛病，请求摊贩老板准我赊账。那时候能够读初中的学生多少还受人尊重，于是老板答应记账。连三岁的孩子都可以猜得出来赊账的结果是什么，我欠了根本无法偿还的一笔巨款，大概有三四元之多。雪上加霜的是，有一次我管伙食团，把钱挪用了吃零食，竟欠下面粉摊也有三四元之多,债主就堵在学校门口,我连校门都不敢出。

可是不敢出校门并不能解决问题,学生总是要出校门的,逼得我快要发疯。穷极计生,我带着债主回到辉县县城的家,溜进仓库,让那些债主用脸盆当作斗,把麦子装到口袋里还债。那时候,表婶恰好不在家,家里另外一个老人就是姥姥。姥姥默记脸盆倒麦子的次数,估计约有两石之谱(一石十斗),她告诉了表婶,表婶写信告诉了在开封的父亲,父亲写信叫表婶揍我,表婶当然不敢动手,因为她到底只是郭家的佣人。

在这里要说明的是,继母在父亲奔回开封后不久,也回开封,却把她的婆母送回辉县与我们同住。在正厅的两端,各有一间卧房,表婶住另一端,我跟姥姥住一端。我对姥姥泄露我偷卖麦子的秘密十分不满,不过我只有心里不满,没有表现出来。但我一生都为曾对姥姥不满这件事十分懊悔,姥姥是一个忠厚的老实人,也是一个最可怜的老人。年轻的时候,她当一位"道台"(郡长)金屋藏娇的姨太太,她当年的美丽,和享受的荣华富贵,恐怕属于天上人间。可是噩运向她下手,民国成立,身为满洲人的"道台"下台,儿子也不久死亡,她则随着媳妇以娘亲的身份到我家。她的财富和显赫的"道台夫人"地位,最初还相当受人尊敬。可是,财富不久就被耗光,她在家中就逐渐地没有地位了,在我的记忆中,只有过两三次,继母叫她一声"妈",其他时间都是呼来喝去。我一向认为姥姥就是继母的亲娘,一直到有一天知道这层复杂的关系时,才对姥姥十分怜惜,为姥姥难过,有时听到继母刻薄地责骂她,更感觉到她老来孤苦,内心的绝望。

姥姥出生官宦家庭,文化水平较高,虽然她不识字,但她的言谈行为、一举一动都显示出她的文明素养。这和我们纯粹草根性格格不入,有时文明的语言反而挑起父亲的自卑感。而姥姥和大多数年纪大的老人一样,经常地想起当年,她常常用"当年我们大人……"作为开端,更使得父亲大不高兴。

在开封的时候,我几乎对这位姥姥没有什么特殊的记忆。姥姥到了辉县,和我对床而眠,使我贫乏的童年生命中,多了一个人物。

姥姥不久就得了一种非常奇怪的病——脚痛，我常在半夜被她呼痛的声音惊醒，后来不仅仅半夜呼痛，简直是日夜呼痛，她说那像是把脚放到火炭上一样的痛。最初她把脚泡在冷水里，还可以止住，后来冷水已经失去效用。有一次，我好奇地蹲下来察看姥姥已经缠过的小脚，研究那种致命的痛，发现她的脚背隆起，脚趾蜷缩，完全变了形状，非常可怖。这是我第一次面对女人的三寸金莲，既想呕吐，又感到毛骨悚然。多少年后，我想这可能是一种痛风，但当时没有一个人说得出她害的是什么病。事实上，表婶也从没有给她请过医师，每当安静的午夜，万籁俱寂的时候，姥姥一声声地哀唤："痛死我了！痛死我了！"哀唤穿过窗户，向外飘荡，使我想到她那个做"道台"的丈夫，和她那已死去的儿子，甚至还使我想到当初把妙龄的她卖给道台的她的父母，是不是听到这种声声哭号？那是多少年、多少年前的往事了。

姥姥去世前，又被送回开封。她临去之前，并没有祖孙话别的场面，只是有一天，我放学回家，别人告诉我的。她这一去，从此没有再见。

7. 逐出学校

我自认小时候是一个坏孩子，因为我没有受过什么家庭教育，没有累积下教养，个性又十分顽劣，使我无法成为一个驯服的乖乖牌小白兔。我喜欢看的武侠小说，恰好和我潜意识中的反抗性格结合。现实生活中，除了挨打外，没有享受到多少温暖，只有一次，是在开封，当我十岁的时候，一位同班女同学，送给我一个用泥捏的风箱玩具，大概有一个大人的大拇指大，用墨涂得黑黑的。那是我一生中第一次拥有的玩具，放在口袋，放在床头，想着那位女同学，可是我的胆量忽然小起来，不敢和她讲话，直到回辉县前夕，却把它弄丢掉了。但那个女孩子的印象并没有丢掉，一直留到现在。

后来，到了辉县小学五年级，那时候的女生几乎都比我大，而且没有开封的女生那么清秀，我自然和她们玩不到一起，不但玩不到一起，反而几乎天天发生冲突，随时都在吵架。前面坐的是一位女生，我总是把毛笔放在桌边，使毛笔头露出半截，那女生往后一靠，一定沾一背墨，她总是大叫：

“我非告你不可！”

“非者，不也，”我说，“非告就是不告！”

结果当然是告了，告给侯老师，每一次都挨一顿手板。

只有一位女同学，个子小小的，纤巧玲珑，坐在第一排，和秦鼐同桌，秦鼐就是前述那位父亲向侯万尊抗诉的同学。这个可爱的小女生，名叫邓克保，却是一个男生的名字，我一直想找机会和她讲话，但她从来不理我这个野男生。

秦鼐和邓克保两位同桌的小朋友，命运似乎都不太好，听说秦鼐在考取大学后过世，邓克保小学毕业后也过世了，不知道害什么病。四十年后，我在台北《自立晚报》连载报导文学《异域》时，就用邓克保做笔名，并成为小说中以及电影中男主角的名字。这本书使我和邓克保一直结合在一起，她是我唯一记得的童年女伴，不，是童年女同学，仅仅是女同学，因为我们从来没有讲过一句话。假设这是一场美丽的恋爱的话，大概就是我的初恋吧！

辉县虽然是我的故乡（老家），可是我却像是一个流浪天涯的孤儿，继母在父亲离家出走后，也跟着回到开封，辉县偌大的庭院中，只剩下同样孤苦的三个人，一个是我自己，一个是跟仆人没有什么分别的贫寒表姊，另一个就是日夜呼痛、哭诉无门、六亲无靠的姥姥。事后回想，发现我的家道就在这个时候迅速中落，距鸦片战争约五十年，鸦片的剧毒开始侵入我们这个小康之家，使我们这个刚脱离农村、跃升到都市、新兴的小资产阶级，从吸第一口鸦片开始，不到四年（我在辉县县立第一小学和百泉初中那段日子），迅速地接近赤贫。

我并不知道这个经过，但在辉县一连几进的深宅大院，除了我住的那一进院子和靠后门的那个菜园以外，全都被父亲卖掉，而后门也就成了大门。我当时的年龄还不能直接感觉到家庭的衰败，但从表婶给我的伙食钱，只能够参加“萝卜团”，不能参加“白菜团”，才有贫寒的感觉。凡是参加“萝卜团”的同学，多少都会受“白菜团”同学的轻视或欺侮，不知道这是一个文化现象，或是个别的气质，有钱的大人固然看不起他的穷朋友，有钱人家的小孩似乎也同样看不起他贫苦的小朋友。不知道学校为什么设立这样强烈对比的伙食团（故事总是重演，十年以后，我在四川省三台县的东北大学念书，学校里，也设立了两个伙食团，一个是四川同学的吃肉伙食团，一天三顿全是白米饭而且有肉；另一个是外省同学设立的靠教育部贷金为生的吃菜伙食团，早上吃稀饭，一个月吃不到两次肉），这对穷孩子的自尊是一个很大的伤害。我们于是乎经常采用暴力——打架、骂粗话、跟老师对抗等等手段，来平服自己内心的自卑，我是这个族群中最出名的一员。

我的功课之糟，是“天下”皆知的事，但最初行为还有一些大城市文明的痕迹；后来，这些文明的痕迹一点都没有了，我想到的，除了玩，还是玩。第一个最大的志愿就是想当一个篮球健将，可是我篮球却打得不好，得不到体育老师的赏识。虽然我非常努力地练习，但班队、校队，全没有我，我就省吃俭用，自己买了一件背心，到裁缝店，前边缝上“泉中”二字，背后缝上一个“2”字（本来想缝上“1”字的，但我很谦虚，所以只缝上“2”字，表示校队的二号人物）。平常不敢穿，只星期天或星期六下午才敢穿。而那个时候，却没有篮球可玩，篮球都锁在训导处的柜子里。无可奈何，只好去偷，偷到了后，就在球场上，投一次篮又投一次篮，然后回到城里冷清的家，当然顺便也把篮球带到家里玩。

四十年后，在北京遇到同班同学——后来当了中共高干而又退休了的朱光弼。朱光弼询问我偷球的技巧为什么那么高明，因为我偷了几次球都顺利地得手。有一次，朱光弼跟我一块儿去偷，忽然门锁响动,我飞快逃掉,朱光弼却被捉住,挨了一顿揍。

骑脚踏车是那个时候学会的,游泳也是那个时候学会的,当然是狗爬式。狗爬式的一个最大特点,就是非常消耗体力。有一天,一群同学到百泉湖去玩,有人提议游泳。那时候辉县还没有“游泳”这个名词,所谓游泳,当时称为“洗澡”或“洑水”。一个年长的同学问我:

“你会不会?”

我逞能说:“当然会!”

当我随大家扑通扑通像鸭子一样乱七八糟从岸上跳下去之后,一股刺骨的冷冽,使我觉得不妙,游不了一分钟,就浑身瘫软了,身子忽然下沉,而脚却接触不到湖底,心里更加惊慌,喝了一口水,叫不出来呼救的声音,被旁边一个同学发现,抓住我的头发拉到岸边。这是我一生中遇到的第一次自找的“天灾”。如果那一次淹死了,天下最欢喜的,恐怕就是继母。

我在百泉初中横冲直撞,就在二年级末期,校长梁锡山老师,为了提升学生们的程度,规定星期六下午和星期天照常上课,全体学生都要留校而由老师们义务为大家补习。这种循循善诱的情谊,在以后多少年的日子里,一想起来就深为感动,可是那个时候年龄还小,不能领会善良老师的苦心,而且,我的基本性格也在成长中逐渐显现出来。星期天本来是应该玩的,为什么不准玩?而且我争的也不一定是玩,而是对这种无理的压力有强烈的反弹意识。

这时候一个叫冯立勋的同学,比我大八九岁之多,已经结了婚,遇到星期六,当然强烈地渴望回家和他的小妻子相聚,可是他一个人又不敢逃走,就诱惑我和他一起行动。这正符合我的愿望,于是两个人步行三公里,兴兴头头,半跳半走地回到县城。冯立勋一头栽到他那个温柔乡里,不肯出来,把我一个人孤苦伶仃地丢在大门外。我也不知道他们在家里搞什么,或有什么奇怪的东西,使他这么着迷(我的年龄还不知道什么是闺房之乐)。我等了又等后,只好跑回自己冷清的家。第二天就是星期天,一觉醒来,走投无路,又没有其他地方好去,只好再走三公里回到学校。就这样的,事情爆发了。

走进学校大门时,全体同学正在上课,大院子非常地寂静,满地都是炙热的阳光。全校师生的眼光,从各个窗子望出来,注视着我这个小小的身影,孤独地走向萝卜班教室。偏偏梁锡山老师正在班上补习英文,默默地看着我入座,然后走到我的面前问道:

"你到什么地方去了?"

"回家。"

"你不晓得学校不放假?"

"不晓得。"

梁锡山脸色变青,我心里也在沸腾,我想喊:

"你明知道是星期天,为什么不放假?这是应该放假的,你剥夺了我们的权利。"

当然,我还不懂得"权利"二字的意义,但心里确有反抗的冲动。结果我没有喊出来,因为我还是有点害怕。梁锡山老师从我手中夺过来英文课本,挑出一段,叫我背诵。用不着算卦就可以知道结果,我连念都念不出来,更不要说背。支支吾吾了一阵,全班同学都看着我,一点声音也没有。梁老师把课本摔到桌上,因为用力太猛,课本在桌上跳一下,滑落到地面。梁老师接着用手想打我,我不知道哪里来的胆量(大概是大家注目的眼光,逼着我不得不表演英雄行径),一举手就把梁老师的手掌挡住。这是一个天大的反抗事件,梁老师也愣住了,喝道:

"你敢动手?"

我也喝道:

"你敢动手?"

梁老师已经被逼到墙角,无法结束这起师生面对面的冲突,于是他大怒说:

"学校不要你这种坏学生,给我滚出去。"

我也被自己的行动吓住,但是已经下不了台,除非讨饶,可是我又不肯讨饶,因为我害怕罚跪!跪,是继母给我一种最轻微、最平常的刑罚。于是,我也叫喊说:

“走就走，你摔坏了我的英文课本，赔我的书。”

梁老师扭转身子，气冲冲地走出教室，叫道：

“找一本英文书给他！”

被吓坏了的小朋友，以及别的班闻声而停课的小朋友，都跑出来，跑到操场上，远远地围绕着布告栏。我也跑出来，张惶失措地站在人群里，不知道如何是好。

一会儿工夫，一个工友拿着一张布告，贴在布告栏里，大家慢慢地围拢上来，一个一个瞪大眼睛，张大嘴巴，注视着那张布告。那是一张开除我的学籍的布告，上面写着：

“郭定生冒犯师长，开除学籍。”

这是一项滔天大祸，超过我所能承受的，我不知道下一步做什么，又不知道父亲知道后有什么反应，免不了要挨揍。英雄气概霎时间没有了，但仍做最后挣扎，我冲上去，把那个布告撕下来，然后大声说：

“梁锡山，你赔书！”

梁老师派一个工友把书塞到我手中，身旁几个同学向我小声警告：

“你还不快逃，他们叫警察去了。”

我这才觉得真正不对劲，我本还想逞英雄，站在那里，表示毫不动摇，但我实在是害怕到极点，于是就像一只土拨鼠一样，狼狈地顺着小径，跑得无影无踪。

这是我错误的第一步，一生中第一件使我后悔终生的事。假定人生能重来一遍，我绝不会冒犯梁锡山老师，因为梁老师性情温和，对学生十分爱护，很负责任地教学。可惜，那时候的我，完全不能领会；等到能领会的时候，听说梁老师已经去世。

至于另外一位教国文的刘月楼老师，虽然他总是给我的作文九十分，又不断宣称：“把郭定生从萝卜班擢升到白菜班。”但我对他的印象并不好，他只是一个没落的上一代的老秀才，放着“国文”正式课本不教（上面有鲁迅等当时名家的文章），却印一些他自己写的被称为“范文”的大作。

8. 剧毒海洛因

逃出学校后，只有一条路，就是回三公里外的县城。家里仅有的两个老人，表婶根本不知道什么叫开除，姥姥更是不知。我天天睡大觉，有时到城外“三闸”抓螃蟹。幸好，那时候的荒僻小城，还没有青少年帮派，否则的话，不可避免地我会陷进另外一个世界。我逛荡着，没有人跟我玩，也没有朋友，同年龄的孩子都在上学。我把爆竹拆成一个个纸炮，装在口袋里，一手拿着燃着的香，爬到阒无一人的城墙上，掏出一个纸炮，在香头上把它点燃，扔到城外，听它们的爆炸声，心中大为愉快。事后回想，不知道愉快什么。

被开除的消息终于从表婶的信中让父亲知道了，父亲来了一封三四张纸密密麻麻的信，沉痛地责备我的恶劣行迹。最重的几句话，我到老年的时候还记得，父亲要我跪求校长收回成命。如果在父亲的押解之下，我可能跪求校长，但靠一封严厉的信，我根本理都不理，连信都不肯看完，拔腿去玩自己的了。父亲对这个远在天边的无法无天的儿子，也无可奈何。姐姐从乡下赶到城里，除了哭泣以外，也没有其他办法挽救这个僵局。父亲的信件虽然没有产生力量，但姐姐的眼泪使我有一种罪恶感，既惭愧又厌烦。最后，还是父亲让步，写信叫我前往开封。我在辉县四个年头，悄悄而来，狼狈而去。

到了开封，本来预期父亲会揍我一顿，结果没有。父亲老了许多，而且卧在病床上。那年父亲不过五十多岁，却显得那么憔悴。而且，最吃惊的是，我回到的已不是四年前离开时的东铜板街三进院子的巨宅，而是位于八府仓后街的一个大杂院。大杂院的三面都属于同一家花生行，我们家只占着东厢的三间。就在这三间屋子里，住着父亲、继母、妹妹、弟弟，再加上我，那种拥挤的情况，可以想象。而厨房就设在屋檐底下，上面搭一个遮雨的篷子，下面仅可容身。当年那种有奶妈，早上喝牛奶、吃荷包蛋，以及跑到街上喝江米甜酒的日子，都成为过眼烟云。现在的情况几乎接近赤贫，父亲靠着新组成的花生业同业公会过日子，辉县还有若干亩田地，就在这个时候陆陆续续卖掉，来维持这个残破的家。其实，父亲仍可以回辉县老家过一种足可以维持最低生活水平的日子，不知道为什么不回去，却在开封和赤贫搏斗。人们都以为他过不惯乡村的平淡生活，其实，父亲所以不回去的原因，比这个严重得多，那就是继母由吸鸦片烟，已沦落到吸海洛因。那是二十世纪三十年代初期，鸦片横扫中国，几乎深入每一个角落。有些有钱的人家，尤其是大地主，甚至鼓励自己的子弟抽鸦片烟，那是一个只有简单而又自以为聪明的脑筋，才做得出来的评估。他们把每年抽鸦片所开支的费用，折换成田地，认为一个人抽鸦片七十年，只要消耗九十亩田就够了。如果他们家有五百亩田的话，吸五辈子都吸不完，却可以使儿子沉湎在烟榻之上，免得他出门上学，一去不回，或者是吃喝嫖赌，把家产败光。这项评估太单纯了，却不知道吸毒是会升级的，继母在吸了四五年鸦片以后，改吸海洛因。

海洛因是人类有史以来最美的剧毒，像太白粉一样的细末，吸食的时候，只需要一张锡箔纸（香烟盒里那张防潮纸），把雪白色粉状的海洛因用小指的指甲（这可能是中国男人喜欢把小指指甲留长的原因之一）挑起一点点，放在锡箔纸上，划燃火柴，在锡箔纸下边轻微一烤，那一小撮海洛因粉末，立刻化成一缕似有似无的青烟，冉冉上升，这时候，瘾君子立刻把鼻子凑到青烟上，深深吸一口气，毒品立刻进入全身，前后只要几秒钟。一个烟瘾来袭的人本来全身瘫痪，无气无力，眼睛发直，毫无克制能力地流着口水，那种狼狈的情况，使人震惊。千万记住，吸毒的人没有羞耻心，绝对没有羞耻心，女人就在这个时候卖淫，男人就在这个时候偷窃，只要能得到一包白粉（仅仅一小包白粉而已，大概为普通药房配药那种药包的十分之一）。药包到手之后，眼睛立刻发出贪婪的凶光，用发抖的双手把它小心翼翼地打开，吸过之后，你才发现，海洛因真是神奇，他可以完全变成另外一个人,眼中凶光立刻变化亮光,智商顿时会超过普通人若干倍,而且行动利落得像一只猿猴。

这就是继母毒品生涯的写照。父亲一度也参与吸食,在倾家荡产之后才被迫停止。但继母却在卖了儿子、卖了女儿以后仍然吸食,这当然是以后的话。父执辈不断向继母规劝,不断发出警告,要求继母戒掉。我真是幸运,在还是少年的时候,就发现一位言足以拒谏、智足以饰非的典型人物!每当父执辈规劝继母时,不用等到开口,继母立刻就分析毒品的可怕性,甚至于连海洛因的制造过程,和经销过程,中盘、小盘的剥削情况,以及毒品对身体的严重伤害,都十分精辟,说到最后,她提到海洛因价格的昂贵,并举出实例,某家某家都是良田千顷的富户,现在全都卖光,女儿在街头任人玩弄。讲到痛心的地方,继母会流下眼泪,泣不成声,发誓她一定要戒断,如果她不戒断,她就是没有心肝的禽兽。客人所知道的吸毒的坏处,继母全知道,而继母从深层挖掘出来的深一层的害处,连来说服她戒烟的客人都震惊得无话可说。我和弟弟妹妹们,在一旁亲眼看到听到,每一次都深深感动,认为家庭的灾难终于过去了。然而,继母照样吸她的毒。

这就是家庭破败的原因。好在青少年对家庭贫富的感觉并不十分的敏锐,何况我睡在房子的墙角,比起当年家未败时,一个人睡在墙角,没有什么差别,同时,无论什么时候,我身上总是没有一分零用钱。

9. 奇迹——平面几何

回开封后,走投无路,手中没有初中毕业文凭,又没有可以报考同等学力初中二年级肄业期满的证明,开始承受没有证件的熬煎,证件的威力是如此的强大，使我无法抵抗。真不明白，既然学校有入学考试，为什么还要证件？既然允许同等学力，为什么一定要初中二年级肄业期满证书？我找不到答案，即使找到答案也没有用，而且即令取消所有投考资格也同样没有用，因为我根本考不取。主要的是数学，初中的数学科目共有三项，一是算术，二是小代数，三是平面几何。算术不用说了，我根本不会，小代数只学了半年多，连方程式是什么都弄不清楚，至于平面几何，从没有听说过，因为三年级才教平面几何，我在二年级末期就被开除了。

这个时候，开封龙亭一条街上，开了一家“开明英数补习班”。我看到招贴，要求父亲准许我去补习，父亲给了我三块银元，叫我报名。那是一家野鸡补习班，只有一个摆着七八张桌椅的破旧教室，学生也只有我一人。教师一条腿微跛，我早已忘记他的姓名，但我认为他是一个伟大的教师。这一辈子历次考试的血战中，就靠这位老师教给我的一点点本领，打遍天下。不能想象，如果没有遇到这位老师，我更会沦落何方，狼狈到什么程度。

就在补习班，我学习从没有听说过的平面几何，而且在短短的两三个月中，竟把那平面几何，弄得滚瓜烂熟。这是一个很特别的现象，一个对算术和小代数白痴的学生，竟然对平面几何如此地熟练，说明我确实有数学的潜能。我对平面几何迅速进入状态，是因为刚刚来到开封，一切都很陌生，既没有狐群狗党的朋友纠缠，又不知道到什么地方游荡。更重要的是，也没有一个人再夸奖我天纵英明。而且考试逼在眼前，不用功不行，死心塌地地下了真正的苦功。回忆这段往事，发现要算术好并不是天下最难的事，只要每一个练习题都把它做出来，不跨越一题，不明白的地方绝不含糊，一定要把它弄明白。等到平面几何补习完，要开始再补习小代数的时候，暑假到了，各高中纷纷招生，就补习不下去了。如果迟招生三个月的话，说不定我的小代数和算术，也能起死回生。

那时候最使青年学子崇拜的是省立开封高级中学，它的入学资格非常严格，非初中毕业不可，不收同等学力。而我什么文件都没有，结果父亲的朋友，在开封高中当训导员的王伦青先生，不知道用了什么方法，准许我报名。

考试的时候，数学共出十道题，包括算术四道题、小代数四道题、平面几何两道题，我两道几何题全答对了，得了二十分（我到现在还认为，发明只要有一门功课零分，就不能录取的人，简直是"整人为快乐之本"，他们的目的是要考倒学生，而不是要考取学生）。至于英文，我有个传统的战法，那就是请英文好的长辈，写一篇一二百字的英文作文，里边包括自传、小时候的生活、父母的爱护，与自己将来的希望，以及如果考上学校，对国家的抱负，表现出自己是一位上进、爱国、爱乡土、爱父母、兄友弟恭的好学生。这一年，我十七岁，就发明了这样一个百战百胜的考试法宝。不管出什么题目，我只要把这一篇文章背熟，一字不改地抄上就对。至于物理、化学，我一筹莫展，已忘记用什么奇妙方法解决这两门功课的困难。最后，终于发榜了，在强烈的太阳照射下，人头攒动，校门口水泄不通，我从第一名开始，找到备取的最后一名，再从备取的最后一名，找到正取的第一名。然后横着找，从第一排的右边，找到第一排的左边，再从第二排的左边，找到第二排的右边，这样一排一排翻来覆去地找。然后再换一个方法，从左到右找姓名的第一个字，然后再找姓名的第二个字，再找姓名的第三个字，反正是找了一个多小时，就是看不到自己的名字。我知道完了，脸上是汗水或泪水，已分不清楚，眼前一片模糊，胸口猛烈地跳动，我不知道怎么回去面对父亲。所花的巨额补习费全都落空，以后怎么办呢？这时候，听到旁边有人在哭泣，我也想哭泣，可是仍咬着牙，没有出声。正当我低下头，拨开人群要走的时候，听到两个同学在远处谈话，一个说：

"咦！郭立邦那小子怎么会考取？真是出了鬼！"

我简直是像听到一声霹雳，一个箭步跳上去，抓住他们中一位的右臂，大声问：

"我在哪里？我在哪里？"

这个时候，假设那同学说："只是一个玩笑！"我真的会心碎，幸好那同学指出我名字的位置。原来,这才是真正可以用上那个“忘了自己是谁”的成语。我原来是叫郭定生的,这次报名不敢用郭定生,因为已被开除了,百泉初中准把开除的事报到教育厅,所以父亲把我改名郭立邦。对我来说,这个名字非常陌生,我本能地在榜上找郭定生,怪不得怎么找都找不到。

对我而言,这真是人类有史以来最大的骄傲,只读了初中两年(还不到两年),就被开除的坏学生,功课又是那么烂,竟然考取全世界最好的高级中学,高兴得简直要发癫,我本来不会吹口哨的,现在也会吹了,看到那些开封女子师范学校的女学生,理都不理(当然,她们对我也理都不理)。

父亲对我考取高中,当然很高兴。可是父亲好像不知道省立开封高中是这么的值得夸耀。尤其是有些人,包括父执辈或同院花生行那些伙计,问我道:

“你在哪个学校读书?”

我骄傲地回答:

“高中。”

对方往往追问道:

“哪个高中?”

我最不能忍受这种愚蠢的反问,因为天下只有省立开封高级中学才是值得一提的高中,只要提“高中”两个字那就够了,不需要提它的校名。可是,我虽然因考取了而沾沾自喜,功课程度却不能相配,不但不能相配,简直比在百泉初中时代所受的压力更大。因为百泉的时候我在萝卜班,所有的孩子都来自荒村僻壤,就是高明也高明不到哪里去。现在开封高中的同学,来自全省各县精英,口音不一样,仪容不一样,功课超出一般水平很多。当我发现有一位同学,可以用英文讲故事的时候,简直吓得要死,我一辈子都赶不上他们。而数学里面,取消了算术当然很高兴,可是又改教了大代数跟三角,更是要命。尤其想到,二三年级还要学立体几何跟微积分时,恨不得立刻疯掉。我终于悲哀地发现:读书真苦!那时候,还没有招兵买马的行动,如果有的话,我早就逃走从军报国去了,实在受不了那些"横行"的英文、数学的折磨。

10.轰轰烈烈的恋爱

我除了上学被功课搞得苦不堪言、奄奄一息外,另外还有一个烦恼,就是找不到女朋友。那时候,政府正在严厉地禁止妇女缠足,一个小学或初中毕业的女学生,经常被县政府聘为"放脚委员",到乡下各地去宣传缠足的害处和天足的好处,还挨家视察,发现有五六岁小女孩缠足的,就要求立刻停止。这是中国自从有政府以来,大概五千年吧,唯一的一项确确实实为人民谋福利的善政。而我们这个自称为优秀民族的中国人的回报,却是把那位放脚委员的女孩暴打一顿,在邻居们叫好吆喝声中,夺门而逃。这就是二十世纪初叶,中国乡村中最精彩的景观。

在这种社会基础上,识字的男人,也就是读过书的知识分子,为数不多,绝大多数的中国人都是文盲。设在辉县沿村的郭家祠堂,在二十年代曾经有过赏格:本族青年小学毕业的奖赏二十银圆,中学毕业的奖赏五十银圆,大学毕业的奖赏一百银圆。那时候农村的雇工,一年工资才二十银圆。一百银圆能够购买年轻人五年的劳力,这在乡下是一个令人吃惊的数目。从此我就发誓要拿这项奖学金,来减轻日渐衰老的父亲的负担。可是终告失败,因为我一辈子什么学校都没有毕过业。

男性的知识分子已经如此稀少,女性的知识分子,更稀少得可怜。不要说识字的女性,就是从没有缠过足、一直是天足的女性,在三十年代仍是罕见的稀有动物。我有一位堂兄郭立生,省立汲县师范学校毕业,曾经拿到祠堂五十银圆的奖赏,被乡人尊敬为最有前途、将来可到县城跟县长平起平坐的年轻绅士。他师范学校毕业的那天,媒人就不断到他家说媒,把她们手中的姑娘美化得貌如天仙:柳叶眉啦,瓜子脸啦,面若银盆啦,三寸金莲端正正啦。只要"三寸金莲端正正"一出口,堂兄就会像爆竹一样地跳起来,把媒人赶走。以致毕业了两三年,还没有娶妻成亲。父母心焦愤怒之余,决定用强制手段,堂兄才被逼说出他的最低条件:第一,女方必须上过学堂;第二,女方必须是天足,从没有缠过足。这在九十年代绝不值一提的条件,在三十年代却是天大的难题。最后堂兄终于屈服,不识字没有关系,但必须没有缠过脚。即令屈服到这种地步,仍然无法达成愿望。他父母央求了好几个媒婆,到全县各乡去探听消息,结果发现,全县天足的女子倒是不少,可是都在十一二岁以下(她们都是中华民国成立以后,父母冒着家族或邻居的嘲笑,而拒绝给她们缠足的)。天足的适婚女子全县里几乎找不到一个,这造成了堂兄家里一个重大风波。他的父母怎么也不理解,他们的儿子竟然不喜欢小脚,闹得堂兄几乎离家出走。

五十年后,我重返家园,才得知这件公案的结局。郭立生后来终于在新乡县物色到一位没有受过教育的天足女孩(她在她的故乡几乎嫁不出去),迎娶到家。现在,她早已去世,立生堂兄住在他嫁到获加县的女儿家里,常往返获加县与辉县之间,从他脸上似乎还可隐约地读出青年时代这段奋斗史。在这个古老的传统社会,仅仅是使人明白缠足是不人道的,天足是美的,就这么的不容易。因之,我从小就怀疑中国人对美和丑的鉴赏能力。

女性知识分子竟然少得如同沙漠里边的小百合花,家里如果出现一个高级师范或高级中学的女学生,那简直能轰动全县。我一直到十八岁,从没有见过一个高师或高中的女学生。其实,倒是真的见过一个,那是辉县老宅邻居张老太太的女儿张少玙。当我读初中的时候,少玙已经读省立开封艺术师范学校,我们这一群孩子都叫她五姐(她家有五个女儿),每次她从开封放假回来,那种城市女学生的打扮,真叫我们这群野孩子们晕头转向,天天围绕着她转,又不知道该说什么。她比我们这群孩子其实也不过大三四岁,我有时候做成人状,仿佛大人的口气,不叫她五姐,直接叫她的名字少玙,她也顺口答应,我就高兴得不得了,可是也仅止高兴而已。那位都市小姐根本就没有把乡下小萝卜头看在眼里,有事的时候就差遣我们跑腿办事,没有事的时候,想跟她多说一句话,她都不理。其实,即使叫我说话,我也不知道该说些什么。

而现在,我到了开封,而且读的是"世界第一名校"——高中(全世界人都应该知道它是开封高中),气势非凡,勇气大增,自信心也大增。虽然那时候,高中学生还没有听说有谁在谈恋爱,但是我自认为有顶尖的资格去交女朋友。那时候的恋爱,都发生在表亲之间,一旦双方面关系是表兄妹,那简直是天造地设,铁定的一对,非恋爱不可,这由一二十年代,民国初年畅销的小说书上,描写的都是表兄妹恋情,可以得到证明。在这种情况下,我束手无策。我已经不想成为篮球健将了,而急于成为进入开封高中后、才学习了几天的网球健将,因为我在练习打网球时,能把网球打到墙外,我必须从门口飞奔出去,到马路上捡球,常使那些路过墙下正在读师范的女学生,叽叽喳喳地捂着嘴笑,这时候我就大为得意。

有一天,我在捡球抬起头来的时候,看到一个书包上的名字:何玉倩。那个书包的主人是一个什么样的女学生?是胖,是瘦,是高,是矮,统统不知道,而只知道她的名字。回到学校,就在脑筋里构思,怎么样写一封信给她。

过了好几天难挨的日子,信终于写出了,密密麻麻五张信纸,这是我平生第一封情书,可惜已不记得详细的内容。但只是坚信这篇文章如果正式地写在作文簿上,老师一定会批一个甲上。反正是,小心翼翼地贴上邮票,投入邮筒。从此,天天到学校信箱那里观望。为了避免同学对我的行动起疑,我就宣称并不是来看信的,因之也不在乎有没有信。这真是一段难熬的日子,上课几乎全听不进去(其实没有这封信,也听不进去),只好逃课去打网球,没有对手的时候,就一个人面对着墙打。有一天,那一个伟大的日子终于到来,像当初看榜时候一样,从一排信中忽然发现我的名字。我跳上去把它拿下来,不错,是我的名字,而且字迹写得那么秀丽,信封又是开封女子师范学校。我的心几乎跳出胸腔,我想:我的心脏病大概就是那个时候种下的!

不过,奇怪的是,信竟然没有封口,只有一张信纸,上边写的大意是:

你年纪轻轻,不用功读书,却给女生写信,我们已把它公布到我们学校布告栏里。看你以后还敢不敢?

这是一个无情打击,对一个十八岁的青年来说,更羞愧难当。尤其是把我的信公布在女子学校的布告栏里。我完全被打败了,当场把信揉成一团,塞在口袋里,坐在一个墙角,很久很久都站不起来。我不仅后悔写这封信,而且还非常地害怕公布在女师墙上那封自己写的信流落出校门,落到父亲之手,或落在开封高中同学之手。同时我也非常痛恨这一位叫何玉倩的女生,竟用这种置人于死地的手段,而只不过为了炫耀她自己曾经被男生追过。

这件事终于悄悄消失,我也渐渐地恢复正常,但不会忘记这次打击,使我一辈子坚持一项做人的原则:绝不利用朋友的真情善意,来达到自私的目的,因为我曾受其害。

不管怎么说,这第一次轰轰烈烈的恋爱就这么灰头土脸地结束。

11. 西安事变

就在被第一次恋爱搞得昏头转向的时候,这个拥有五千年历史的古老中国,正遍地沸腾——贫民饥饿沸腾,日本侵略沸腾,共产党武装革命沸腾,全国人民抗日情绪沸腾,而且,都到了临界点。当时的我所知不多,只知道一件事,就是一年以前读百泉初中的时候,有一天，发现很多人挤在布告栏前，仰头观看全校唯一的一份报纸，头条的标题是：

政治会议通过根绝赤祸案

政治会议是什么？谁也不知道，但是却知道“赤祸”就是共产党，共产党就是共匪。共产党怎么会称为共匪？也没有一个同学了解。只知道共产党的军队在江西省组织了“苏维埃共和国政府”，突破中央军的重重包围，翻山越岭，向西穿过湖南省、四川省，越过秦岭，进入荒凉的陕北，另组陕、甘、宁边区政府。虽然这是一场又一场的血战，但距河南却遥远得很，对于一个十七八岁的孩子来说，尤其遥远。可是就在我考取高中那一年，国民政府实行全国高中学生暑期军事训练，这是一个大规模而非常有功效的思想统一运动。意大利首相墨索里尼先生送了一架飞机给中国军事委员会委员长蒋中正先生，作为座机，蒋中正把墨索里尼当作学习对象。学生集中训练，于1936年暑假开始，为期三个月，严格的德、日式教育下，学生们除了军事操练外，主要的是接受法西斯教育，像称蒋中正为“领袖”，不再称呼他为“蒋委员长”。而一提起来“领袖”，站着的人都要立正，坐着的人都要起立。站着的人立正比较简单，双手双脚靠拢就行了，坐着的人起立，可是像旱地拔葱一样的，桌子往前推，椅子或板凳向后倒，一阵混乱。尤其是“领袖”二字，不像“立正”二字那么明确，大家行动不可能一致，有的先站起来，有的后站起来，一不小心很可能跌倒。笑声、嘘声和惊恐声，会同时爆出。这种法西斯动作，一直持续到撤退到台湾后的六十年代，把起立改为原地挺胸，闹剧才算停止。我的杂文《立正集》，灵感就是从这里产生。

然而，这并不是说，这项军事训练没有效果，恰恰相反，它的效果十分明显。那些可塑性最强的青年，包括我在内，入伍不久就驯服地接受了这项思想，我们真的相信，蒋中正是英明的领袖和民族的救星。三个月军事训练结束后，这批集训的全省高中一年级学生，大约有五六千人,爱国心像火焰一样的强烈,全心全意崇拜蒋中正。我当然也是如此,除了我非常不喜欢"立正"那个动作。

这时候国民政府正在全力执行安内攘外政策,高中军事训练是安内的一部分工作;而另一部分工作,与年轻学生无关的,就是政府的中央军,跟共产党的红军,在陕北对峙。

江西省的红区战场,蒋中正投下去的是中央嫡系精锐部队。可是在陕北边区战场,他却用九一八事变后从东北撤出的东北地方军作为主力,他自任剿匪总司令,而命东北地方军统帅张学良先生当副总司令。这真是一个自以为得计的大政略和大战略,他保存了他所控制的中央军部队的完整,如果共产党红军被东北地方军消灭,蒋中正当然大喜若狂。如果东北地方军被共产党红军消灭,蒋中正也会同样地高兴。因为当时中国各省地方军的所谓杂牌部队,到处都是,假如能够借共产党红军之手,消灭其中最顽强的东北地方军,当是借刀杀人的第一等奇计。

但是蒋中正高估了自己,因为这项阴谋是如此的明显,连十岁小娃都看得出来。中央政府更明目张胆地,对东北军人员的补充严加限制,使东北军死一人,少一人,死一连,少一连,于是当我正在为恋爱所苦的时候,1936 年 12 月 12 日,西安事变爆发,蒋中正被张学良扣押。就在事变的第二天,《河南民报》上的头条还登出来:

蒋委员长飞抵洛阳

这真是瞒天大谎。不久,广播才传出"西安发生兵变,蒋委员长被扣"的消息。全国立刻陷于惊恐,平常人对蒋中正的认识,只知道他是中央政府的灵魂,拥有最高权力,虽然国民党已开始把他推向神的地位,但是不过刚刚开始,并没有深入民心,西安事变使这个运动迅速成为事实。蒋中正被扣押,全国好像失去了重心,我那时刚刚接受军训,正对他热烈崇拜,对这项巨变,感到心痛如绞。回家告诉父亲的路上,一面走一面哭,觉得天地就要崩塌,中国就要亡了。路上很多行人都停下脚步看我，并转头盯着我的背影，惊讶地凝视。我听到有人喊一声：

“这孩子怎么了？他病了吗？”

我是病了，生了爱国病，这是爱国病第一次发作，第二天开封报纸上，就有一个学生在街上边走边哭的报导。正是这类的爱国激情，使蒋中正真正跃升为全国最高领袖，民心士气，于一夜间形成，没有人可以竞争。这件事在历史运转法则上，使我有很多醒悟。人生，挫折是不可避免的，如果处理得不好，它就变成灾难；如果处理得好，它反而是更上一层楼的阶梯。

西安事变两个礼拜后和平解决，张学良亲自护送蒋中正乘专机飞返南京。张学良被判十年有期徒刑。蒋中正痛恨张学良入骨，因为这场事变使他神经质的懦弱完全暴露，所以他对张学良虽然无法判处死刑，却嫌十年时间太短。十年刑期期满以后，蒋中正仍下令继续囚禁。三十年后，蒋中正、蒋经国父子相继去世，张学良才被释放。

蒋中正于飞返南京后，和他的妻子宋美龄女士各写了一本薄薄的小册子，合订成一书，书名是《西安半月记》（蒋中正著）和《西安事变回忆录》（蒋宋美龄著），叙述他们在西安事变中的英勇事迹。重要的包括两项：一是张学良在看了蒋中正的日记，发现蒋中正确实爱国，受他感召，才幡然图改；另一件事是，蒋中正把张学良和另外一支叛军的首领杨虎城一起唤到面前，向他们致词训话。

但是这并不表示张学良纯洁无辜得像个小白兔（东北地方军昵称他为少帅），陕北战场上，共军和中央军流血厮杀，张学良以中央军副统帅的身份，扣押统帅，几乎使全国陷于混战，是一种绝对不可以原谅的叛徒行为。可是，到了后来，几乎全世界的人都同情张学良，并不是否认他是叛徒，而是对蒋中正软禁他三十年之久，所作的强烈反感。

12. 犯上作乱

明王朝时代，一位高级官员郑鄤，他的文名震动公卿。母亲去世后，继母对他百般虐待，有一次他忍无可忍，假传他父亲的命令，教婢女下手把他继母打了几棍，结果被判凌迟处死（凌迟就是一刀一刀把身上的肌肉割尽），这是传统礼教中野蛮的酷刑之一。

我不是介绍郑鄤的案件，而是指出一点，殴打继母在中国是一个多么严重的恶行！它被全民，尤其是被儒家知识分子所谴责，也被政府当作残酷的镇压目标。

我在开封的家，虽然败落到只剩下租来的三间破屋，可是继母的声势却因吸海洛因更为急躁。她弄不到钱，就把煤块装到麻袋里偷运出去。父亲身体更形衰弱，靠贩卖老宅剩下的一点积蓄过日子。继母要钱，父亲不给，继母又恢复东桐板街时代的咆哮咒骂，照样地辱及郭家祖宗三代。我的愤怒从小累积，累积了十几年，现在已是高中学生，忽然感觉到自己已经是一个大人了，不能忍受年老多病的父亲继续受辱。那一天，父亲躺在屋内病榻上，继母在院子里，不知道为了哪桩事情，她暴跳如雷，诟骂父亲，那副狰狞和泼辣，同院花生行的伙计从来没有见过一个女人不要脸时的发泼场面。有的傻笑着，有的呆呆地看着，纷纷从屋子里出来围观。我一股冲动，冲到继母面前，但仍然有点胆怯，只是用较平常微粗的声音阻止她：

“不要骂了！”

继母愣了一下，十八年的积威使她毫不把我放到眼里，叫骂的声音反而更大，并挑战地说：

“你这个叫炮头，你们满门都是叫炮头的郭家，男盗女娼，你站到我面前,敢怎么样?你敢打我?”

一个“打”字,为我指出了一条明路。我几乎浑身颤抖地(那是过度的害怕,也是过度的愤怒)在地上画一条线,大声叫:

“你敢过这一条线,我就打!”

继母的眼睛冒出火焰,她不相信在她鞭子下不断哀号、匍匐、乞求饶命的那个男孩,竟敢如此凶悍。于是,她毫不在意地直冲过来,想冲进房门。就在这一刹那,我击出重重的一拳,这是向“二十四孝”挑战的一拳,也是向几千年传统礼教挑战的一拳。继母应声倒地,开始在地上打滚哀号:

“你敢打我呀!”

我跳上去,又是一拳。继母这时才发现十八年来她所用的那一套魔术,已经完全失效,她面对一个她从没有想到过的叛逆局面,于是改口大喊:

“郭学忠,你叫你儿子打我是不是?我跟你儿子拼了!”

父亲在房里发出微弱但十分焦急的吼声:

“小狮儿(我的乳名),你干什么?还不住手!”

我扑上前去,在继母身上又施一拳(我对自己笨拙得不敢用脚去踢她,十分自恨)。继母在众目睽睽之下受到继子的殴打,突然害怕起来,唯恐我拿起就在手边厨具上的菜刀,于是她改诟骂为哀号,大叫:

“救命啊!救命啊!”

父亲在屋里,上气不接下气地大叫:

“小狮儿!你要气死我!”

我听到父亲挣扎着起床的声音,有点惊慌,看到躺在地下哀号的继母,不知道如何善后。于是,就一溜烟地拔腿跑回学校。回到学校后,心情定下来,才发现我又一次地闯大祸。过了好几天,我才畏畏怯怯地回家。一面走一面幻想面对的景观,像继母扑上来和我对打,或者父亲拿个棍子对我一顿臭揍,或者继母已经逃走——那是最好的结局了！我蹑手蹑脚进到三间破房，坐在父亲床前，一个传奇的场面发生了，父亲不但没有揍我、骂我，更没有任何追究，只衰弱地说：

“你看，你妈正在房间给你做棉袄，去向她赔个罪！”

我胆战心惊地站到继母面前，并没有赔罪，因为我不知道怎么陪罪，只是站在继母的身边，等待着继母一旦动手，我就还击。继母的表现，也是一个奇迹，她微微地笑着，十分温暖地说：

“来，比一比，穿上合适不合适，合适的话，妈再给你做。”

这是我自从有记忆以来，听到继母口中吐出的最甜蜜的声音，我感动得几乎要跪下来求她宽恕。但我没有这样做，因为我觉得不对劲，我并没有解开自己心中的结，不过，事情终于这样过去了。

两三个礼拜之后，我又回家，继母在院子里，听到我的脚步声，回头说：

“你等一下，妈正在给你煮江米甜酒！”

院子里正好站着花生行账房蔡掌柜，我也站过去，蔡先生说：

“你妈待你不错！”

我尴尬地点点头。

“傻小子，”蔡先生说，“你可小心点你妈给你煮的东西！”

我呆了一下。蔡先生低声说：

“你看你妈的嘴角！”

我看到继母的半个侧面，发现她的嘴角向上撩起，一种邪恶的心情，使我打了一个寒战，但自己也陷于困境，我没有理由不吃继母煮给我吃的东西，唯一的方法就是不常回家。

多少年后，甚至到今天，我垂垂已老，仍不后悔对继母的这次反抗行动，而且恰恰相反，如果我不把继母殴打那一顿，我这一辈子都不会原谅自己的懦弱。

13. 蛇山一带红点多

作为一个侵略者，日本真是世界上最拙笨的一国。美国四出侵略，在世界上反而落个美名。人们都相信中国跟美国之间，从来没有发生过战争，其实错了，中法战争时，天津附近的法国军队战败，美国军舰立刻偷偷地向中国开炮，支持法军，清政府无可奈何，忍气吞声，只好假装不知道。英国的侵略，建立了世界性的殖民地，这些殖民地后来都成为拥护英国的友邦。只有日本，皇军所到之处，除了种下仇恨的种子外，其他没有任何收获。

中国的腐败、落后，与内部严重的分裂，把日本诱惑得如痴如狂，认为如不把这个邻居一口下肚，简直天理不容。1937 年 7 月 7 日，日本军队在河北省宛平县卢沟桥，假装一个士兵失踪，向中国展开大规模灭国绝种性的疯狂攻击，在算盘上（算盘是中国最古老的计算器），他们明白地计算出中国必亡的结论。

当七七事变的消息传出时，中国再度陷入疯狂，一种要求抵抗到底的民心，没有人可以阻挡，于是，陕北红军被改编为第八路军，江南红军被改编为新四军。我在年轻时候像每一个男孩子一样，想在战场上成为英雄，以致连做梦都梦见到前线上挥动大刀杀敌。于是，就在七七事变后不久，高中二年级的我，投笔从戎。所谓投笔从戎，就是去投考河南省军事政治干部训练班。除了火炽的爱国心驱使我投入这个大熔炉、大时代外，还有两个并不十分光明，但却十分重要的秘密动机。第一是我渴望早日离开继母，免得遭受毒手；第二是我无法弄到初中毕业证书，开封高中一再催促缴验。父亲也找过训导员王伦青先生，王先生只有办法使我报名考试，没有办法使我通过证件关卡，开除学籍的大祸随时都会发生，这种压力足以使我精神失常，我希望（一辈子都这样希望）跑到一个用不到文凭的地方，老死在那里！军事政治干部训练班，设在南阳县，训练三个月，毕业之后，省政府负责派任工作，最高可当联保主任。读过王安石变法的人，都会了解，“保”是中国政府最基层的单位，大体上等于现在台湾的“里”，若干“保”可以组成“联保”，也就是九十年代的“乡”，联保主任就是乡长。这对一群十八九岁的青年来说，简直是天大的诱惑。而就在这三个月集训中，我第一次受到共产党那种神秘的和温暖的触摸。

一天晚上，同是来自开封高中、比我高一年级、功课好得人人尊敬的同学张纯亮，把我叫到一个幽暗的角落，搂着我的肩膀，低声地告诉我，共产党在陕北有一个高尚的革命圣地，全国优秀青年从四面八方地涌向那里，参加真正的抗日工作，问我愿不愿意也去参加。那时候，我正崇拜蒋委员长，自然不相信还有其他革命圣地。但张纯亮提醒我说：

“共产党也是拥护蒋委员长的，你没有看报吗？”

张纯亮把陕北描绘成一个美丽乐土，大家像兄弟一样地互相照顾，那是一种革命感情。不过生活很苦，平庸的年轻人总是寻找借口不敢参加。我不认为自己平庸，就这样的，我成了张纯亮精挑细选的他所认为的优秀青年。不久，一次聚会时，我们决定某一天晚饭以后，各人分别向队上请事假、病假，或返乡探亲假，在东门里集合，由张纯亮充当班长，好像出操一样，把我们带出城门，这样可以避开岗哨的检查。共产党自有他们的地下交通网，把我们送到陕北。南阳、延安之间，直线距离一千公里，当中隔着高耸云天的秦岭山脉，沿途还有国民政府的军警和地方政府的岗哨，段段阻截，可能随时受到逮捕，遭到枪杀。但我们这一批人，热血澎湃，准备接受任何挑战，可是，最后并没有出发。因为就在约定出发的前一天晚上，张纯亮被捕，我遥远地听到嘈杂的人声和凌乱的脚步声，以后就再也没有消息了。张纯亮所聚集的那些同学，互相都不认识，也不知道对方的面貌，张纯亮本人也没有招供出他所集结的同学名单，因为我们没有听到继续逮捕的风声。

伟大的陕北革命圣地没有去成(这是我一生中唯一可能加入共产党的机会),结业的时候,联保主任的高位也没有派到我头上,而是随着大多数同学,被保送到设于武昌左旗营房的军事委员会战时工作干部训练团——简称“战干团”。我们从河南去的同学,约有五百人左右,编成一个大队,番号是第五大队。我被编到第十三中队,中队长是中央军官学校十二期工兵科毕业生吴文义先生。这位东北籍的长官,在我一生中三个最大关键时刻出现,是我生命史上重要的一位恩师。

这是我第一次离开本土,进入中国中部第一流的都市,武昌和汉口,队伍穿过英租界的时候,也第一次看到真正的英国国旗,以及滚滚的长江和热闹哄哄的码头渡口。一切都是陌生的、新鲜的,使我大开眼界。

“战干团”训练时间是六个月,前三个月是普通训练,后三个月是分科训练。我的好奇和好动使我报考了谍报队,丰富的幻想中,我希望当一个神出鬼没的间谍,像007一样(那时候当然还没有007)杀敌立功。然后以一个平凡人的姿态在街上闲荡,没有人知道我对国家有过伟大贡献,可是却在一个秘密组织中受到尊敬。这个愿望没有能够实现,因为谍报队(第九队)的队长是一个南方人,好像是浙江人,他那种像鸟叫样的国语和傲慢的态度,与吴文义比较起来,简直是两种人类。间谍生涯遂到此为止,我又返回吴文义那个中队——第十三队政工队。

可是,中队长虽然很好,相当于排长的区队长李龄,却是一个毒疮——我生命中第二个侯万尊。天下所有的错误从此完全发生在我身上,打扫厕所、禁足、禁闭、挑水,李龄一不高兴或一高兴,我都会被罚。双手举枪,两腿半分弯,伏地挺身,二十个是起码数,有时候挺到六十才命令我停止,有时候挺到趴倒在地。但是,同班的另一位名叫叶子忠的同学,命运却好得像活在九霄云端,我常抨击他小白脸,从这项抨击,可看出我的长相,实在够不上什么水平。每次打野外或行军的时候,我本是第一班的排头,叶子忠是排二,但李龄却认为我头脑不清,而命令叶子忠当排头,这对我真是一个最大克星。三十年后,叶子忠当了台湾省电影制片厂厂长,而我却正在火烧岛坐牢,又一次证明人生确实有不相同的命运。

六个月的训练使我另有感受的是:我结识了许多外省籍的同学,像叶子忠,他就是南京人。这些外省籍的同学,对从河南来的青年,几乎不约而同地有一个最大的惊讶——即令是中学生或大学生,也都是满口脏话。脏话是一个野蛮族群感情上最粗糙、最原始的发泄,河南处于中原地带,将近一千年以来,水力被破坏,居民被屠杀,终于成为一片荒芜,小民除了穷困,还是穷困,仅比陕北、甘肃、贵州稍好一些,没有多余的钱或多余的知识,使孩子接受教育,所以脏话成为每个人的口头禅。使我们在那些文明程度较高的他省同学(像来自安徽、浙江、湖北、四川)面前,抬不起头来。一个安徽同学曾经向我质疑说:

"你们河南人这么样粗野,怎么交女朋友?"

"女朋友?什么是女朋友?"

我自从第一次轰轰烈烈恋爱之后,再没想过这个名词,但是,现在开始想到了。于是,我就尽量地使自己变得文明,不过进步很慢,因为没有人教我。

"战干团"是国民政府为阻截风起云涌奔向陕北的青年潮所设立的收容机构,思想教育是它最主要的课程。其中有一个课目为"领袖言行"。一个教官在讲起领袖的英明时,声称:

"全国军队,以团为单位的动向是,什么时候在什么地方行军、驻扎,什么时候在哪个地方作战,领袖都了如指掌。"

从同学们脸上的表情,可以读出来那种对领袖的忠心尊敬。我最光荣的一次任务是,蒋中正到"战干团"训话,真是震天动地。十三队被派出当仪队,而我以第一排(区队)第一班(分队)排头的资格,昂然地站在营房大门的内侧,使我第一次看到最高领袖的威严。整个左旗营房,鸦雀无声,两千多人的学生总队,像豆腐干一样地排在演讲台前，即令一根针掉在地上，也可以听得见。正当大家紧张得要崩溃的时候，营门传来三番接官号，一两位少将级的官员轻轻地从营门跑进，站在仪队旁边。刹那间，三番接官号停止，阅兵号奏起，更是一种令人沸腾的军乐，一个平常只能看到相片的大人物突然出现，后边跟着一群随从。蒋中正穿着全副军服，缓缓地走到仪队面前，仪队向他敬礼，他举起戴白手套的手，向举枪致敬的仪队还礼。我既兴奋又紧张，第一个想到的是，有一天回到辉县，可以向乡亲们夸口——我见过领袖。大概是兴奋、紧张得过了头，我竟忘了举枪。蒋中正当然不可能发现这种错误，但专门发现别人错误的人可太多了，李龄就是其中一个。检阅结束后，李龄认为我故意地侮辱最高领袖，要把我送军法审判。没人相信那时候的青年子弟兵会侮辱领袖，所以李龄的苦心没有实现，而我在关了三天禁闭后，憔悴不堪地被释放出来。大家把我那种乡巴佬的紧张，引为笑柄。

这时候，日本已开始轰炸武汉，空袭警报后，"战干团"同学每次都疏散到左旗营房正对面、只有一条马路之隔的蛇山。我们听到谣言说，从日本被击落的飞行员尸体上，搜出作战地图，发现蛇山一带红点最多。可是看不到团部有什么新的指示，不但没有新的指示，反而仍命我们一大早就起来爬上蛇山，躲避预期的空袭。

一天上午，空袭警报响起，大家奔向蛇山，不久即听到紧急警报，我和几位同学趴在地上，抬头望向天空，隐约地听到飞机逼近的声音，就在半空中，"呼！呼！呼！"稳定而沉重，从南向北移动，霎时间，大地如死。我看到九架轰炸机，在我头顶正前面的上方出现，那是最危险的角度，可是当时我并不知道。忽然，几乎像是从地面拔起东西一样，原来高射炮开始反击，日本飞机附近布满片片炮弹爆炸的白烟。那九架飞机，像一个整体一样，稍微向上一扬，仍继续前飞，就在飞机的机腹下，突然出现几十个黑点，顺着飞行方向的带动，蛇山正是它的目标。一种沙——沙——炸弹摩擦空气发出的啸声，把整个蛇山罩住。接着是眼前一黑，大地再度震动。我用标准的伏地姿势，双手抱着后脑，恨不得把自己的头压进地球。然而我的身子反被弹起来,跌下去,弹起来,再跌下去,只听到一片号叫。大概只有十秒钟,日本飞机从头上飞过去,可是蛇山已过了好几个世纪。我们上山时是排队而来,下山时则零零落落,像一群溃败的散兵游勇。我抓住水壶,正要喝水的时候,忽然发现我抓的是一个人的右手,我大叫:

“队长! 队长!”

接着是扔下那只被炸掉的手,就往下爬,被一个满是血的尸体撞倒,我站起来再跑,看到一条腿就挂在左旗营房的电线上。从此,学生们都吓破了胆。

不久后,有一天,天色阴森,不知道是哪一个大官莅临,全体学生集中广场,听候训话。训话还没有开始,大官还没露面,警报已发出凄厉的长号,声音令人发抖。全体同学竟然一哄而散,跑上街头,跑向田野。队长的吆喝怒骂,甚至恐吓要把我们枪毙,都阻挡不住。我和几个人一直跑到一个矮堤的旁边趴下来,我害怕得不得了,我害怕死,其实我真正害怕的是残废。这个时候,我最大的希望是有一个钢盔。我对我的害怕不觉得惭愧,但我对于自己像大家一般的四下逃命,却非常惭愧,责备自己不配做一个革命军人。

14. 珞珈歌声

六个月在警报声中结束,大部分同学被派到部队当政工官员,而我则和少数同学被送去参加三民主义青年团工作人员训练班考试。

三民主义青年团是蒋中正以国民党总裁的身份,在国民党内建立的私人小组织,它有一个和国民党同等庞大的系统。中央设中央团部,省设支团部,专员区设区团部,县设分团部。工作人员训练班——人们称它为“青干班”,设在武昌珞珈山武汉大学,受训的时间只有短短的一个月,但却是一个陪伴我终生的一段时光。“青干班”一共有四个中队，三四百人，大家都是那么年轻，我尤其年轻，才十九岁。而有些同学已经将近三十岁了，又有相当的社会经验和地位，看我不过是个顽童。在那一种自认受领袖宠爱、受国家重视、身负救亡图存重责大任的雄心勃勃气氛里，豪气万丈，认为乾坤就在我们手里，可以扭转。最使大家感动的，是蒋中正几乎每隔几天都要来做一次训话，使我感觉到和最高领袖是那么样的接近。

在“战干团”的时候，集体宣誓加入国民党。一个来自乡下才十九岁的青年，简直弄不明白自己的位置，在一夕之间，长官告诉我：

“你是英明领袖的子弟兵！”

我是既兴奋又惊讶，不敢相信会有这么大的荣耀。我下定决心效忠领袖，愿为领袖活，愿为领袖死。从我当仪队的那时候起，就单方面的这样赤胆忠心，假使这时有人行刺蒋中正，我会用我的血肉之躯，保护领袖，跳起来挡住子弹，或趴在即行要爆炸的炸弹上。

武汉大学建筑在珞珈山半腰，是我见到过的最美丽的大学之一。校园的一侧是一望无际的东湖，我和一批同学几乎每天都去游泳，我的游泳技术突飞猛进，脱离了狗爬式，学会了自由式、蛙式、仰游，而且学会了跳水。有时大雨倾盆，雷声隆隆，还有耀眼的闪电，整个东湖被笼罩在雨网之中，湖边的游泳池上，只剩下我一个人在那里反复地跳水。我根本不知道有任何危险，所以没有惧怕。在那段日子里，“青干班”的训练非常松懈，永远记得那时学会的一首歌，李叔同的“长亭外，古道边，芳草碧连天……”这首歌。今天，五十年后，我仍然会唱。每当歌声响起时，我就回到那一去不返的青春年龄，三四百位年轻小伙子，在武汉大学的体育场上，席地而坐，由那些年轻的女同学领导着教唱，草绿色的裙子，随风飘荡。其中有一位女生，名叫钱纯，不过二十二三岁年纪，她唱得那么好，而她主持小组会议时，那么有条有理。她好像是南方人，那么漂亮，那么大方，简直把她当成天人，不要说跟她讲一句话，连走近她都不敢。可惜后来，她被派到二百师，在衡阳火车站上被日本飞机炸死。

就在训练快结束的时候，日军接近武汉，“青干班”同学被送上火车,向南方开拔。记不得是哪一天,我们坐在敞篷的车厢上,毫无忧虑地歌唱欢笑。走到汀泗桥(那是国民革命军北伐时最激烈的战场),突然之间,大家一起发出恐怖的尖叫。一架日本军用侦察机,飞得那么低,两个巨大的日本国旗的太阳标帜,在我们头上擦过,呼啸着一掠而去。火车立刻停下来,队长叫大家四处疏散。我们立刻躲进北伐时北洋军阀所留下来的战壕,乱草密布,几乎看不到太阳。而就在这时候,日本的两架战斗机,开始扫射,大家趴在战壕的角落,连呼吸都不敢,唯恐飞机上的日本驾驶员听见。低空扫射和高空轰炸那种恐怖是不同的,有一种无处可逃的感觉。奇怪的是,将近二十几分钟的密集扫射,竟没有一个同学受伤。可是当我们想再坐火车的时候,发现火车头已被炸烂,于是我们全体只好一起徒步前往长沙。我一直认为蒸汽式的火车头,像家里烧水用的铁锅一样,里面装的全是滚烫的水;想不到日本炸弹解开了这个谜,原来里边装的全是我所无法了解、像人小肠一样弯弯曲曲的钢管,不禁大为怀疑——水都到哪里去了?

到长沙后,被安顿在一家空荡荡的民宅住下。虽然公家还供给伙食,但是,一个最大的困难,我这一辈子都无法克服,这时更为严重的就是,我一直穷得一文不名。如果出去游玩,没有赶上吃饭,就必须饿到下一顿。尤其是九月以后,天气渐冷,我穿的还是单薄的短裤军装,已经不能抵抗寒意,每一天坐在寝室地板上,双手抱膝,一言不发。一位名叫赵蓉的女同学,年龄和我差不多,那一天,她忽然拿了一件黑色的上衣(好像是男女不分的学生上衣),悄悄走到我跟前,把它塞到我手中,微笑着说:

“穿上吧!”

我是一个还没有开化的北方野孩子,已经忘记对她说谢了没有,我只是立刻穿上,感到一股温暖,但我没有胆量再去找她讲第二句话,可是对她终生不忘。和赵蓉感情最好的另一位女同学,名叫周伦,她以舞剑受到大家的注目。我到了台湾后,她也到了台湾,和一位军官结婚,住在台北县五股乡。我曾经到她家里看她,问她赵蓉的消息。赵蓉在大陆没有出来,周伦也不知道她的下落。等我重回大陆,仍怀念这段往事,可是,人海茫茫,不知道向谁问起。

我在长沙住了不到一个月,发现气氛越来越紧,家家户户都关门闭窗。我们这一批年轻学生每天逛长沙市中心名胜天心阁,天心阁下有一个动物园,游人也越来越少,动物开始挨饿,已经没有人喂它们了,不断发出凄凉的哀号。第二天,同学们忽然发现,有些大厦的柱子上,出现耀眼斗大的日文标语,我们虽然不认识日本字,但是知道不是汉奸干的,而是中国人向日本军人所作的心战喊话。这是一个不祥之兆,长沙显然要放弃了。就在那一天的黄昏,一辆吉普车把我、范功勤、李淼和刘浥尘四位同学,载到一栋房子里,中央团部临时办公室就设在那里,当时已凌乱不堪。组织处长康泽先生最亲信的秘书汤如炎先生,派我当三民主义青年团中央直属豫北分团主任,其他三人都是干事。每个人又发了一笔钱,命我们立刻动身,从长沙南下,然后绕道回到已经被日本占领的豫北地区,展开工作。有趣的是,三十年后的六十年代,汤如炎在台北当立法委员,和另两位廖姓、王姓立法委员,竭力反对节育,竟主张把支持节育的我阉掉。我则在杂文中称他们为"廖王汤",与专治妇科的"中将汤"媲美。

到今天都不知道选中我当主任是什么原因,另三位同学年龄都比我大,不过从此我就成了国民党干部。多少年后追思,这么潦草轻率的派遣,事实上并没有把我们当成什么干部,只是临时搭配,既没有教给我们求生的本领,也没有教给我们任何组织宣传的训练,就把我们送到日本占领军地区,像驱逐一群羔羊到狼群里一样,任凭我们自生自灭。

当时的战场情况,已经发生很大变化,国民政府为了阻挠长驱南下的日军,炸毁黄河堤岸,一个人工的黄河决口,造成空前悲剧。就在郑州与开封之间的花园口,堤防破裂,像一个大坝的崩塌,几十层楼高的水势,奔腾而下,二十公里以外,都会听到吼声。洪水像千万条翻腾滚动的蛟龙,沿着低洼地区,直奔东南方两百公里外的淮河。乡民被吼声从梦中惊起,大水已当头灌入,吞没一个村庄像吞没一个蚁穴一样，无数中国人（没有人知道确实人数）被自己政府一个轻率的决策埋葬，开封城本来在黄河之南，竟一下子到了黄河以北（抗战胜利后，黄河再度改道，开封才又回到黄河以南）。我们四个人一行，贸贸然登程出发，当我们徒步离开长沙，沿着铁路南下时，看到国军的增援部队正沿着铁路北上。到了易家湾，忽然间背后红光冲天，历史上最有名的长沙大火，就在这时候冲入天际。可是，等到长沙变成一片焦土之后，日军距长沙至少还有二十公里。我们绕道新化、益阳、沙市、襄樊、南阳到第一战区长官司令部所在的洛阳。就在洛阳，我们脱下军服，换上便衣，四个人分别先行潜回各人的家乡，约定一个月后，再到当时唯一尚在国军手中的林县集合。

辗转跋涉，我回到自从被百泉初中开除便再也没有回去过的辉县，投奔常村五叔郭学慈。这虽然是日军的占领区，但日军仅只集中驻扎县城，中国庞大得像一个大海，日本军事力量无法彻底控制，只靠一些愿意当外国走狗的汉奸——皇协军，维持治安。

15. 结婚与父丧

我突然归来，使五叔和两位堂兄、堂嫂，大为欢喜和惊奇。他们第一天就把决定告诉我，父亲曾经依据传统礼俗，在若干年前，为我定下亲事。她是县城南关的女儿，名叫艾绍荷，比我大三岁。我从来不知道有这门亲事，也从来没有人告诉过我，包括父亲。最初我有一种被侮辱的心情，提出反对，可是，五叔和整个家族（从二叔到九叔）坚决支持五叔的立场。唯一的姐姐也从她寡居的婆家山屯村，带着孤女赶到常村，哭哭啼啼地规劝，认为郭家是一个大家族，不能够做出这种丧尽天良的退婚行为。因为被退婚的女人被人嘲笑，一辈子都嫁不出去。我要求先到开封探望父亲，再到林县跟同学们会合，然后再回来结婚。大家仍然反对,姐姐尤其坚决。一般人认为我是一个非常坚强、顽固、永不顺服的人,实际上,有时候,我却不是这样的性格。我这一生有太多的时候,都是放弃坚持己见,接受别人的支配,这一次的婚姻,就是一个例证。我一直惭愧这次对礼教的顺从,假设人生能够重来一遍的话,我绝不会犯同样的错误。有几回,我冲动得想趁半夜逃走,但因为抵不住姐姐的眼泪,没有逃成。于是在十九岁那一年,我结婚了,这是我第一次的婚姻,这次婚姻带给我终生歉疚,绍荷有旧式女子所有的美德,如果我能安于种田生活,我们会白头偕老。

但是,父亲在开封病危,我仓促赶到开封,看到的却只是一具棺木。父亲,这个乡下出生的知识分子,身跨两个王朝——大清帝国和中华民国,不能够抗拒当时官场文化的主流——鸦片和海洛因,终于家破人亡。他去世时五十七岁,因什么病致死,没有人告诉我。父亲以一个农家子弟,闯入复杂的城市世界,一久就被腐化,仍不得不被淘汰出局,潦倒以终,把儿女们留给一个吸毒的妻子,那比留到虎口还可怕,虎还不吃子。临危时没有一句话嘱咐儿女,继母说,爸爸在死前只叫了一声"大爷"。"大爷",是辉县本地人对父亲的称呼。就在棺木旁边,继母用香烟盒里的锡箔纸吸食海洛因。日本在它的占领区内,执行毒化政策,所以中国人吸毒是公开而合法的。我暗中盘算,一块钱银元的代价,不过只能化作一缕青烟,那个消耗量,像恶魔的无底深洞,任何人都填不满。在把父亲灵柩运回辉县祖坟安葬前,继母特别为父亲举行一项"点主"大典,这是我又一次硬碰硬地向儒家的传统礼教屈服。

五十年后,直到九十年代,我才发现:中国人并不信神,而只信鬼。这项发现就是在三十年代这次"点主"大典上播下的种子。因为在中国社会,我从没有看到任何一项祭神大典有这样的隆重,也从没有看到任何一个比祖先更伟大、更尊严、更有权威的神。

"点主"大典是儒家学派如山如海的丧礼中,一个小得微不足道的仪式,但已使我兴起无法遏止的愤怒。"点主"是这样的,丧家用木板制成一个牌位，牌位上用毛笔写一行字，大概是“郭学忠之灵位”之类的文字。在郭字上端用毛笔写一个“王”字，而请一位地方上有名声、有势力的绅士当点主官。请点主官并不容易，往往要送一笔可观的聘礼。于是我这个长子，就被搞得头昏脑涨。仅只跪的次数和跪的诡异，就万世不得其解。大概是这样的：

司仪官喊：“跪！”

我就跪下。

司仪官喊：“起！”

我就站起来。

司仪官又喊：“跪！”

我再跪下。

司仪官再喊：“一叩首！”

我就向灵柩叩一个头。

司仪官又叫：“起！”

我又站起来。

司仪官又叫：“跪！”

我再跪下。

司仪官又叫：“起！”

我又站起来。

司仪官又喊：“跪！”

我又跪下。

司仪官叫：“二叩首！”

我就叩头。

司仪官叫：“三叩首！”

我就再叩头。

司仪官叫：“起！”

我再起来。

司仪官又叫：“跪！”

我再跪。

司仪官又叫:“起!”

我又起来。

司仪官又叫:“跪!”

我再跪下。

司仪官再叫:“一叩首!”

我就叩一个头。

司仪官再叫:“二叩首!”

我再叩第二个头。

司仪官再叫:“三叩首!”

我再叩第三个头。

这时候,我已浑身是汗,简直站不稳了。认为三叩首之后,总应该结束了吧!哪知道这才是第一波跪、起循环的开始。

司仪官接着又喊:“起!”

我站起来。

司仪官又叫:“跪!”

我又跪下。

我除了跪跪起起外,无法阻止礼仪之邦这项传统的古老礼仪,对父亲的哀痛和尊敬,使我对这项礼仪不敢有任何的反抗,只敢暗自在那里质疑,而且随着年龄增长。跪、起了大概一个多小时以后,终于进入“点主”的高潮。点主官穿着长袍马褂,手拿一支新购买的毛笔,在盘子中蘸满了猩红的朱砂,往牌位上“王”字上面,点上一“点”,成为一个“主”字。乐声与鞭炮声同时大作,拥挤不堪的“吊者”,也就跟着十分“大悦”。

“点主”大典不过是一个烦恼的焦点,使我惊恐的还是继母。她不会忘记我殴打她的羞辱,从我到开封,直到祭典那一天,我常在她脸上看到微微翘起的左唇角。这时,父亲的一位好友于香圃先生救了我,于伯父是东北人,很多年前入关,一直追随我父亲做事。日军占领开封后,以东北人(也就是满洲国人)为主的占领军特务机关,也在开封建立。人不亲地亲,经过东北同乡的介绍,他也进了那个单位,而且因住开封太久,得地利人和之便,官位很高。就在“点主”大典的前二天,于伯父头戴日军瓜皮帽,脚穿长筒马靴,腰挂东洋刀,带着两个同样装束,但从态度上可看出是比他的地位低的军官,大踏脚步,走到灵堂,从口袋掏出一封信,双手捧着,放在父亲棺材前的供桌上,脱下军帽,深深一鞠躬,手扶军刀,大声喝道:

“大哥,小狮子(我的乳名)是你前妻唯一的儿子,今天竟然有人陷害,揭发他是中央探马,要不是落在小弟之手,小狮子今天无命可逃。大哥!你对我恩重如山,有小弟就有小狮子,不许有人害他一根毫毛,这封信是谁写的,大嫂?”他横眉怒目地转向继母,“是不是你写的?”

继母惊恐地回答:

“我不识字,怎么能写信?”

于伯父转向我:

“从今天开始,你晚上住在我家,日本人那里有我担当。”

突然间,他拍着我的肩膀,流下眼泪,说:

“小狮子,你的命真苦!”

于伯父在大家尊敬、震惊的眼光中,大踏步跨出大门,我一直送他到十字路口。

“你快点离开开封,”于伯父叮咛我说,“灵柩后天就启程,我会派人送你到黄河沿。”

“点主”大典后的第三天,我护送父亲的灵柩,匆匆上路,返回祖籍辉县,于伯父亲自送出城门,这是我最后一次看到他。后来,我在书上常看到有人引用一句话:

“铁肩担道义,辣手著文章。”

每一次,只要看到这十个字,我就想到于伯父。而且,再想到六年之后,抗战胜利,于伯父的下场,深深感到椎心悲痛,此生已无以为报。

父亲的灵柩放在两辆前后相连、人力挽动的架子车上,穿过干枯而满是细砂的黄河故道,再穿过京广铁路,历时三天两夜,终于运到祖坟。继母则跟其他弟妹,另坐火车回乡。就在父亲的棺柩冉冉垂下墓穴的时候,我才感到父亲真的是死了,永远不再回来。而自己是那么样的孤单,于是跪下来,用头撞地,放声大哭,呼唤:

“爸爸!”

这一声爸爸,突破了儒家礼教给我的另一种禁制,原来家中长辈一直警告我,当哭父的时候,不可以哭出声音,这是礼教上对一个君子人物最低的要求;只能唤“爹”,不可以叫“爸爸”,因为爸爸是洋式称呼,违背传统,正在幽冥路上前进的父亲幽魂,将听不到你的声音。我被吓坏了,不愿父亲一个人寂寞地走向幽冥,于是乎我声声哭爹,问题是这一辈子从来没有叫过一声爹。“爹”这个字引不起我一点父子亲情。

直到我忽然叫了一声“爸爸”,使我回复到真实的位置,于是,大雨倾盆般的伤心泪水,使我匍匐在墓穴旁,拦住父亲的棺木,不准放下。全族人从没有见过一个成年男子这么哭父母的,认为我显然地违反了礼教。

安葬父亲之后的第二天早上,一个东北口音的男子,进门拜访,把我拉到一旁,低声说:

“你快点逃走,于伯父挡不住,你妈不断在告,而且今天就走,一分钟也不要停。”

那人留下一叠储备券,仓促告辞,连一杯茶也不肯喝,而且不肯讲他的姓名和他的去处。我仓皇进屋和绍荷道别,她一面为我整理包袱,一面哭泣,我又一次尝到生离死别,于是离开了辉县,一离开就是四十年。

四十年后,重返家园,绍荷早已再嫁,而且不久去世。重拜父坟,往事历历。

16. 荒山逃亡

我连夜北上，进入被称为“盘上”的山区，两天后赶到林县河涧镇，和范功勤、李淼、刘浥尘会合，加速成立早就应该成立的三民主义青年团。豫北二十五县，这时只有林县仍由新五军据守，西边是太行山，那是共产党的大本营，北面则是共产党游击队。我找到一家民宅，挂起招牌，布置起了办公室，我们的顶头上司远在万里外的天边——重庆，我们没有经过任何专业训练，只是在珞珈山诗情画意地度过了一个美丽的夏令营生活。除了愿为英明的领袖而死以外，不知道要做什么，而我们的年龄如此之轻（我不过二十岁，其他人不过二十二三岁），现在却把组训青年、对抗日本和共产党的沉重任务，交在我们手上。我们不知道如何去办，中央团部也没有告诉我们如何去办，只是把一些油印的文件，千辛万苦地颁发下来，可怜我们这群年轻人，连公文都不会写。我们不过是被牺牲的棋子，中央团部潦草塞责、随随便便地派遣，表示又成了一个分团，如此而已。

要想混日子也不容易，那是瞬息之间千变万化的沦陷区后方，不知道明天会发生什么事情。果然，一天下午，河涧镇上的军队突然增加，马嘶声、人叫声，显出气氛有异于寻常。一个消息说：

“八路军已攻下林县县城。”

黄昏以后，河涧镇一片寂静，家家闭门，不见灯光。国军开始向东撤退，林县距河涧大概十五公里，我们一行四人仓促地捡起行李，随着零零星星的残兵败将，也向东撤退。没有目标，不明情况，没有一个有关系的人可以探听消息，只知道随着大众，一步一步，摸索前进。

不久，我们就进入另外一个山区，天上没有月亮（有月亮的话，也是被乌云遮住），万山丛中也没有灯火，也没有狗。山径是那样的狭窄而崎岖，有时候，旁边就是悬崖，栽下去是不可避免的粉身碎骨。大概午夜过后，我们走到一块狭小的梯田，在上面疲倦不堪地睡去。第二天继续逃亡，饥饿干渴交集，站在山头，看到前面山麓有一个村落，而且听到鸡鸣，我们兴奋地顺着山径而下，结果，近在眼前的村落，足足走了十四个小时，天黑了以后才狼狈地走到。村头一个农家全部财产只有一只鸡，但是他们不肯卖，多少钱都不肯卖，最后才勉强用高价卖给我们四个窝窝头。窝窝头有拳头那么大，我饿火中烧，抓过来，张开大口，一下子几乎咬掉一半，正要咀嚼的时候，只听见一种微小的奇异响声，口中忽然间塞满了细砂，一粒一粒的细砂，像当时跳远坑里用的那种细砂，过度用力的牙齿，使细砂发出怪响。我大叫一声，喷了出来。那不是真正的细砂，而是窝窝头被咬碎了的颗粒，无论是味道和硬度，都和真砂没有分别。其他三个人没敢张口，而干瘪的山民夫妇被我的动作吓住了，我最初是愤怒，大叫一声：

"这怎么能吃？这不是人吃的！"

刹那间，我万分羞愧，为自己这种身不由主的反射动作羞愧，"那不是人吃的"，难道山民夫妇不是人吗？我这一生做了很多冒犯别人尊严的事，这是其中之一。多少年之后，读到元曲赵五娘的悲惨歌声：

"奴便是糠么，怎的把糠救得人饥馁？"

我那一次吃的，就是使赵五娘流下眼泪的糠。北方农家穷苦，连黍米（小米）的壳都不敢抛弃，碾成粉末后，就叫做糠，蒸成中空的馒头模样，就叫窝窝头。我幼年虽然吃尽了苦，也仅是没有肉吃、没有白面吃而已，在这次逃亡途中，才第一次吃到绝对难以下咽的糠，这件事情使我终生难忘。

"中国人竟这么彻底贫穷！"

我开始怀疑：中华民族是不是一个优秀的民族？如果是一个优秀的民族，为什么到了二十世纪，农民还在吃糠？我们一直逃到一个不知名的村落，忽然间遇到流亡的安阳县政府，才知道我们已经离开了林县,进入安阳县境。就在安阳县政府,见到主任秘书韩彬如先生,他拿出中央团部的电报,要他接管豫北分团,并命我们四个人前往洛阳报到。这又是一个突变,但也使我们如释重负,因为我们自知年纪太轻了,不足以担负这项重任。

“你看,”韩彬如说,“做团务工作,要社会关系,像我接管之后,到什么地方去,想要几匹马,县政府就会拨给我几匹马。你们怎么能行?”

就在第二年,我在洛阳参加了三民主义青年团为韩彬如举行的追悼会。共产党在一次成功的突袭中,把他生擒枪杀。他如果不兼青年团职务,可能不会丧生。而中央团部如果没有把我们免职,四个人势必继续留在安阳县境,会首当其冲。

就在这不知名的安阳县万山丛中,我们一行四人,摸向洛阳。再往东走就进入日本皇军占领区,刚走到安阳县第一大镇鹤壁镇南方五六公里的地方,就遇上了麻烦,四五个手提长枪、农民装扮的壮汉,拦住去路。

“站住! 我们是八路军,你们是什么单位?”

我们四人操外地的口音,无法拒绝回答这个问题,只好说:

“我们做小生意。”

他们开始搜身,在口袋中掏出仅剩下的几张钞票。

“我知道你们不是做生意的,一看就知道你们四个是坏蛋。”其中一个人大笑说,“看你们的票子,就知道你们是中央军。”

我们支支吾吾分辩不是中央军,只是卖布的小贩。

“你身上用中央银行的钞票,当然是中央军。对你们实话实讲,俺可是鹤壁镇的皇协军,现在有两条路由你们选。”

我表示愿意选。

“一是跟我们一块儿到鹤壁镇去见日本人,二是把中央军的钞票留下,放你们一条生路。”

我们一行当然愿意接受放一条生路的条件。

我们选择了第二项,终于渡过黄河,到了洛阳。

17. 大隧道惨案

到洛阳后，我被派到偃师县分团当干事，“主任”的官衔没有了，对有些人而言，这或许是一个打击，但我在官场上有迟钝的一面，对于这项贬职，无动于衷，真的认为，一个革命青年不应该计较任何名分。不过，不久我从内心里开始改变，这改变虽不能使我重视官位，但却发现上进的重要，人生最大最新的诱惑，在引导着我踉跄迈步。

那时候，战时陪都重庆，有一个中央训练团。这是国民党培养干部的基地，分别从全国各地选拔党、政、军优秀干部，到重庆参加有时是一个月，有时是三个月的中央训练团，使他们能和中央高级官员亲近，产生一种敬畏的向心力，我不久就被保送受训。坐火车到宝鸡（就是秦穆公发现神鸡的地方），在宝鸡转乘四天路程的长途汽车，到达重庆。

重庆这个战时首都，是抗战时中国人的圣地，街道像旧金山一样，高高低低，一年之中，约有六个月的漫长时间，大雾弥漫，对健康非常不利。可是，抗战初期，用雷达投掷炸弹的设备还没有发明，全靠飞行员的目击，所以雾季反而成了这个山城的保护网，至少六个月内，不会发生空袭。而另外六个月的晴朗天气，则是“跑警报”季节。家家户户都有一个防空袋，里面装着一天的民生必要用品，机关职员甚至于还带着必须处理的公文。每天早上都先仰望山头挂的警报风球，当出现一个球时，表示日本飞机已从武汉机场起飞；当出现两个球时，表示日机已进入四川省境；当出现三个球时，表示日机已接近重庆，或已在重庆上空。往往，太阳还没有出山，一个球已行升起，空袭警报发出像受伤的野狼一样的那种哀号，然后，全城的人都逃出家门，奔向附近的防空壕洞。重庆建筑在山脊两侧，所以防空壕洞既普遍而又坚硬,从来没有发生被炸塌的事情。

可是,就在我去的那年六月,碰上大隧道惨案。大隧道是指重庆山脊唯一的一条防空洞,几乎是把山掏空,从西方的入口到东方的出口,长度大约有好几公里,每隔一段距离,开一个洞门,供民众进出。惨案发生的那天,日本飞机从上午即行轰炸,全城在隆隆巨响之下发抖,那时候的中国,已经没有空防的能力,日军有时候只保持一架轰炸机或战斗机在上空盘旋,就足以使山城变成死城。大隧道中既潮湿,空气又不流通,避难的人又拥挤不堪,干渴饥饿,空气不足,每一个洞口都放下栅栏,加上铁锁,防止市民在空袭期间到街上乱跑,引起日机的投弹和扫射。到了下午时分,隧道里的男女发出呼号,要求出来。可是,把守洞口的士兵没有一个人动心。等到晚上,日机离去时,已经没有几个人能活着出来了。这是中国防空史上一个最大的耻辱,事后好像只把卫戍司令刘峙免职。刘峙是国民政府中有名的饭桶将军,他除了拍马逢迎外,什么都不会。惨案虽然使他去职,但依照传统官场文化,他不久就另外发表新职,而且是升了官。

最感荣耀的一件事,是和蒋中正曾躲在同一个防空洞。那次空袭,发生在上午十时,中央训练团在重庆浮图关下,警报响时,我们被带进一个庞大无比的半隧道之中,那就是说,三面都是天然岩石,侧面开向山谷,面积足有几十个足球场那么大。当我们在所携带的小凳子上坐定以后,看到蒋中正在护卫之下也走进来。洞的深处摆了张大桌子,桌子旁有一张藤椅,他就在那藤椅上坐下,卫士们四周站立。不久,轰炸开始,大家可以听到远远的重庆市区的爆炸声。我仔细地观察领袖,发现他镇定如恒。我忽然想起了一件事,如果这次把他炸死,历史上不知道怎么样描述这一幕,又怎么描述我们这些陪死的无名小卒。

中央训练团使学员产生向心力,蒋中正把他的照片送给每一个学员,而且亲自一一点名。送给学员的照片,确实使人动容,最高领袖权势大到没有极限的时代,家里如果挂一张蒋中正签名盖章的照片(当然是别人代签代盖),不但是一种光荣,也多少有一点保护作用,使一些小头小脸的牛鬼蛇神有所顾忌。至于点名,那就跟普通军队里、学校里的点名一样,蒋中正拿着十行纸写出的名册,然后一一呼叫。

“张三同志!”

“李四同志!”

张三、李四就立正,举起右手,高声答应:

“有!”

然后,蒋中正就往张三、李四脸上、身上,打量一两秒钟,在名册上用红笔点上一点,或打一个钩。那些来自低层的干部,没有比这时候跟英明领袖更亲近了。这种点名方法比赠送照片,更能使人产生预期的效果。有一次,一个在陕西工作的同学,在吃饭的时候还在喜不自胜地呢喃着说:

“点名之后,领袖对我有了印象。”

突然之间,我反应说:

“放心吧,领袖对你不会有印象,点名是叫你对领袖有印象。”

一句话说完,全桌同学都呆住了。有的人急忙把筷子放下,好像大祸就要临头,我也察觉到自己的失言。这时候同桌上一位官阶上校的分队长,用筷子做个手势,叫大家继续吃饭。然后,莞尔一笑,对我说:

“你的嘴太快了,已快到足可以断送自己的地步。”

我只是想一语点破那位同学的冥顽,全没有想到它的危险性。我赶紧低下头,以这位分队长的话作为勉励,立志不再多嘴。可惜,我是一个没有福气的人,个性使我不吐不快。后来,遇事不但仍然说出来,更糟糕的是,甚至还用笔写出来。

18. 开始用假证件

在重庆一个月的期间，思想发生急剧变化，使我回忆到长沙大火之夜，在我之前，有一个年纪比我大将近十岁的同学，他是一个大学毕业生，当中央团部秘书汤如炎询问他愿不愿意到沦陷区工作时，他坚决表示希望留在中央团部工作，我暗中讥笑他是一个懦夫和老奸巨猾。这次，我到了中央，才发现世界之大，不是我这个地方性的小干部所可以想象的。那位自请留在中央团部工作的同学，因为有好的资历，已经当了组织处的一个组的副组长，手握全国工作干部的升迁调补，趾高气扬，已没有一点同学的情谊。而其他珞珈山的同学中，也有六七位被中央团部保送到复旦大学（重庆）、四川大学（成都）、武汉大学（乐山）。他们一个个神采奕奕，一旦大学毕业，就跟八十年代一旦取得博士学位一样，前途如锦。而我不过是一个高中二年级肄业的地方性土包子小干部，我发现当初长官们勉励我们"献身革命、不必继续读书"的训话（因为革命就是大学），是一种欺诈。这使我改变志向，一定要上大学，即令是上一天大学，只要履历表上学历栏可以写上"大学肄业"，也比"高中肄业"体面。

在没有离开重庆前的那几天，我疯狂地寻觅上大学的路径，终于发现根本不可能，因为我没有高中毕业或高中二年级肄业期满的证件，而且，即令有，中央团部也不可能无缘无故保送千里外的一个低级地方干部。

绝望地回到偃师，觉得眼前一片漆黑，不甘心这样被低学力所吞没，所以我继续不断地解决我的困难，决定参加明年西北区大专院校联合招考。于是，我重新收拾起我那残破不堪的功课，故伎重施，再演习一遍几何,再背一篇英文作文。我刻苦到连晚上睡觉,都不停地自言自语。其次,我要找一个假证件报名。一个朋友把我辗转介绍到洛阳城南五公里,一个村子里的朋友,可以给我一张证件,只要花五块银元就可以了。我千难万难地凑了五块银元,到了月底取件的那一天,拿着银元徒步前往,一路上心跳不断加速,这是决定我一生前途的一张纸。我不知道是哪个学校,也不知道能不能买到手,万一对方没有呢?那我怎么办?我从来没有这样焦虑过。原野上行人很少,小径旁边就有一座小小的土地神庙,我站在庙前,用最虔敬的心情祈祷:

"请你保佑,给我一张证件吧!"

我买到的证件是一张甘肃省立天水中学二年级肄业期满证书。甘肃在哪里?天水在哪里?都远在西疆天边。已经管不了那么多,我就用这个证件,参加西北区大专联考。

考过之后,静等着发榜。这是人生最难度的一刻,我坐卧不安,吃不下饭,而且一想到不被录取后的日子,就一阵阵地晕眩。

就在发榜的前一天,信步走到一个市场,看见一间小屋里有一位算命先生,我不安地走进去,问:

"先生,考学校事可以问吗?"

那位盲卜师声如洪钟地说:

"可以。"

我缴过钱,摇过六爻课。盲卜师根据我正面(字)、反面(闷)的口述,仔细推敲,然后说:

"考什么学校?"

"我参加西北区大专联考,不知道能不能考取。"

"可以考取,"盲卜师用扇子敲着桌面说,"不过,很靠后了!"

我狂喜得跳出来,又回头问一声:

"你的卦准吗?"

"当然准!"盲卜师严肃地说,"不准,砸我的摊子。"

我从盲卜师的自信,也感染到了自信。可是,出门走了几步,又恢复了茫然。算卦到底是算卦,万一考不取,砸了摊子又有什么用?又像个泄气的皮球,站也不是,坐也不是。

第二天,我前去看榜,发现我被分发到省立甘肃学院(若干年后改为国立兰州大学)法律系。我当然高兴,但也若有所失,再想不到盲卜师的"很靠后"指的是学校名次,不是指个人名次。西北共有九个院校,国立西北大学、国立河南大学、国立西北农学院……而甘肃学院是所有院校中最末尾的一个。兰州在西部一千多公里以外,那时候还没有铁路可通,坐长途汽车要整整四天。但我没有选择的余地,决定抛弃一切,西奔前程。

我到了甘肃学院,就在办理注册登记时,注册组一位组员翻看我的文件,露出浓厚的困惑眼神,问我道:

"你在天水中学念过书吗?"

"念过!"但我心跳起来。

"民国二十八年有二年级吗?"他沉吟着说。

"有。"我开始浑身发毛。

那组员继续沉吟着说:

"我是天水中学毕业的学生,仿佛那一年还没有二年级。"

"有。"我舌头都硬了。

"好吧!等我查查看。"

很明显的,假证件已露出破绽,我把行李提到宿舍,坐在那里发怔。这挫折是我不能克服的,只有被开除的份儿。但同时我也在安慰自己那事最快也要到一年以后才能查出来,一年时间,又该有多少的变化?我为读书受了很多折磨,开封高中的往事,又重现面前,我无心听课,也无心游玩,日坐愁城。

19. 开　除

第二年的夏天，同学们纷纷离开，各返家乡。我假证件被拆穿的时间，一天一天地逼近。有一天在街上闲荡，忽然遇到几位百泉初中的同学：袁凤鸣、朱好仁、尚均（就是揍我一拳的家伙），他们这时候都在辎重兵团当驾驶兵。袁凤鸣高高在上当连长，每人开一辆大卡车，好不威风。他们运送新兵到新疆，归途再到玉门油矿运汽油回来，要我一块儿兜风。我连宿舍都没有回就跟他们出发了，我希望深入新疆，永远不再回来，永远不再受证件的压迫。

这是我第一次进入河西走廊，这个在唐王朝时还是一个黄金地带，宋王朝以后，却一直残破到今天。“大西北！建设大西北！”多么伟大的号召，可是这个西北却一片贫穷。山丹县一带，我发现中国人最最贫穷的一面，比河南省安阳山区吃糠的山民更要贫穷。白天时候，全家人（包括十七八岁的大姑娘）几乎赤身裸体地蹲在土炕上，身上披着已变成黑漆漆、全部打结的老羊皮，全家只有一条裤子，谁出门谁穿，回来后折叠好放在床头，这就是世界上五大强国之一的中国农民生活。有些司机看到这种情形，大笑大叫。我心中感到的却是绞痛，和无限羞愧。

我最后没有去成新疆，因为新兵到了酒泉就另外有车运送，辎重兵团的车队直接前往玉门油矿去装载汽油，我当然随着前往，目睹到当时中国唯一的油矿。我不能用科学术语介绍这个油矿，我是一个科学白痴。似乎是公元前八世纪时候，在那万座荒山之中，有一座老君庙（祭祀太上老君，也就是中国历史上第一位哲学家李耳先生），老君庙背后有一个小小的水潭，比一口井大不了多少，水色乌黑，水质黏得像稀稀的糨糊，居民们常跋涉几十里路之遥，带一桶回去，家有病人或晚上孩子拉屎时，就用破布蘸一点桶中的潭水，用“取灯”(穷苦人家用的土制的火柴)把它点燃，火光可以支持半个小时以上，当地人视为神明。

这座水潭就是冒出地面的原油，就在玉门西南二十公里的万山丛中。原油随时都会从地面渗透出来，中国人忙于做官和内战，没有人理会这个天然资源。直到抗战前不久，经济部资源委员会才成立玉门油矿局，正式开采。在轻轻一动，原油就大量流出的情况下，油矿局没有那么多炼油设备，只好把它们输导到山谷，两头堵住，经过一两个月，原油就蒸发得所剩无几了。

不过，我不久就不为国家大量损失原油忧心，而为自己忧心了。油矿里连一个饭铺都没有，只好靠从新疆进口的青色葡萄干度日，结果大量呕吐酸水，饿得奄奄一息。等到随车队回到兰州，一走进校门，就被一个同学抓住，附在我耳朵上悄悄说：

“你被开除了！”

该来的终于来了，是那个天水中学假证件害了我。

“学校可能已通知了警察局，”那位同学说，“你要小心！”

我溜进学校，回到寝室，甘肃学院位于清王朝“贡院”旧址，每一个学生都有一间宿舍，所以没有惊动任何人，悄悄地背起行李，溜出大门。千辛万苦远奔边陲，读大学的梦，就这样地破灭了。大学！你的大门怎这么难进？我庆幸有这一趟玉门之行，得以悄悄地脱身，否则的话，可能会被叫到教务处，指控伪造文书。我找一个小客栈住下，躺在床上，仰望着天花板，不明白洛阳南庄那位朋友，为什么卖给我一个这么容易辨识的假证件，我想哭，但哭不出来，一生，有很多次这样的遭遇，想哭一场的时候却没有眼泪。

感谢苍天，正当我想要投奔辎重兵车队去当司机的时候(这是当时唯一的一条活路，不然我会饿死兰州)，忽然想起来，我在飞机场检查站有位相识不久的朋友，于是我去找他，哭丧着脸问他能不能给一个工作。他盘问详情，然后忽然说：

“你拿我批的单子去买飞机票，我送你到重庆。”

这句话，我听了两遍之后，才相信不是拿我开心。抗战时期，飞机的班次和座位都有限，能不能搭上飞机，全看机场安全人员能不能批准搭机申请。所以，一个没有人事关系的官员，即令你是部长，候机十天半月也是非常平常的事，而我一个穷学生，居然可以顺利地买票飞到重庆，简直是人类有史以来最不可思议的事。我就用准备应变的钱，买了一张机票，直到上了飞机，我才相信这是真的。

这位朋友，名叫张辛伍，江西人。十年之后，国军完全崩溃，我在上海遇到了落魄的他，请他随我一同上登陆艇，一起到了台湾。

我飞到重庆，举目无亲，在中央团部做事的"青干班"同学，又都陌生，无人可以投奔，就在两路口上清寺一带徘徊又徘徊。两路口有一个中央团部消费合作社，就在合作社门前，遇到了正下班出门的女职员崔秀英。她听我问路的口音，晓得是她同乡，就把我带进合作社，介绍给她那些同事，住了一晚。第二天，我坐驿马车到沙坪坝，找到百泉初中同学买枢运（买，是一个奇怪的姓，他信伊斯兰教，可能是阿拉伯人的后裔），那时读中央大学地质系。在百泉初中读书时，我因买枢运的功课太好而揍过他，但并不能把他的功课揍坏。现在，买枢运上了中央大学，我却是一个被开除的流浪汉。

那时候，中央大学挤满了来自全国各省各大都市的考生，真可称之为满山满谷，买枢运就把我安置在一间破教室里，睡在一块黑板上。教室里另外还挤着五六个本省同学，一口四川话，我似懂非懂。

在甘肃学院时，我就跟迁到河南省内乡县的母校——开封高中——当初允许我不拿证件就投考的王伦青老师，取得联络。王老师天大的恩典，给我寄了一份开封高中二年级肄业期满证件（严格地说，这是一个伪造的真证件，因为我只在二年级读了几个月）。我本准备一旦天水中学案件爆发，就拿这个证件接替，这当然是个白痴的想法。可是，现在用得着了，我用同等学力报考中央大学。

如果我能考取中央大学，整个人生会完全改变，因为这次证件是真的。可是，我当然考不取，就凭我那两道几何，和一篇英文作文，以及临时加工的生物学，竟想考取当时全国第一流的最高学府，简直连自己都笑出声音,不过我确实全力以赴。

考试那一天,几何没有问题,两道全答对了。英文作文题目是University,看了之后,心口凉成一团,什么是University? University是什么? 我根本不认识这个字,猜都无法猜,那一次,我背了三篇英文,不知道用哪一篇才好,就只好硬着头皮随便找一篇抄上。

下课后,遇到也是百泉初中同学前来投考的朱光弼,而下一节是生物,我问他:

"你可知道孟德尔三定律?"

"什么是孟德尔三定律?"朱光弼瞪大眼睛问。

"你连孟德尔定律都不知道,还考什么大学?"

"混蛋,快教给我!"

就在短短的几分钟之内,我告诉朱光弼孟德尔三定律。结果下一节生物课考试时,果然出孟德尔三定律。朱光弼并不靠这孟德尔三定律而考取,但是,他稍后确实考取了当时全国最好的、设于昆明的西南联大,我却名落孙山。垂头丧气地搬出中央大学,大梦又醒了一个。我在这万般落寞中,和崔秀英发生了感情,仿效当时最流行的办法,我们在两路口租了一个房子同居。

20. 再做假证件

俗话说:"不到黄河心不死。"我上大学的心,早已到了黄河,但我的心仍然不死。一面找工作,一面准备明年再参加西南各院校大专联考。人生有很多难以预料的际遇,神差鬼使,我的一个长辈在设于青木关的教育部战区学生招致委员会当主任,我去找他,他把我安置在设于重庆市两路口川东师范旧址的该会"重庆登记处",当一名小职员。那一年,我已二十五岁,既看不到未来,也不敢回想过去。

然而,一个机会像闪电一样地出现。

青木关距重庆大概五十公里,从四面八方沦陷区逃到重庆的流亡学生,早已筋疲力尽,所以招致委员会特地在川东师范旧址设立登记处,由岑文华先生当主任,另外有两个干事作为助理,我就是其中之一。沦陷区学生前来登记时要填具表格,写明他原来的学校、科系、年级等等。根据带来的证件,由登记处主任在调查表上签注意见,转报也设在青木关的教育部高等教育司,再分发到各大学继续就读。有时候,没有证件或证件不全的学生,由岑主任口试盘问后,略微可信,就在调查表上加签"考核属实"。有时候,岑主任不在,我就代他签注意见,而且签出自己的大名,教育部也不问究竟,一律分发。这样持续了几个月后,一个奇异的灵感突然进入我的脑海。我跳起来说:

"我为什么不能够分发自己?"

不过,有一个难题,我不能用郭立邦的名字登记,这么一个小小的困难,竟困扰了我两三个月之久。最后,一个从南京逃出的学生前来登记,他是汪精卫政府中央大学政治系肄业三年期满的学生,具有全部的成绩单,货真价实的证件,我如获至宝。尤其,那个学生的名字几乎使我跳起来,他叫郭大同,我去照相馆把郭大同的证件翻照下来,再把原件改成郭衣洞(也只能改成郭衣洞,没有第二种改法),再拍下照片。先把郭大同照相的文件签注意见报上去,过了两三个月,估计教育部高等教育司已经分发,然后请朋友用郭衣洞的名字填写一份登记表,再由我签注这样的考核:

"经严格盘问考察,该生确系伪中央大学政治系三年级肄业期满学生,建议分发同级学校。郭立邦。"

至于照片,我签上"后补",以后当然也没有补,这种例子太多,教育部从不追查。

寄往青木关教育部后,每天数着日子。普通情形下,不到两个月,学生本人就可以接到分发令,可是两个半月后,仍没有消息。于是,那一天,我向同事借了一套整齐的中山装,把钉有补丁的皮鞋

（这是抗战时最常见的装束），擦得发亮，搭巴士前往青木关。我到教育部高等教育司，代表岑文华主任，前去查询沦陷区学生郭衣洞的分发事宜。高等教育司一位官员接见，对我的辛苦及负责精神，十分嘉许。查卷后，告诉我，郭衣洞已被分发到国立东北大学，要我回去安慰那位从南京流亡到重庆的可怜大学生，通知书日内即行寄出。

这真是一个叫人难以置信的好消息，我喜滋滋地回到重庆。屈指计算，距我上次参加联考，已经一年了。这一年中，日本对重庆的大轰炸，已迹近停止，生活得平静，尤其是我与崔秀英同居，又结交了很多朋友。那时，每个人都觉得自己的前途辉煌，我感觉到比他们任何一位都更好。我还不敢宣布我又成为大学生了，唯恐一场空欢喜，但经旁敲侧击地打听，才发现，本设立在万里之外、辽宁省沈阳市的东北大学，于九一八事变后（我那时候正读小学二年级），辗转迁移，现在设在四川省的三台县，在重庆北方三百公里，从重庆如果沿着涪江而上，可以抵达三台城下。不久，教育部的分发令寄到，我向岑主任辞职，说了一大堆谎言之后，岑主任脸上露出慈祥和关切的笑容，说：

"你搞的鬼我全知道，快上学去吧！"

我身子忽然发抖，我这个无母的孤儿，到了后来，有人夸奖说我无所畏惧，其实不然，我最畏惧的是：加到我身上的恩惠或温暖。岑主任像父兄一样的恩情，使我永记。三十年后，我们在台北重逢。岑主任经营一家水泥公司，他那稍后结婚的夫人，在巴西驻华大使馆当主任秘书，那个时候前往巴西的移民，有很多都由我担保。

我这一生一直不遗余力地鼓励和帮助年轻人在国内或出国读书升学，一方面知道求学的艰难，一方面也是深受岑文华的感召。

崔秀英和朋友们送我到两路口搭巴士，前往三台。东北大学设在三台县文庙，我这时候第一次使用郭衣洞的名字，谨记着当初从郭定生改成郭立邦时，几乎忘记自己是谁的往事。一路上，就一直念着这个新名字，而且很懊恼把"同"字改成"洞"字，而没有改成"桐"字，可是已无法挽救了。东北大学是一个以收容东北流亡学生为主的大学，我到教务处报到时，教务长亲自向我问话，一面拿出我的照相证件，翻来覆去看。我开始流汗，害怕他提出问题，包括："中央大学在南京什么地方?""政治系主任是谁?"幸好，教务长没有问这些，但却问了另外一个致命问题，使我几乎立刻被驱出大门。教务长说：

"你已经学了三年，日文怎么样?"

犹如五雷轰顶，我呆了一呆，小聪明救了命，我说：

"我在南京加入三民主义青年团，整天做地下工作，谁去学鬼日本话?"

教务长莞尔笑了笑，挥挥手叫我出去说：

"快去宿舍报到吧！我们还要编级考试。"

我心里在唱歌，找到宿舍，大概等待了一个多星期，教育部分发的插班生，以及其他学校自动转来的插班生，大约有二十几人，在一间教室里，举行甄别考试，这是我第一次面对着没有英文及算术的考试，胆量大了很多。虽然政治系一、二、三年级所有的功课，我都没有读过，我也不怕。我对"政治系"下了一个定义：那是一个识字不识字都可以读的系！而且，我是从南京来的沦陷区的流亡学生，深受政府关注，只能使我降级，不能把我开除，因而有恃无恐。又是一个星期，布告栏里贴出甄试结果，我被编到政治系三年级就读。人生真是奇妙，我这个在大学只读过一年级的学生，现在合法地成为三年级的学生，二年级是一个空白，我对不能够进四年级，一丝一毫没有抱怨，三年级对我而言，已是一个大号的惊喜。

教育部那个科员，怎么会把我分发东北大学，而没有分发设在重庆的中央大学、重庆大学，或设在成都的四川大学、华西大学，以及设在乐山的武汉大学，而分发设在三台的东北大学，根据什么理由？没有人知道。但是，有一件事非常明显，办公桌上一个无心的作业，往往使人的命运产生基本变化，假定我不读东北大学，以后发展的轨道，可能不会走向台湾。

就在三台，我幸福而满足地过着大学生生活，天渐渐入冬，四川的冬天绝不是没有棉衣就可以度过的，而流亡学生却没有棉衣。那时候,基督教会在三台设立一个学生公社,准备了很多灰色粗布棉大衣,借给最贫苦的学生。我在穷的程度上是有目共睹的,所以我也借到了一件。但我却吸上了烟,成了难以负荷的最大开支。那时候买烟,不是一包一包地买,而是一支一支地买,有一个景象常在学校对面小铺出现,我几乎每天都要去一趟,把一张揉着的钞票放在桌上,举起食指,大言不惭地说:

"司令牌,一支。"

然后带着一支司令牌纸烟,回到学校,在大庭广众中吸起来,十分得意。

入学不久之后,学校突然发生罢课。到底为什么罢课,真正主要的原因,当时并不知道,现在也不知道,只记得其中有一条标语是:"力争粪费"。以我的性格,应该非常赞成罢课才对,而且罢得越久越好,最好一罢两年,当罢课结束之日,也就是毕业之时。不过,我是千辛万苦才进大学之门的,了解到读大学之不易,和大学生涯的可贵,认为能读大学是一种福分,不应糟蹋,而应珍惜,所以我并不支持罢课。每天到大街上游荡,只在心中暗暗希望罢课早日结束。

罢课终于结束,对我没有任何影响。但我却从"力争粪费"这项活动,发现一个战乱不断而又落后贫困的社会众生的深层现象。东北大学全校男学生只有一个厕所(女生宿舍当然另有女生厕所),从男生宿舍走到男生厕所,最快要五分钟,这是一个漫长的距离,白天还好,每一个人都有憋尿的能力;可是到了夜晚,寒风袭骨,爬出了被窝,要走五分钟,才能摸到(那时候还没有电灯),简直是一种苦刑。同学们于是索性来个不顾一切地大解放,出了寝室门,就在院子里小便。冬天结冰时,院子里冰块高高地堆起,全是尿液冻成;夏天则是一片腥臊,简直不像是一个大学,而像一个庞大的鸡窝。远在男厕所的粪便,因为有那么多生产者,所以每隔几天,就要被掏一空,卖给当地农民作为堆肥。

教育部每个月都发给学生代金,注明是国家借给学生的学费,将来毕业后要分期偿还。代金数目已不记得了,每月都在增加,可是物价飞涨,代金不够伙食费。那时候就流行一种“见饭愁”症候,八人一桌,四菜一汤,汤只是一碗咸水,四个菜没有一个可以下咽,偶尔有一盘花生米,立刻被抢一空,以致大家不得不立出来一个互相遵守的公约,就是:“只可骑马,不可坐轿。”“骑马”是用筷子夹一粒花生米,“坐轿”是把筷子横下来,可以一次铲起两粒或三粒。在这种情形下,同学们唯一的希望,寄托在出卖粪便的堆肥费上。伙食是半个月一期,每月十五日和每月三十日,中午和晚上都可以吃到一顿肉(最丰富的是晚饭,大概每人可以吃到一大块),所以,力争粪费成为罢课运动的动力。然而,沦陷区学生饥肠辘辘,平常没有一点脂肪,突然一次吃下大量的肥肉和猪油,肠胃不能适应,往往泻肚。我上铺就有一位同学(那时候十个人一个房间,五张床,都是上下铺),每一次都逃不过此劫,而且一晚上拉两三次之多,我劝他以后加菜时少吃点吧!

“不,”他正色说,“拉死也得吃!”

东北大学学生分为两大族群:一是本省同学,来自四川全省;二是外省同学,来自全国其他各省。外省同学差不多都是流亡学生,本省同学都是有家有室,生活富裕,他们不会跟着外省同学吃相同的饭菜,于是另组伙食团,最大的不同有两点:一是早上吃干饭(外省同学早上吃稀饭);二是每顿都有肉,这使我回到百泉初中时那种“白菜团”和“萝卜团”的时代。不过我已没有初中时候那种哀怨,只有一种惊讶,就是无论本省与外省同学,对于这种明显的贫富差别待遇,竟然都无动于衷,认为是天经地义。

21.大学生活

食色性也,男女同学间最容易恋爱。不过,那时候男同学有女同学的八倍之多(其他各大学大概也是这个样子),一直使女同学的身价,居高不下,外省同学因为穷得出奇,也就先天地屈于下风。那时候,三台没有其他娱乐,东北大学学生唯一可做的一件事,就是晚饭后,到县城狭窄的街道上压马路。偶尔有男同学邀得女同学并肩而行,立刻成为天大的新闻。本省同学衣服穿着比较华丽,而且出手阔绰,和女同学压马路之余,还可以请她到小馆吃一碗猪肝面,而外省同学则攒钱攒上一个月也不见得能请得起,所以,外省同学纷纷大败。不过,也有一些东北籍的女生,宁愿跟同族群的同乡男生搞在一起。

恋爱事件都很平常,没有造成特别风浪,只有一件事,发生在我入学的次年。一对平常形影不离、几乎已被肯定成为夫妇的一对毕业班同学,那一年发生变化。因为他们高一年级,我入学的时间又太短,并不知道内情。直到事情发生的时候,我被一个同学叫住,用惊恐的声音吩咐说:

“快去车站,找到张素娥,告诉她韦真翰自杀了,要她无论如何回来。”

我向南门外跑去,看到张素娥正提着行李在那里等车。我把话告诉她,认为她一定会跟着我回校。出乎意料的是,她并没有,最初一脸惊愕,接着变成不耐烦的神色,说:

“车子马上就到了,这班车不走,今天就再没有到成都的班车了。”

这回答大出我意料,我有点冒火,几乎要把她拖回来,但仍勉强忍住,大声说:

“你们是情人啊!”

张素娥犹豫了一下,把行李交给我,随我走回学校,一路上,没有说一句话。我把她送到韦真翰的寝室,里面挤满了人,有人开始欢呼,安慰病人说:

“你发什么傻,张素娥不是回来了吗?你们自己面对面谈谈吧!”

大家陆续散去，我看到张素娥进入宿舍，用手把门关上。我也回到宿舍，觉得自己是个侠义之士，做对了一件事。

可是，到了第二天中午吃饭时，听到消息，张素娥和韦真翰过了一个晚上之后，第二天仍悄悄地走了。一些男生开始咒骂那个女生是贱货，不要脸。我最初也跟着咒骂，可是我觉得很不对劲，忽然想起来，张素娥这样做定有她的原因，男女两人发生肉体关系并不等于跟对方写下了保证书，她为什么不能离开他？只要她想离开，她就有权离开。女人和男人睡一觉，就等于是签下卖身契，万世不能翻身，这是古老的男人压制女人的手段，在二十世纪大学生脑筋里居然存在，使我大为惊惶。可是当有一天，我在饭桌上提出这个看法的时候，大家攻击我是个异端，伤风败俗。但我发现我的思想，从文化到政治，在不断蜕变。

这种备受攻击的情形，使我想起中央大学的买枢运。那年暑假，我和三四个四川籍的应考生，挤在一个破教室里，买枢运告诉我，那三四个应考生是他的家教学生，对他十分厚待，每天都给他买两瓶牛奶和两块面包，买枢运也用心地教。三四位应考生十分感动，发誓说，即令他们考不取，也要继续供应老师牛奶和面包，直到老师毕业。我听了后，忍不住讥笑说：

"做你的春梦！"

"为什么？"买枢运说。

"这话连孩子都骗不了，"我说，"不过是目前有求于你，一时甜言蜜语。你跟他们非亲非故，不要说他们考不取大学，即令考取大学，也不会再理你。"

买枢运脸色大变。

"你真笨！"我继续说，"竟看不出只是利用你！"

买枢运的眼睛射出一种洞烛其奸的光芒，鄙夷地说：

"郭定生，你到社会上做了几年事，什么都没有学会，只学会了老奸巨猾。你知道他们待人是多么样的真诚！怎么用小人之心度君子之腹？"

看了买枢运认真的态度，我感觉惭愧，我只是就人之常情来判断，对那几个应考生并没有特别的恶意。相形之下，买枢运像个天使（事实上，他真是一个善良正直的好友），而我却像一个瘪三。买枢运那种鄙夷的眼光，像火焰一样烧得我在教室里住不下去，只好搬到另外一个教室。不过不久，还没有等到发榜，就在联考结束的第二天，那几个应考生就不见了，牛奶、面包也不见了。买枢运找到我叹气说：

“你怎么知道的？”

“我并不知道，我只是有那种感觉。”

多少年来，“感觉”常使我“洞烛机先”，但也常使我备受伤害。

对我来说，读政治系简直是易如反掌，什么国际公法、国际私法，以及那些当时已记不清楚的功课，对我都不是问题，只需要考试前两天，买包四川特产的油米子花生（那是世界上最好吃的花生），请一位书呆子同学，做一次重点复习，就完全解决了。其实回想起来，当时的考试确是犹如儿戏。像三民主义这门功课，我从来没有上过，而上过课的同学，为数实在不多，老师也乐得你爱上不上，他说：

“十个人上课，我给十个人讲；五个人上课，我给五个人讲；一个人上课，我给一个人讲；没有人上课，我给钱讲。”

考试的时候，有些和教务长比较亲近的同学，曾幽默地提出建议：

“三民主义用不着考，学校可以请三民主义老师和其他两位老师站在台上，叫学生鱼贯而入，指认谁是三民主义老师，如果指对了，三民主义就算及格。”

教务长骂他们胡说八道，把他们赶走。

当时日本败相已逐渐显露，同学们看报的风气十分浓厚（虽然常是昨天的报），阅报室常挤得水泄不通，太平洋战争打得天翻地覆，但我记忆最深的一场战争，是由于一个有趣的报导。当日本大本营宣布把美国第七舰队摧毁，已全部沉入海底时，美国太平洋海军司令部发表一份公报，证实日本大本营公报的真实性，但却加一句说：

“美国已将第七舰队捞起，以每小时四十海里的速度，向日本海岸败退。”

意大利和德国的无条件投降，是天大震荡。希特勒先生在战争开始的时候，向德国人保证说，1914 年永不会再现（这一年德国向英美投降，第一次世界大战结束）。而现在，希特勒和他的情妇躲在防空洞里，一方面自己结婚上床，一方面声嘶力竭呼吁德国人民为他战死。喧腾国际十二年之久的希特勒的感性誓言：他一辈子都不结婚，因为他爱德国，已和德国结婚，现在却硬生生地跟一个活女人海誓山盟，这一切对我而言，都是严肃的教育。相信政治人物的承诺和誓言的人，不是转用它欺骗别人，就是已成为不可救药的白痴。墨索里尼先生是蒋中正先生的老友，他的能力有限，为害不如希特勒烈，他最大的错误是站错了边。墨索里尼的下场最为悲惨，他和他的情妇被游击队生擒活捉，枪毙后，头上脚下地吊起来示众。据说，全世界只有英国首相丘吉尔佩服墨索里尼。墨索里尼在被德军救出，第二次掌权后，处决了叛变他的女婿，以致和女儿反目。而丘吉尔对他的女婿，却无可奈何。有一次，女婿拍丘吉尔的马屁说：

“墨索里尼不过是一个混混，无胆无识。”

丘吉尔反驳说：

“不然，我不如他。”

当女婿的大为惊讶。丘吉尔说：

“至少他枪毙了他的女婿。”

德国和意大利投降，轴心国只剩下日本，任何一个人，包括东北大学门口卖纸烟的那位不友善的伙计（他从不肯赊烟给我），都知道日本已穷途末路。问题是能不能再战，全世界说了都没有用，日本大本营说了才有用，而日本大本营竟宣布说：

“日本还要再战，直到帝国人民全部战死，三岛化为一片焦土。”

要狠的话是吓不住人的，大家有一种怀疑，不知道日本人怎么收拾摊子。这时候国防部开始在各大专院校招募远征军。盟国有个计划，要从印度出发，向东方反攻，穿过缅甸、泰国，直到越南，中国远征军就负担这个任务。种种优待的条件,使正在学校读书的学生非常动心,主要的是可以到印度去玩一下,这一点已经足够了。当时报上就曾经嘲笑说,如果远征军从埃及出发,报名的会更多。

很多人劝我从军,很明显的,从军就等于毕业。可是我没有任何时候比现在的意志更为坚定,打死我,我也不会离开好不容易才挤进来的大学,我一定要货真价实地读到毕业,而大学毕业是我一生奋斗的唯一目标。

可是,当我刚升上四年级的那个暑假,时局发生巨变。

1945 年 8 月 10 日,天气晴朗,学校正放暑假,校园显得清静寂寞。刺耳的蝉声把人聒噪得发呆,街上几乎没有什么行人,同学们除了睡觉,还是睡觉。睡觉后鬼混一阵(青年时代好像有用不完的光阴),晚饭时候,懒洋洋去餐厅,重复一次"见饭愁",接着就半饥半饿到街上压马路,有几个零钱的同学,甚至还到茶馆泡茶,或者到茶馆后院打麻将。可是,那天傍晚时分,气氛有点异样。大概六七点钟左右,由县政府收音室(全城大概只有县政府有个收音机,据我所知,东北大学师生,从来没有想到买一台,因为那贵得可怕)收听、抄写、油印,并分送有关机关的新闻简报,只有十六开那么大的一小张,这时候,在东北大学走廊的布告栏上出现,第一条消息是这样的:

"美国投下原子弹,日本宣布投降。"

先看到的同学,像疯子一样,跑到街上,招呼大家快回去庆祝,全校一片欢腾。日本投降,简直不可思议,比今天——二十世纪九十年代,忽然听到美国向古巴投降,还不可思议,理由很简单,那是不可能的。日本的崛起和傲慢,武力的显赫,加上他们一再宣称全国战死,简直不能想象竟然也会屈服,尤其向包括中国在内的同盟国屈服,这真是历史上最震撼的一页。同学纷纷议论的是:如何迁校和如何返乡。东北大学原址在沈阳,当然是迁回沈阳,同学不管是哪一省人,当然全随学校迁往沈阳上课。沈阳和三台直线距离二千二百公里,就在这个时候,满洲帝国依然存在,这对封闭在内陆已久的青年学生来说,更是最大的刺激。

天已入夜，大喜若狂的同学们，在东大唯一的广场，燃起营火，找了很多木柴，甚至学校的破板凳、破桌子，都投掷进去。熊熊火舌舐向天际，舌影忽亮忽暗地掠过每位同学的面颊，看得出内心的喜悦，那是一百年之久所盼望的喜悦。可是，大家却像埃及金字塔修筑法老王坟墓的一群被割掉了舌头的奴隶，只呆呆地站在那里，没有语言，没有声音，围着营火，又像一大堆参差不齐、刚出土的兵马俑和木乃伊。这景象敲打我的大脑，想到德国投降时，美国人和英国人的高歌狂舞，我心里怀疑起来，这些大学生为什么没有一个人高歌？为什么没有一个人跳舞？我几乎是立刻就找到答案：我们是一个没有歌声的民族、没有舞蹈的民族。传统文化真是一个大酱缸，不要说不识字的小民，即令是高级知识分子的大学生，一个个也都被酱成干屎橛、酱萝卜。反传统文化的思想，被这次营火启蒙。

什么是原子弹？一颗原子弹竟然能使一个庞大强悍的帝国投降，它一定可怕得不可想象。但它是怎么制成的？没有一个同学追问，在以后的日子里，也没有一个教授向我们解释。而日本虽然战败，但他们在原子弹投下后，立刻就知道它是原子弹，我心中有一种感慨：日本仍是一个一流的强国。如果投在中国，恐怕三年之后，也不知道我们遇到了什么。

22. 城门突然关闭

日本投降，结束了日本和中国一百年来的恩怨，日本吐出来她从中国夺取的东北三省和台湾岛。日本人在东北所创造的满洲帝国，树倒猢狲散，也结束了十四年来所扮演的尴尬角色。

国民党是当时中华民国的执政党，大权在最高领袖蒋中正先生之手，名义上，国民政府主席林森先生是国家元首。可是，蒋中正却是一位反体制的先锋,他一方面创造法律,一方面也破坏法律。当国家元首是林森时,他另行创造一个中央——军事委员会,自任委员长,也就是全国最高领袖。全国各地的省政府和战区长官司令部之外,他另行在各重要城市设立"行营",成为中央与省之间的二级机构。后来,1943 年,林森过世,由谁来继任国民政府主席,成为国人关心的焦点。而就在那个时候,国民党修正《国民政府组织法》,过去的主席是没有军权的,修正后则主席成为军事最高统帅,大家立刻知道,蒋中正要自己出马当国民政府主席,不再抬别人的轿子了。果然,第三天,他就被"任命"为国民政府主席,而他也下令把各地的委员长行营,改为主席行辕。这一连串的小动作,说明他已踌躇满志,对眼前的功业,开始沾沾自喜,我对他崇拜的热情,逐渐降温。

日本投降后,我还有一年才能毕业,一年后,1946 年,总算是平安地读完了大学,毕业典礼刚举行罢,我就飞奔到照相馆拍了方帽子照片,心里暗暗庆幸,虽然我用的是旁门左道的方法,但上天仍然垂怜,让我完成学业。那时候,几乎每天都有相关的学生社团,到小馆做毕业欢送的宴会。那是一个热闹的季节,也是我兴高采烈的季节,大学毕业,多么荣耀,连上帝也不能改变这个事实,我充满了自信,趾高气扬,但也使我暴露了性格上顽劣的缺点:我从不喝酒,任何情况下都不喝酒。一次复一次的同学欢送会上,传统的敬酒方式,和我的性格发生冲突。传统敬酒,一向不管别人死活,只知道用各式各样的手段,威迫利诱,甚至哀求,目的只要对方喝酒,而且声称:

"你如果把我当成朋友的话,请喝下这杯!"

我从小就不接受这种敬酒,尤其是对"你不喝下这杯,我们交情一笔勾销"的威胁,有强烈的反感。因为我对酒过敏,一点点酒就会浑身发出红疹,痛苦不堪。敬酒的目的是表达自己的友情,使朋友高兴,而不是表达自己的霸气,使朋友痛苦。所以,有几次为了拒绝喝酒,掀翻桌子,不欢而散。后来检讨,我拒绝的不仅是酒,而是那种气氛和那种心态。粗脖子、红眼睛的,那种把自己的快乐建筑在别人痛苦上的敬酒,那是一种蛇饮。

我面对着毕业后的出路，十分彷徨，有很多要好的东北籍同学，都劝我随着学校前往东北，另创江山，我怦然心动。那时候的教务长是许逢熙先生，他是河南人，站在同乡的立场，劝我回河南发展，而不赞成前往东北。许逢熙说：

“一个外省籍的青年，跑到万里外的东北，连个倚靠都没有，你能做什么？”

但我有我的想法，那时，我们几个志同道合的同学在学校组织了一个“祖国学社”，是一个专门和左倾同学对抗的学生组织。我们都拥护比我低一年级、叫杨德钧的同学，当我们的“大哥”。杨大哥是三民主义青年团东北大学分团的干事，一批青年，包括我在内，每天围绕着他，出墙报，开笔战。有时候左倾同学把祖国学社的墙报半夜里砸毁，祖国学社的同学也用同样的手段，半夜里把他们的墙报撕烂。祖国学社拥有五六十个同学之多，自以为形成一种力量，到东北去，那个地方跟祖国隔离了十四年，可以大有发展。而许教务长所提到东北没有倚靠的顾虑，我从没有考虑过，认为那反而是一种挑战。

我先到重庆，和崔秀英见面，秀英在我去了三台后不到一年，就是“十万青年十万军”最热闹的时候，生下一个女儿——乳名毛毛，是一个可爱的小女孩。我主张一起到东北，秀英坚持要先回她的河南息县老家。她只有一个寡母，还有一个弟弟，必须先回去一趟。我改变主意，希望先送她回家，再回辉县看我那仓促离开的结发妻子艾绍荷（当然，我对崔秀英瞒着这段婚姻），然后再下决定。可是，由重庆回河南南部，有千里之遥，一个刚毕业的大学生和一个带着小孩的小职员，收入只能餬口，无法负担这项旅费。这时候，杜文澄伸出援手，他是我甘肃学院的同学，非常风趣，有见识，又有能力，写得一手好字。他那时在公路局调度课做事，负责车辆管制，于是安排一辆司机也是河南息县人而正好前往宝鸡的公务运输车，把我们当作黄牛，免费载到宝鸡。我们再改换陇海、平汉两条铁路到信阳下车，雇架子车转到息县。秀英母女见面的场面使人动容，那种难分难离，使我感到亲情的温暖，加上当地有一个中学的校长前来探望，顺便约我在他们学校教书。这时，我几乎瘫痪了，想一想，就在那里教书也好，犹豫之间把原定休息一个礼拜后即行出发的计划一延再延。

再想不到，事情发生突变，一天早上，还没有起床，仿佛听到从城外传来的枪声。谣言说，大别山的人民解放军已经进入县境，城里开始紧张，城门站上了武装岗哨。我非常懊恼，翻身跳起来，叫秀英火速收拾东西，我急急去西关探听消息，并看能不能雇到架子车，准备立刻出发。顺着人潮，一直走到西关，除了人们脸色有点不安外，一切都很正常，我在市场好不容易雇到一辆愿到信阳的架子车，即行回城。走到城下，城门已经关闭，我敲门呼叫，城门上的守卫大声警告快点离开，人民解放军就要攻城。那个架子车夫看到情形不对，掉头走掉。我开始惊慌，听到郊外的疏落枪声开始接近，这是共产党夜战的序幕，西关街上的店铺开始关门。我想到，我操的是外地口音，就更加惊慌。于是，顺着马路向西信步走去，希望找一个路旁的小庙，暂时躲在那里，等候开城。不久，我发现有人向城门那里前进，从衣服上看出那是人民解放军，我本能地向田野跑去，尽量离开马路，在田埂那里躺下，眼看到人民解放军越来越多，心结成一团。

夜色刚刚来临，枪声像鞭炮一样的密集，城里守军反击，我将近一天没有吃一口饭，饥饿、惊慌、恐惧。我起身顺着马路向西走去，一夜的行程使我筋疲力尽。第二天早上，在路边饭铺里吃了早饭，听说人民解放军已经攻陷息县，斗争也同时开始。我强作镇静，一直到了信阳，精神恍惚，是留在信阳等候息县消息呢，还是北上回辉县呢，还是南下去南京，再转往东北呢？无法决定。就在信阳客栈门口，我遇到了原籍信阳的“战干团”一位同学鲍克勋，他有事要去南京，我把心一横，决定去南京。

南京是个以六朝繁华闻名于世的金陵古城，一连六个王朝充当首都，更因抗战初期受日本人灭种性的大屠杀，成为一个悲情城市。日本人因为人口太少，竟然想用屠杀的手段灭绝中国人，太违人道。不过，我认为日军在中国的种种暴行，只是战争使人类体内潜伏的兽性爆发的结果；如果中国军队攻进东京，我不相信会比日本军队好到哪里。使人大惑不解的是,德国已为纳粹的暴行向世人道歉,世人尊敬日耳曼民族是一个光明磊落、高质量的民族。日本却始终拒绝承认他们曾经侵略,一味玩一些只有小小孩才玩的花样,把“侵略中国”改为“进出中国”……真使人作呕。如果能选择敌人的话,我们也不屑选择这样窝囊的敌人,我们盼望的敌人是胜得漂亮、败得漂亮。

鲍克勋到国防部预备干部局办事,我摸索到三民主义青年团中央团部,那时候刚开过团员代表大会,很多东北籍的代表,在一个空旷的办公室席地而卧。我也在那里打了一个地铺,和一些东北大学的老友,以及“青干班”的老友纷纷会面。大局仍然浑沌,得不到息县消息,黄河以北的人民解放军,已把新乡、辉县重重包围。每一想起秀英正盼夫归来,临走时毛毛还拍着身边的小凳,叫:“爸,坐坐!”而更远的结发妻子绍荷,又是如何度日。如能在南京留下该多好,可是我虽已大学毕业,仍无法在中央团部谋一席之地,走投无路,乃决定仍照原定计划前去东北,等待时局平静。

启程北上的日子到了,我和几位同学赶到上海,购买赴天津的船票。上海给我最大的刺激是:那是另外一个国度。所有人讲的话,什么宁波话、上海话以及其他乱七八糟的话,外地人完全不懂,于是,发生了不少火爆场面。一个复旦大学山西籍同学,在虹口上巴士时,向售票的上海佬大吼说:

“阿拉、阿拉,你再阿拉,老子揍你!”

仗着他是大后方来的那种余威,上海佬吓得脸色铁青,赶忙道歉说:

“阿拉以后不再阿拉。”

买船票时,需要填一份表,一个非常慈祥的老太太走近我,唤一声:

“阿哥……”

“阿哥”以后所有的话,我全听不懂,尴尬地接过老太太递过来的登记表,问老太太的姓名,老太太当然也不知道该怎么回答,终于另找其他年轻人。我最大的感想是，一个国家为什么不能有一个共同使用的语言？政府官员每天都好像十分忙碌，难道对他的国民不能互相沟通，毫无感觉？语言不同，是政治纷争的主要一个原因。

上海除了“阿拉”使人感觉是另一个国度外，其他使我悚然心惊的是，那里的人山人海，好像全国人都集中在黄浦滩几条马路上。

轮船从上海启航，一出吴淞口，我便晕船，晕船的痛苦使我视坐船为畏途。幸好上帝知道我害怕坐船，所以在二十世纪稍后，叫飞机取代轮船，否则的话，我就只能沿海走走，什么地方都去不成了。

最后，到了天津，转北宁铁路到沈阳，住进位于沈阳市北郊的东北大学。

和三台的东北大学相比，沈阳的东北大学雄伟壮丽得像一个独立王国，仅工学院，就拥有一个修理火车头的庞大工厂，如果要绕东北大学一圈，步行的话，恐怕要六七个小时。

23. 永远开除学籍

东北大学是我千辛万苦求学的终点，我到沈阳时，已是初冬，北国寒冽的冷风，跟四川迥然不同，何况我又交回了学生公社借给的棉大衣。好在，那时候有救济总署的国际救助物资，那是来自西方文明国家民间捐赠的御寒衣服。我随着还没有毕业的同学，被带到仓库，挑了一件勉强合身的毛制品大衣，和一个八角帽，这是我到东北来第一件冬装。

我自从大学毕业就没有收入，仅靠过去节俭下来的一点储蓄（其实我到后来已加倍浪费，一天要买两支烟，而且升了一级，不但不吸土制的司令牌，还吸货真价实的美国烟。日本一投降，美军的剩余物资大量流向中国，十分便宜，司令牌完全被市场扫地出门。后来到了南京,第一次吃到巧克力糖,发现简直是世界上第一美味,可惜价钱太贵,我发誓当有一天我有钱买上整整一盒时,一定把它一口气吃光)。可是,到了沈阳后,面对自己身无一文的"闯关东"的抱负,忽然茫然,不知道怎么闯法。一位同班同学被学校延聘为助教,那种感激欢喜的表情,真叫我惊讶。有人也建议我到中学教书,如果教书,又何必跑到几千里外的东北?可是除了这条路,只有饿死。于是在当初祖国学社负责人杨德钧、苗景隆、廖衡等人怂恿下,在小西边门找到一个日本商社的房子,不知道杨德钧运用什么关系,就搬了进去,在门口挂上"祖国文化馆"的招牌,希望开一家书店。祖国学社的成员满腔热血地要爱自己的祖国,来和共产党"国际主义"的口号对抗,可是这群幼稚的大学生,不久就纷纷游离出去,最后只剩下我和苗景隆。

然而再也想不到并没有开成书店,我反而一夕之间,成为一名木材商人,抚顺县东面几个山头的树林,都在我的大名之下。分析起来,稀松平常,不过一场官商勾结的把戏而已。本溪煤铁公司正需要大量坑木,那就是,挖掘煤矿时,一面挖掘,一面用树干把坑道支起,免得崩塌。这种坑木材质虽不好,需要量却非常庞大。当地木材商人和新来的接收官僚,既对不上话,也搭不上线,于是,有人找到我。我有一位老师,当沈阳师范专科学校校长,他有一位朋友在本溪煤铁公司当副总经理,就这样的,我去向那位副总经理推销。一分钟前,我还不知道什么叫坑木,一分钟后,我却成了一名坑木商,讲得头头是道。那正是一个非常恰当的时机,副总经理正为坑木大为烦恼,很多商人向他们推销时,满口承当并找有铺保,答应限期内把坑木送到本溪车站,可是结果全都一去无踪。有些当然是存心欺骗,但也有一些货真价实的木材商人,千辛万苦从山头把树木砍下,运到火车站时,却被国军抢劫一空,拿去劈柴取暖。所以当我向他保证一定可以运到的时候,副总经理相信老同学的学生,同意这笔买卖。大概经过一个月的往返折腾,我取得了十两黄金的佣金。

十两黄金的佣金是当初木材商指天发誓所承诺的数目,可是到

真正拿到支票的时候,木材商的面孔开始不一样了。最初是先给我二两,剩下的八两作为投资,最后则出言恐吓说:

"我告诉你,你是一个外省人,我们把你扔到野地里,叫狼吃掉,你家里十年都找不到你的下落。"

这是我平生第一次商业行为所遇到的挫折,使我看到翻脸的迅速及彻底的镜头,大为震骇。我故作镇静地告诉那些商人:

"我如果二十分钟后不走出中苏联谊社(这是当时的五星级饭店,木材商的写字间设在那里),我的同学就会报警,指出你们的名字。我不怕死,我如果怕死,不来东北,而且你们今天如果不立刻付款,我马上就打电话到本溪,报告公司你们这个骗局。"

这样才把他们镇住。实际上我从没有想到好朋友为钱会生出那么恶毒的念头,说出那么恶毒的话,根本没有心理准备。他们只好开出支票,我不准他们划线,立刻到银行提出现款,第二天换成十两黄金,全数交给廖衡保管。

十两,在那个时代,穷困学生眼中,是一个天文数字,我们就用它来维持祖国文化馆的开支。

可是,好景不长,一个晴天霹雳又打到我头上,再也想不到,假证件的事又东窗事发,这是 1947 年的事。那年暑假,东北大学刚刚开学,听到风声说,我被教育部永远开除学籍。

一位叫吕文达的好友从北陵坐马车赶到小西边门,告诉我这个噩耗。

"怎么回事?"我惊骇地问。

原来,日本投降害死了人。学校把毕业生的证件送到教育部,教育部查对南京中央大学档案,发现根本没有郭衣洞这个学生,明显不过的是伪造文书,于是下令开除学籍。不但开除东北大学的学籍,还通令全国院校,宣布我的罪状,任何院校不得收容。这个置人于死地的通令,只有兽性发作的人才想得出来。我怔怔地仰头望天,这一生为了上大学所付出的眼泪,现在全成泡沫。我伪造证件固然触法,但何至赶尽杀绝,不留一条生路。侥幸的是,我总算没有留在学校当助教,也没有到其他中学当老师。

不过,不久之后,我却糊里糊涂地当上大学教授。东北籍教育家徐延年先生在沈阳成立私立辽东文法学院,大概看我是重庆来的外省人,在社会上又相当活跃,于是请我当政治系副教授。这个正在向教育部申请立案的草创学府,还没有赶得上看到教育部开除我的文件。稍后,我遇到"青干班"同学徐天祥,徐天祥又把我介绍到设于北大营的陆军军官学校第三分校,跟他一起当少校政治教官,每月有主食和薪俸,生活得以维持。而且,情况开始好转,徐天祥取得一个军中将领的支持,答应每月给我们一个连的补给品,要我们办一家日报,这一连三件事,都是救命船,因为那巨额的十两黄金,在我们不谙撙节的花费下,很快就被消耗得差不多了。

——四十五年后,我在台北接到一本《辽东文法学院师生小传》,在世的师生,仍有二百余名,卷中还刊出我的小传,并记载说:"1988 年 10 月 29 日下午 3 时许,中国文联组联部主任、中国书法家协会领导小组负责人佟书,代表我们同学在北京饭店房间,拜望了阔别了四十年的老师——台湾著名作家柏杨,和他的夫人、台湾著名诗人张香华女士。互相寒暄之后,柏杨老师请佟书转达他对同学们的问候,并表示下次回大陆探亲,定要看望大家,同时还询问了徐院长安西、匡扶教授和几位同学。此时,佟书将他书写的条幅《遥寄台湾柏杨先生》(徐竹影作诗):'隔海凭栏无限情,元宵佳节忆先生。杯中一两相思月,饮到三更映到明。'赠给柏杨老师。先生极为高兴,连说:'字写得好,诗也作得好。'表示回到台北,一定挂在客厅正中壁上,以示留念。"想不到一个轻轻脚印,竟留给我如此深远的温馨。有意栽花花不发,无心插柳柳成荫。人生,大概就是这样。

我在沈阳市中华路找到一栋房子,挂起《大东日报》招牌,买了一部印刷机,搬出祖国文化馆,和徐天祥以及另外一位从辽阳逃出来的警察界朋友孙建章,共同住进报社,开始筹备出报,包括向中央政府申请登记。

24. 沈阳陷落

《大东日报》的登记,政府始终没有批准。国民党是一个愚笨的党,它严厉地控制报纸的登记,认为可以箝制新闻自由,所以四十年代真正中国人的心声,反映在当时的杂志上,而不反映在报纸上。不过,幸而政府没有批准,如果批准,我们的损失将更惨重。

更大的挫折来自于整个时局的变化,国军在东北拥有最精锐、最现代化,而且远征过印度的武装部队——新一军和新六军等,他们从军服到武器,全是美式装备。可是,经过两年内战,东北剿匪总司令从熊式辉到陈诚,从陈诚到以饭桶闻名于世的卫立煌,甚至身为国民政府主席的蒋中正,也亲自到东北视察。后来,蒋中正被选为中华民国总统,种种措施和声势,都不能挽救东北的危机。四平街一战之后,以守城受到举世尊敬的陈明仁将军,突然被中央撤职,军法审判。大家已经发现,以蒋中正为首的国民政府,已公然向民心宣战。局势遂像从山顶滚下来的坠石一样,不可收拾,各大城市纷纷沦入共产党之手。最后,偌大的东北只剩下一个沈阳和一个锦州。沈阳街头的人数一天比一天减少,不但高官富商纷纷逃亡,连贫苦的小市民也纷纷搭飞机远走北京。

贫苦小民搭飞机逃难,写下了中国社会史上最重要的一页。设在北京的华北剿匪总司令部雇用民航公司的飞机,把大量军粮和武器运往东北,飞机回程时,舱位全空,沈阳有些单位就利用这个空舱,疏散他们的员工,当员工疏散得差不多后,空舱依旧。有些人就利用机会,包下空舱,向民间出售机票,从中赚取佣金。

不管谁申请买票,都要东北剿匪总司令部批准,以堂堂的剿总之尊,竟去处理小民的机票,荒谬得不但使人失笑,也使人震惊。报纸上也有人作温和的攻击,认为"剿总"应该掌握大局,不该过问鸡毛蒜皮小事。"剿总"反应十分激烈,叱责他们是匪谍的言论,企图掩护匪谍逃往北京,之后就再也没有批评的声音了。这小故事隐藏着一个大的意义,事实上,"剿总"官员,没有任何大事可做,批准机票就是他们唯一能做的大事。整个军事行动——战略的、战术的、后勤的,以及陆海空军联合作战计划,"剿总"都不经手,而由蒋中正在遥远的南京决定,甚至一个团的出击或撤退,都由他直接指挥。"直接指挥"应该是国军在这场大规模内战中失败的主要原因之一。历史上处处可以看到直接指挥的悲惨结局,只是,所有自命不凡的头目,总是喜欢直接指挥,因为,只有直接指挥才可以显示自己的权威和英明,十分过瘾。

东北的末日终于来到,1948 年 11 月 1 日,上午,我贸贸然去北大营第三军官训练班,探听能不能领到薪俸,发现北大营全然一空,官兵们已全部撤退到沈阳市区。息县那次被隔绝在城外的镜头,重现眼前,我大为恐慌,急行折返沈阳,发现国军押解了约有一两百人的解放军俘虏,进城囚禁,那些俘虏竟高兴得好像排队去看电影,街上有一种诡异的气氛。回到大东日报社时,厨夫告诉我说,解放军已经进入市区,住在炮子坟(炮子坟距大东日报社只有二十分钟路程)。这时候,我才看到当天出版的《新报》,四十五年后,仍记得它的头条标题:

沈阳城外共匪不多

我没有心情看内容,只感觉到这样的标题,令人啼笑皆非。傍晚时候,街上已经没有行人,我、徐天祥、孙建章、廖衡,挤在楼上小房间里,面面相对,说不出一句话。我再一次遇到前途尽毁的悲剧,一生的努力,一夕之间,又化成云烟。我现在面对的是一个完全不了解的新世界,我是一个失败者,而我今年已二十八岁了,我们四个人唯一的财产,只剩下那位将军支持我们的二三十袋面粉,又能坐吃几天?

第二天上午,解放军大批进城,车队也鱼贯而入,穿着灰色棉军服的男女青年,坐在卡车上挤成一团,解放军中有些女孩子(使我想到"青干班"时一些女同学)还打开胸前的纽扣,让怀抱中的婴儿吃奶,震天的歌声和笑声,一辆一辆地在大东日报社前面奔驰而过。我不知所以地面对着他们的欢乐,这幅画面,深刻地印在脑海。

我去辽东文法学院打听消息,一位组长满面愁容地坐在那里,告诉我说:

"真糟糕,我们学校好不容易在伪教育部立案,现在,又要重新申请立案了。"

我一时没有听懂。

"伪?哪个伪教育部?"

我以为指的是满洲帝国教育部,因为人们都喜欢在满洲帝国所有的单位加上一个"伪"字。

"当然是南京伪教育部!"

这是我看到的第一条变色龙,真不了解他怎么会变得这么快,而脸上一点也没有难为情的痕迹,早上还称中央教育部,中午就自动加上了"伪"。回顾两年来,对东北朋友自动称"伪"的那种心情,有深刻的感受,"真"与"伪"完全跟着政治气象走,片刻都不迟疑。我怅然若失地回到大东日报,门口已有解放军的岗哨。他们的规定是,人可以自由出入,不闻不问,但东西只可以带进,不可以带出。这是我和共产党第一次接触——扫地出门。

事实明显,我们即令想苟延残喘地留在沈阳,也不可能。第一,我们是外省人;第二,我们所拥有的几十袋洋面,在扫地出门政策下,实际上已被他们全部吞没。于是,决定放弃一切(其实这时已没有"一切"了,只剩下两肩一口),逃亡北京。

我、徐天祥和孙建章三个人这次逃亡,有一个特别的方式,那就是脱下平民便装,穿上临时买来的国军军服,唯一不同的是,把军帽上的青天白日国徽拿掉。前一天晚上,我们聚集到辽东文法学院办公室,第二天凌晨,就以国军打扮,雄赳赳气昂昂地走向沈阳火车站,想买一段南下的车票,能买到哪里就买到哪里。我们所以改穿军服,因为那正是共产党所实行的宽大政策和既往不咎时代统战心战的巅峰。凡是国军,只要手中不拿武器,都可以大大方方地"还乡生产"。我们恰好抓住这个机会,如果再迟几天,政策一变,那就插翅难飞。四十年后,我和孙建章在台北被调查局逮捕,一个叫李尊贤的调查员问口供问到这里时,把笔愤然地投在桌子上,发出磔磔的冷笑,大声叱骂说:

"你们竟然能穿国军的衣服走出匪区?这就够了,你们证实你们自己是匪谍。"

当时除了这套军服外,每人还拿了一张通行路条,至于这三张路条是哪里来的,已无法记忆。好像一张是孙建章用肥皂刻了一个图章,另两张是解放军发的货真价实的通行证,我们从别人的手中买来,用去墨水改造的。

走到沈阳车站后,暗暗地吃惊,偌大的车站,平常一向人山人海,喧声沸腾,这时竟然静悄悄的,鸦雀无声,变成一个古老的废墟。其实,倒并不是没有人,仍然有很多人,而且人山人海,全是平常凶暴得不可一世的国军官兵,现在却是那么有秩序地鱼贯排列在各个售票窗口,有的甚至排到车站外的广场上,有的像S形转来转去。吃惊的是,没有一个人吵闹和大声讲话,也没有一个人插队,好像一夕之间,都成第一流国民。

抗战末期,政治腐败到极点,军事是政治的延长,军风纪也完全荡然,国军和土匪海盗,没有分别,不要说从来不排队,甚至从来不买票。一旦巢穴倾覆,只好排队买票,而且还排得这么规矩,只不过失去靠山,胆都碎了。

售票窗口打开,才发现南下的火车只能买到皇姑屯,而皇姑屯距沈阳只有一站。我们到了皇姑屯,安静地出站,站外挤满了农家用的马车,这正是乡下人农闲赚外快的时候。我们雇了其中的一辆,南下山海关。这是一趟奇异经验的旅途,入夜之后,马路两旁涌出大批全副武装的人民解放军,紧夹着马车进发。这批解放军是林彪的第四野战军,南下攻击北京,人民解放军军风的严明,使我们咋舌。在黑

暗中,那些彻底执行军令的战士,常常高声发问:

“你们是哪个部队的? 怎么有车可坐?”

我总是回答:

“我们是国军。”

当对方一时听不懂,或弄不清楚什么是国军时,我就作一个总结说:

“我们是蒋匪!”

那些纯朴的战士们就一言不发,从没有一个人刁难。马车夫有时还吆喝他们:

“让路,让路!”

他们每次也都踉踉跄跄地让路,见惯了国民政府军队的凶恶,我从内心对解放军生出敬意,这岂不是古书上所说的:

“妇孺与王者之师争道!”

解放军的行动跟传统的行军方式,恰好相反。他们于夜间上路,天亮时进入村落,分住民家;早饭后,门口从来不站岗哨,一个村落里,虽然驻扎了大军,但是外表一点也看不出来。他们的岗哨都站在屋顶上,居高临下,一览无遗。除了解放军,还有成群结队,没有钱雇车的国军残兵败将,他们带着干粮,低着头,有时混在第四野战军的行列中,一步一步南下,跟解放军的方向虽然一样,却拥有两样心情。

就在山海关附近,我看到一个国军军官,断了一条腿,鲜血一滴一滴地滴在路上,他双肩架着支架,一步一跌,跌下后再艰难地自己爬起,然后再一步一跌。他是湖南人,他说他要回家,家里还有母亲、妻子,还有弟弟。他在新六军当少尉,眼睛大大的,十分清澈。我送给他一块大头,他收下来说,他将来一定要回报。

多少多少年后,海峡两岸开放,来台的很多大陆军民重回家园,这位军官下落不知如何,恐怕已成春闺梦里的人!

25. 北京陷落

我和徐天祥、孙建章三个人(廖衡回他的故乡哈尔滨探亲,稍后也辗转来到台湾)终于穿过山海关,到仍在国军控制下的唐山,再坐火车转往北京。这是一个悲凉的下场,我们住在一个朋友介绍的小公寓里,眼睛望着天花板,口袋里空空如洗,肚子开始饥饿。孙建章去投奔在十六军当连长的朋友,我和徐天祥忽然想到,我们以第三军官训练班教官的身份,可以投奔设在北京旃坛寺的陆军军官学校第一军官训练班。于是去了,一个上校组长一看见我们的狼狈装束,就拉下脸来,用拳头敲着桌子说:

"你们为什么不抵抗?"

我们呆在那里,不敢坐下。

"你们为什么不抵抗?"

徐天祥已经气结,我结结巴巴说:

"我们是文职人员,不是带兵官。"

"你还强辩,革命军人就是随时准备牺牲。"

我回答说:

"北京朝不保夕,看你去当革命军人吧!"

说完之后,拉着徐天祥走出办公室。

维持尊严是要付出代价的,我和徐天祥陷入绝境,只好四处拜访朋友,东一顿西一餐地维持生活,很快地就瘦得不成人形。

我后来找到一位辉县小同乡,在新六军当少校的常咸六。常咸六不知道害什么病,双目突然失明。我和徐天祥经常到他家——口袋胡同二号,他太太总为我们准备一杯茶,有时也请我们吃碗面条,可是仍难忍饥饿。

有一次,我和徐天祥在西单马路上,毫无目的地闲逛,我忽然厉声说:

"你活该挨饿!"

徐天祥看一下我。

"你活该挨饿,"我愤怒地说,"你受过高等教育,却喂不饱自己的肚子,你饿死都不足惜。"

"你说谁?"徐天祥问。

"我说我。"

我对饥饿和贫穷充满了憎恨,不能原谅自己的无能。

我忽然遇到那位连孟德尔定律都不知道,却考上西南联大的百泉初中同学朱光弼。他现在是北京大学四年级学生,这时候,我才知道他在西南联大读书时,已变成一个狂热的共产党,是北京地下党的重要人物之一。我就常到北京大学,跟他对床而眠,听他讲些无产阶级革命的种种故事。每天早上,他都陪我到豆浆摊吃烧饼油条,往往先让我坐下,然后他站在旁边数他口袋里的钱。有时说:

"只能吃一碗豆浆。"

有时说:

"再加一个烧饼。"

有时遇到财大气粗的日子,他就大声叫:

"管饱!"

我这时候就吃一碗豆浆、两个烧饼、两根油条。朱光弼很少自己也坐下来吃,他总是先在学校吃饱稀饭,因为两个人吃,钱就不够了。

北京城里,街上人潮汹涌,挤满了国军官兵,也挤满了象征那个时代特有的小贩,手里托着一串银元,在西单徘徊,口中单调地叫着:

"买俩卖俩!"

这是钱贩子,从事银元和当时流通货币(金元券)的兑换工作,从中赚取差额,利益十分可观,那时候金元券像瀑布般地下跌。小贩在这个巷口,一个袁大头可以买金元券五亿元,走到另一个巷口时,就可以买五亿零五百万元,等他再回到原来那个巷口时,一个袁大头已涨到五亿一千万,到不了晚上,一个袁大头可能换六亿了。但大家仍在绝望中制造希望,甚至有人说,国军已反攻到廊坊,更有人坚称他确实听到炮声。这是一个垂死挣扎的幻梦,沈阳沦陷前后,人们也都传说国军在营口登陆。

同时盛行的还有卦摊,每人问的问题都一样——前程。卜卦的答案也千篇一律,只有两个:一是你就留在北京!北京是福地,自有贵人助你;另一是吉祥在西北,西北有贵人(那时候西北还在傅作义部下董其昌将军之手)。事后的先见之明,"福地"远在东南——大海中的台湾,可是,没有几个人知道中国还有一个台湾,就是知道也跟知道太阳系有个月球一样,远在天涯,不是人们可以随便去的地方。

忽然,毫无迹象的,有一天,傍晚时分,华北剿匪总司令部派人在街上发放传单,要市民于晚上六点钟,一定回到各人的家,收听重要消息。大家已经察觉出来,这是一个不祥之兆,可是无法确定它的内容。很自然的,当夜幕低垂,六点钟正的时候,我、徐天祥等,都聚集在常咸六狭小的房子里。就在这时,收音机宣布:"请听众十分钟后,听重要广播。"

不久,收音机再次宣布:"请听众五分钟后听重要广播。"不久之后,收音机第三次宣布:"请听众一分钟后听重要广播。"一分钟后,收音机在万籁无声的空气中,慢慢地说:"华北总部、人民解放军联合公报:第一……"没有人记得详细内容,仅只"华北总部、人民解放军联合公报"这几个字就说明了一切,傅作义投降,北京解放。

我决心继续逃亡,向几千公里外从没有去过的南方疆土逃亡。

然而我哪里都不能去,因为身上没有一分钱,连蹲在街头吃碗"茶汤"的钱都没有。就在阴历年的除夕(那应该是 1949 年的 2 月了),正在常咸六家中发呆,徐天祥走进来,坐在我对面,问道:

"你走不走?"

"我想走,可是我没有钱。"

天祥从口袋中慢慢地抓出一叠银元,放在桌上,一个一个把它叠

起来,叠得高高的,用手指数了数,整整十四元。然后,把它推到我面前,轻轻地说:

"拿去。"

"这算什么?"我问。

"这算你的路费,拿去就是了。"

"你哪里来这么多钱?"

"你不要管,拿去就是了。"

"你自己为什么不用?"

"国民党气数已尽,没有生存的希望,我就留在北京。"

十四元,足够我逃到上海。于是,急急联络几位东北大学的朋友(那时孙建章已随着十六军撤退),匆匆结伴南下。我们的行程是由北京坐火车到天津,再由天津坐汽车到济南,由济南坐火车到坊子,穿过无人地带,再到仍在国军据守中的青岛,然后从青岛乘船到上海,到上海后再做下一步的打算。

于是那一天(大概 2 月 10 日左右),在常咸六家脱下军服,换上百泉初中同学,这时刚从北京师范大学毕业的杜继生所赠的长袍,和几个朋友,跟几个月前从沈阳出走的情形一样,在晨曦朦胧中,悄悄打开大门,悄悄踏上街道,回头向杜继生、常咸六夫妇告别,冷风刺面,我连自己都不知道,我到底在做什么?然而,也就这样的,我离开了北京古城,挤上满是残兵败将的火车,只听汽笛最后一声哀鸣,忽然想起来,远在辉县,我于逃亡后才生下来的女儿冬冬,又想到留在息县的另一个女儿毛毛。刺脸的寒风,从脸上移向心头,碎成片片。面对茫茫前途,孑然一身,这一年,我二十九岁,一生努力,化成一片眼泪。

26.横渡台湾海峡

上海的繁华不亚于两年以前，而且更乱。我在上海码头下船之后，望着滚滚北流的黄浦江和人潮汹涌的黄浦滩，偌大的中国第一大城市就摆在面前，我不知道往哪里投奔，不仅仅是落寞，而是绝望，十四个袁大头现在只剩下了两个，而下一段的人生，还没有开始。这两块钱能支持几顿饭呢？吃完了以后又该怎么办呢？我拎着小包，在黄浦滩徘徊流连，坐下来休息了一会儿，起身走一会儿，再坐下休息。我焦灼愤怒，而又羞愧难当，一股勇气使我走向江边，想索性跳下去，这一辈子就再也不用烦恼了。

可是，就在我犹豫要跳的时候，听到一个东北口音的呼喊：

“东北来的同学，快点上车，我们要去四号桥。”

我立刻跳起来，朝一辆已发动了引擎的大卡车奔去，上面插了一面好像什么救济会的旗子，这个巧合把我拉在阳世这一边，直接送到设在四号桥警察公墓的难民收容所，墓园里搭了一排草棚，里边有竹子扎的两排上下铺，我就在下面一排躺下来，睡了一大觉，醒来后，正好难民收容所开饭，就吃了一个饱。

在难民收容所停留的十几天内，时局有大的变化，国军被人民解放军彻底击溃。这对大多数人来说，是个意外，但对我来说，几乎完全在意料之中。国军的腐败和丧失民心，已经到了谷底，军纪荡然无存，军队既不知道为什么作战，也不知道为谁作战。我在上海那段时间，翻阅一些几个月以前的旧画报，画报上介绍蒋纬国领导的装甲部队，每辆坦克车上，竟都配有一位其貌如花、服装入时的女服务员。而刚到任的广东省主席宋子文，第一道命令却是要各县修一个飞机场，以便他前往视察。覆亡逼在眉睫，还在那里儿戏，使我悚然。相反的，人民解放军的清新形象，却是有口皆碑。

淮海战役一失败，上海的人心更乱，金元券以山崩的速度贬值，总统蒋中正先生宣布辞职，由副总统李宗仁先生代理。谣言说，中央政府将迁往广州，我没有别的选择，只有随政府再向广州逃亡。这时候我手里还有两块银元。

那天早晨，我躺在竹床上，睁着眼发呆，忽然听到上排几个年轻的东北同学，在那里谈话，大意是说，设在台湾左营的海军士官学校，正在上海海军码头招生，招生主任吴文义先生是东北人，但对他们这些同乡的东北籍青年，却拒绝接受他们报名。

“吴主任叫我们找保人，”其中一位青年喊叫，“怕我们是匪谍，我们从东北跑到这里，哪里找保人？岂不是故意刁难？”

“什么？吴文义？东北人？”我抬头问。

“是的。”

“他从前在哪里做事？”

“听说在‘战干团’当队长。”

“对了，就是他，”我大叫，“他是我的老长官，我可以做你们的保人，带我去见他。”

这真是一项传奇，偶尔窃听到的一段话，和一种喜爱帮助别人的天性，使自己命运再起变化。当我在七八个东北籍同学簇拥下，见到吴文义的时候，吴先生接受我的敬礼，听了我的陈述，愉快地说：

“没有问题，你介绍多少人我都可以收。至于你，你在干什么？”

我老实报告我的窘境。

“跟我去台湾吧！”吴先生毫不犹疑地说，“明天一早就开船，你今天晚上以前，一定要来找我，我会把你带到台湾。”

这好像是梦中又做了一梦，我急急地返回四号桥，找到从北京一起出来的东大同学熊镇父女，和堂弟郭立熙。正要离开时，忽然之间，在重庆便相识的于纫兰女士跟她的弟弟、弟媳、妹妹、侄儿、侄女，刚从东北（她最后当锦州女子师范学校校长）逃到上海，也被送到四号桥。我跟她一照面，就拉她跟她一家人同行。于大姐是一个小心

谨慎的人,问我说:

"你要不要先跟吴主任谈一谈,我们再去。"

"用不着先谈,我完全当家。"

这是已经落伍了的两肋插刀性格,不过,时间确实来不及,海军码头到四号桥足有十数公里之遥,公共汽车转来转去,到了码头,太阳已快落山了,岂能回来再去?就这样的,我们上了登陆艇,在甲板上打下地铺。当夜,海军码头一片清静,只看到市区万家灯火。

第二天一早,登陆艇缓缓驶出吴淞口,长江浩荡,心思万端,默默无语,渐行渐远,终于海天一色。这样的缘分,使我离开上海。当我再回上海的时候,已在四十年之后。

登陆艇在台湾左营军港登陆,当时就听说有位"青干班"同学在海军总司令部做事("青干班"教育长桂永清将军如今当海军总司令,依照当时军中习惯,他带了好多"青干班"同学到海军),于是,我找到在青岛曾经碰过面的侯洵。侯洵曾任青岛海军司令部军法官,国军阵营中少有的青年俊杰,尤其他贵为军法官,却一贫如洗的操守,令我尊敬。又找到同是"青干班"同学的岳家军,他确实是岳飞的后裔,和一个护士小姐结婚,住在日本式的军官宿舍里,一个家整洁而安定,使我大大地羡慕。后来又找到在海军士官学校任政治部主任的赵诚,赵诚劝我留在士官学校当教官,我没有经过思考就满口答应。可是等了二十多天,赵诚的签呈被上级批驳,因为那个时候,正在人事冻结。人生的道路上,一个小石子有时候都会使你转变方向,走入另一个世界。当时赵诚的签呈如果批准,我一定会跟赵诚、岳家军、侯洵一样,四十年后,从上校职位上退役。

左营无地栖身,于是向吴文义先生告别,北上台北,这时候才开始真正地深入台湾本土。我从没有爱过一个地方像这样一下子就爱上台湾,没有什么大道理,也没有什么口号,只是在很多细节上,体察出自己这份感情。高耸云际的椰子林,只有童话书上才有,现在正到了童话王国。仿佛家家户户都有一个水井,水井旁边都有一个水池,装着满满的水,明澈而清凉,舀一瓢浇在头上,能使每一个毛孔都感觉到舒畅。还有,到处都有潺潺溪流,包括台北市区,台北街道两旁的排水沟,都清澈见底,小鱼游来游去,还有小小的像小拇指一样可爱的螃蟹。我对黄澄澄香喷喷的香蕉尤其钟爱,对一个一辈子都没有见过香蕉的北方人来说(我这一辈子其实曾见过一次香蕉,是在开封水果店里,皮都变成漆黑,孤单单的一只挂在梁上,价钱贵得吓死人),那种诱惑力非常强大。我买了很多根,装在上衣两个口袋里,即令在左营那个严肃的海军基地,我也是一面走一面吃,一直吃到口吐酸水,再也不能吃为止。至于菠萝,那更是仙果,北方土著不但没有吃过,也没有看见过,甚至没有听说过。真正使我爱上这个地方的是岛上的居民。那时候,我(包括几乎所有的外省人)根本不知道岛上竟拥有三个族群,一是马来族,被称为山地人的原住民;另一是华人后裔的被称为闽南人或福佬人的漳州、泉州人;再一是同属华人的客家人。大家的语言并不相同,但对我并不重要,因为反正谁的话我都听不懂,因此也无法分辨他们语言的差异。这时候政府开始推行国语(北京话),我虽然不会说北京话,但我那一口河南土话讲慢一点,也还可以让人听得懂。借着这样的交流,有生以来我第一次感觉到在外地被接纳。在四川的时候,我是外省人(下江人);在东北的时候,我也是外省人(关里人);现在来到台湾,身份并没有改变,照样仍是外省人(大陆人),可是,没有一个地方使我感觉到像台湾这样的,有一种气候、土壤、人情、风俗融合在一起,令人感到被接受的温暖。

台湾中华人的两大族群——闽南人和客家人,都有一种移民的性格,那就是包容性。从大陆来的外省人,大致上分为北方人和南方人。北方气候严寒,冰天雪地,生存不易,对南方的"三秋桂子,十里荷花"有梦寐的遐思。和南方人比较,我觉得南方朋友的胸襟比较宽大,人和人相处尽可能地维持礼貌,保持从容,为自己也为别人留余地。一个穷苦没落的朋友前往投靠,他们总会善言接待,献一杯茶。而北方人比较紧张,朋友一进门,主人第一件事往往就是哭穷,把自己形容成一级贫户,以使进门的朋友在听到主人即将饿死的惨境之下,不能开口求援,只好起身告辞。

这些以往的经历,很快的就使我爱上这个番薯形的岛屿,即令后来在这岛上受了很多苦,甚至几被枪决,但我的感觉没有改变。

从左营搭火车,我几乎一路吃香蕉吃到台北,我不知道吃香蕉和吐酸水之间有什么关系,所以吃了又吐,吐了又吃,一直吃到实在吞不下去,这就是俗话所说的"吃伤了"才止,所以几乎有两三年之久,我一根香蕉都不吃。

到了台北,又是人海茫茫,不知道向谁投奔。在火车上,我听到一群青年学生说,台湾省教育厅在火车站前的七洋商行(就是现在天成饭店那个位置)被腾空的大楼里,设立流亡学生招待所,而且有饭供应。我就随那群人到七洋商行。一进门,只见有好几百人挤满在里面,听候教育厅分发学校。我不是在校学生,连登记都没有办法去办,每天唯一的事情,就是躺在床铺上,仰望着天花板,又回到上海四号桥警察公墓招待所那种绝望的日子。

就在这个时候,南京陷落,接着上海陷落,台北人心慌乱。

27.第一次入狱

珞珈山的"青干班"是一个政治机缘,时间虽然只有一个月,但是它却集结了足以影响若干人前途的社会关系。1946年,总统蒋中正的儿子蒋经国,在重庆浮图关中央训练团原址,创办了中央干部学校,招考研究部第一期(奇异的学制、奇异的名称),完全是蒋经国私人干部培育中心,那些研究部第一期的若干学生,曾经主宰台湾政坛三十年。蒋经国用人的标准,第一顺序就是研究部第一期的学生(至于研究部第二期,以及普通科学生入学的时候,蒋经国的兴趣已经转移,不再重视)。所以,六十年代台湾政坛上,有一句谚语说:

“非干不行。”“干”是个双关语，指你要想当官，可是非“干部学校研究部第一期”出身不行。蒋经国先生想跟国民党的中央政治学校（稍后改为政治大学）媲美，他效法中央政治学校的架构，既没有在教育部立案（他如果立案，易如反掌，但蒋家父子的作为总是表现出威权凌驾法律之上），又没有冠上三民主义青年团的字样，没有人知道这些干部是谁的干部。

“青干班”的初名是“三民主义青年团工作人员训练班”，后来改为“三民主义青年团干部训练班”。蒋经国创办了中央干部学校以后，为了安抚和吸收当时已在全国各地青年团具有实力的“青干班”同学，就把“青干班”改为“中央干部学校第一期”。“青干班”同学经此一改，也就成了蒋经国的学生。学生虽是学生，却到底不是真正的学生，所以当时也有一个比喻：“青干班是门神，开门时在里面，关门时在外面。”不过，“青干班”同学也就在这门里门外，吃一点政治上的零碎点心。

我就在走投无路时，遇到了“青干班”年纪最大的学长李荷先生，他那时候已当上立法委员。他的一位朋友瞿绍华当教育厅人事主任，一纸派令，我就成了屏东农业职业学校的人事员。

屏东在北回归线之南，比北台湾更接近热带，我到差后第一件事就是去买两件这辈子第一次穿的香港衫，在独自一间的小屋里，安静地过日子。每天上班下班，打算终老天年。可是好像是上天注定的，坎坷的路程不但没有结束，还不过是刚开始，和以后我所受到的灾难比起来，那些折磨，实在是微不足道。

我的薪水，除了生活开销之外，添购了一些衣服，还买了一架可以听短波的收音机，每到晚上的时候，就收听一段北京人民电台京戏，当然也附带收听几句华南一带战况的报导。当时台湾已经戒严，收音机也不普遍，我每晚开收音机，除了扰乱邻居的安宁外，当然也引起别人的注意，尤其是特务的注意，可是我自己却没有丝毫警觉。

于是，常常的，像在沈阳、北京时一样，向同事们谈论国家大事，尤其糟的是，我特别赞扬人民解放军纪律严明，不拿人民一针一线，对撤退到台湾的国军行径,深恶痛绝。恰好报上一则消息:一个军人没有车票,硬闯出车站,收票员尾追到军营,要他补票,结果招来一顿殴打,使我感到羞耻。晚上,快要入睡时,两个普通装束的中年人进来,很客气地要我前去谈谈。

"去哪里谈?"

"你去了就知道。"

就这样的,我被吉普车载到火车站,押上火车,一直驶向台北。押我的人,不但没有语言,在火车的晃动中,也看不清他们的表情。我像木头一样,被夹在中间,满腔愤怒,一点都不知道事态的严重。第二天,天一亮,到了台北,他们把我送到设于青岛东路的台湾保安司令部军法处看守所,一进大门就听到从一排木栅里面,发出哄堂的叫声:

"欢迎新客人!"

我被推进其中一个像兽笼一样的房间,里面塞满了赤背短裤的囚犯,我爬到房间的一角,在一个庞大的马桶旁边坐下。

"你犯了什么罪?"有人问。

"不知道。"我说。

"哈!你明明是一个匪谍,怎么说不知道?"

这时候我才有点害怕。

"来到这个地方的人都是匪谍!"

"匪"就是共产党,有时候再加上一个"共"字,成为"共匪","谍"指的是共产党的地下工作人员。以后四十年间,"匪谍"成为台湾人民一种最可怕的巫蛊,不小心碰上,立刻家破人亡,身败名裂。就在看守所,我跟一位年龄相若的人,谈得非常投契,他叫杨启仲,是一位中学老师,因为同事在他的宿舍发现一本艾思奇编的《唯物论辩证法》,被送到这里,已经两个月了,还没有问过一次话。

押房拥挤不堪,只能容纳十几个人的兽笼里,有时能塞进三十几个人,大家只好蹲在那里,轮班睡觉,伙食既简单又肮脏,大多数人都泻肚,马桶就在我身边,臭味还在其次,有时还有粪汁溅出来。我无法静下来思索怎么会落得这种下场，陷入我从没有想过的困境，呼天不应，唤地不灵，没有人告诉我怎么会发生这种事情，也没有人指引我怎么自救。从每天不断塞进来的囚犯口中，知道外面正大肆疯狂逮捕，一个人因身上插着红花在新公园被捕，一个士官因不小心掉了帽徽被捕，但很多人都是因为“偷听共匪广播”，我胆怯起来，万里渡海，难道为了到台湾断送残生？早知道我应逃回辉县，或逃回息县，反正不过如此！

就这样，我受到漫长的囚禁，没有人问一句话。直到一天上午，守卫叫出去二十几个人，带到大厅，接受审判，每个人询问的时间，大概五分钟。我进去后，台上坐着一位法官，他已十分疲倦了，一脸的不耐烦。我还没有站定，他就开始宣判说：

“阅读非法书刊，为匪宣传，处有期徒刑十五年。”

像五雷轰顶一样，我哀声叫道：

“法官明鉴，我从没有阅读过任何一本共匪的书，就是在北平的时候也没有。”

“你没有看过，这《唯物论辩证法》是谁的？”法官问。

“法官明鉴，那不是我的书。”

“不要狡辩，带出去。”法官说。

我挣扎哀求说：

“法官明鉴，那不是我的书。”

“不是你的书，”军法官说，“难道是我的书？”

一个书记官附身跟法官耳语，法官自言自语说：

“杨启仲的判决书，怎么放在这里？你叫什么名字？”

我把名字告诉他，法官翻了又翻，自言自语说：

“又是一个没有判决书的人，带回去候审。”

我回到押房，而杨启仲就再也没有回来。时至今日，不知他可仍在人世，仍在台湾。

终于有一天，我再被叫到军事法庭，另一位军法官宣布说：“窃听共匪广播，处有期徒刑六个月。”而就在当天，我已羁押了七个多月,我高兴得几乎要喊他青天大老爷,可是面对的问题是,到哪里去找保人?全台湾恐怕没有一个人肯保一个匪谍。押解我的那个班长(囚犯对看守法警的尊称)看出我的困难,告诉我说:

“如果你有八十块钱,我可以替你买一个保人。”

八十元是一个大数目,幸而我身上恰恰还有八十元,收押时被收去保管,言明出狱时领出交付。就这样的,我走出看守所,但已囊空如洗。当我跨出那个小门,仰天叹一口气,发现又一次地四顾茫然,无处投奔,身上又无一分。感谢神灵,就在这个时候,忽然遇到刘浥尘。他在工矿党部做事,恰巧路过那里,而工矿党部设在台北市华阴街,距离不远。我向他借返回屏东的路费,刘浥尘把我带到工矿党部,警告说:

“你被人带走,一去半年,有什么理由相信学校还保留你的职位?你应该先打个长途电话问个清楚。”

我惊醒过来,捏造一个姓名打电话去试探,对方直率地说:

“郭衣洞已经被开革了。”

这就是我的一生,我总是不断地失败,而且是惨败。

我被神秘逮捕,依当时白色恐怖的气氛,应是有去无回,可是却被草草释放,连判决书都没有给一张,似乎和国际局势有关。在我坐牢的七个月期间,朝鲜战争爆发,发表白皮书本来要放弃国民党和蒋中正的美国,突然重新把台湾抱起,从弃儿变成宠物,美国第七舰队进入台湾海峡,国民政府的声势一下子从谷底升到中天,信心也随着倍增,对那些人山人海的政治犯,无法一一处置,才把一些他们认为不足轻重的案件做一清理,大批释放,我不过是幸运者之一。

但幸运只能使人恢复自由,不能恢复工作,我只好到刘浥尘服务的工矿党部睡地铺度日。在那个时代找工作真是艰难,尤其是台北的雨似乎比南部多得多,每一次穿着湿淋淋的皮鞋到一些长辈家拜访,在玄关那里简直无法脱鞋,除了袜子湿淋淋的不能上榻榻米以外,袜子上的破洞,也使我难堪。就这样,失业和破洞的湿袜子,就像连体婴一样地在我记忆中不可分割。在台北碰壁又碰壁后,忽然得到李森的消息,他在新竹中学当人事员,于是投奔李森寄住。不久,在省立台南工学院(后来改制为国立成功大学)附设工业职业学校当人事员的范功勤来信说,他可以介绍我到他们学校当历史教员。虽然,我对历史一窍不通(事实上,学校的课程,我没有一门通),不过我已没有什么选择。

"附工",是我最安静的一年,认识了担任教务主任的戴瑞生、文兰华夫妇,成了他们家庭的常客,并且收他们的儿子作为义子。他们是一对非常厚道诚实的朋友,我漂泊半生,终于尝到一份温馨。而三十年后,当我从火烧岛回到台北,他们夫妇立刻给我寄来一个月薪俸的巨款。

我住在"附工"教职员宿舍,只有六个榻榻米大,但我真是盼望就这样地度完我的余年,我太疲惫了。可是苦难不会这么轻松放过我,第二年,学期快要终了时,大家下学期的聘书都已经发下,只我没有。范功勤暗中告诉我说:

"你的名字报到教育厅,教育厅一直没有批准,因为你有被屏东农校开革的记录。最好还是早一点离开,找一个县立的或私立的学校,他们教师的资历不报省教育厅,只报县教育局,可能蒙混过去。"

于是,我带着简单的行李,再一次踏上流浪的道路。

一个外省人,在光复初期,曾入过狱,有被开革的不荣誉背景,根本不可能找到工作。在炎炎烈日下,我不停地一间学校一间学校访亲问友,结果得到的答案是一样的:

"没有空缺!"

最伤感的一次是去埔里中学,那个美丽的镇和优雅的学校,使我爱不忍去,可是教务处商主任却无力帮助。但他告诉我,东北大学校友杨德钧,在南投县政府当教育科长。对我来说,这是一个天大的好消息,急急赶往南投,杨德钧义不容辞地把我介绍到草屯初中当国文教师。

草屯是一个温馨的小镇,就在那个小镇和小规模的学校里,我结识了当时同事、后来成为历史学者的朱桂先生。而那些学生孩子中,有好几位，像后来在师范大学当教授的廖吉郎、在电信局当处长的曾武臣，以后一直和我保持联络。

草屯是那么美，尤其是教员宿舍建在小山丘上，上下课时要走十分钟的马路或田径，悠然自得。夜晚，山丘上只有风声，我就在孤灯下，读了不少学校图书馆有关文学的丛书。但我的心并不能安定下来，一直到证件被县政府教育局批准，薪饷被核定之后，才长长地舒一口气。

第二学期还没有结束，我的一位老师胡蒂棻先生，从台北来信，叫我抽空北上。我遵照指示去了，心想要到台北这个中心城市去，我这个南部的土包子，应该注意一下穿着，于是，临去前，特地用最低的价钱买了一套蹩脚西装，这是平生第一次穿西装。胡老师原来在东北资源委员会当处长，我以为他可能介绍一个永远可以摆脱假证件阴影的其他工作。

28. 防空洞里的一幕

我生在一个没有明确宗教信仰的家庭，一个人孤独地在辉县上小学时，照顾我的表婶，是一位乡下农村妇女，恐怕是佛道混合祖先崇拜的一种泛宗教徒，经常请一些三姑六婆型的老太婆，在家演出神灵附体节目。当焚香叩头之后，“九天仙女”（当时辉县民间最盛行的女神，她是天老爷玉皇大帝的女儿，她不是佛教的神）就从天上下凡，附到一位老太婆身上，那老太婆随即打哈欠，流泪，低声吟唱：

“九天仙女下天庭，来到人间走一程，将身坐在高堂上，不知请俺啥事情？”

善男信女就跪下来，向她提出疾病、平安等等疑难杂症，九天仙女会一一回答。

我从小不信这种装神弄鬼,有时我肚子痛,表婶就请九天仙女给我扎针,九天仙女虚拟一个手势,我就故意地躲开,让那位老太婆仍煞有介事地继续扎针,而且念念有词。我却提醒她,大声叫说:

"针扎到柱子上去了!"

老太婆因为被拆穿而恼羞成怒,一拍桌子,站起来就走,一面走一面说:

"不诚心,不会灵!"

不过,我虽然不信神鬼,却非常喜欢那种神秘气氛,尤其是焚出来的香味,我常幻想,日后我长大了,要在四合院角落空地上,盖一座小庙,供上一尊佛像,点上三支香火。

我跟宗教的关系,从那个时候就开始;而跟基督教的渊源,却延后了六七年。1942 年,那时我正调到偃师,有一次日本发动空袭,我躲在一个山麓的防空洞里,这时除了我,另外还有一位将近中年的妇女,手里拿着一本《圣经》。当日本飞机低空掠过,发出刺耳的噪声时,她忽然跪下来,举手向天,祷告说:

"主啊!保佑我们偃师的人,保佑我们——防空洞里两个人!"

我大声说:

"那一个人是谁?"

她缓缓说:

"那一个人是你。"

我真是一个野生动物,不但不知道感谢,也不知道欣赏她的慈悲,反被这突然而来的关爱弄得不知所措。

"你叫谁保佑我!"

"当然是主!"

"谁是主?"

"主是耶稣基督。"

"那个钉死在十字架的洋鬼子吗?"

"洋鬼子"是那个时代对外国人的通称,即使二十世纪九十年代的中国,还有许多人改不了口。

“他不是洋鬼子,他是主!”

我开始奚落耶稣基督,那个妇女,呢喃地祷告说:

“主啊! 宽恕他! 他做的他不知道。”

这一幕在警报解除后,我就完全忘记。

然而,十多年后,当我在台北,从保安司令部看守所出来,投奔新竹李森时,一个星期天上午,在新竹街头徘徊,看到一群基督徒出入教会,忽然像有一个灵光在那里一闪,使我看到防空洞的那一幕,每个带着《圣经》年龄稍长的女信徒,在我看起来都像防空洞里的那位虔诚的妇女。于是我身不由已地随着她们走进教堂,一个人孤伶伶地坐在后边,听牧师讲道,然后一个人再孤零零地回到宿舍。从此,我几乎每天都要去教堂一次,遇有聚会时,也顺便参加。不过,我跟其他任何教友都没有来往,只买了一本《圣经》,沉湎到里面。

每次翻开《圣经》,偃师那位女信徒宽恕我的图案,就历历重现眼前,甚至,我可以清晰地看到那位女信徒身边的碎瓦乱石和一些微弱小草。

在台南“附工”教书时,我参加安息日会。安息日会是基督教中一个特别的教派,它跟其他所有的教派都不一样,它是守星期六的。那就是说,星期六是安息日,在这一天,大家都不工作,而普通教会休息的星期日,正是安息日教会的星期一。这样说来,会把人说得糊涂,因为全世界只有中国人才把 Monday 译成星期一,Tuesday 译成星期二,使人对日子有一种顺序的感觉,如果像日本人一样,把 Monday 译成月曜日,Tuesday 译成火曜日,对安息日就不会那么陌生了。其实现在的月历上,也可以看出安息日的正确性。第一排是星期日(日曜日),普通教派是日曜日休息的,还没有工作就先休息,岂不违反《圣经》旨意? 而安息日会,在工作了六天(星期日到星期五)之后的土曜日(星期六)才休息。

这一段教会经验,使我在应胡蒂菜老师之约,到了台北后,踏上做梦都梦不到的另一个历程。

我满怀期望地到了台北,才发现胡老师并不是介绍工作,而是介绍女朋友——齐永培女士。当然,没有人知道我在大陆上还有婚姻,我更不会自动宣扬。不过,事实上,大家也并不是全不知道,来台湾的外省年轻人,连同年长的老一代,几乎都包容一件事,男的能婚就婚,女的能嫁就嫁。那时政府有一个连自己都不相信的口号:“一年准备,二年反攻,三年扫荡,五年成功。”重返大陆虽然不像后来那样完全绝望,但是,也都知道,那件事是多么的渺茫,也都互相体谅,甚至鼓励在台湾落地生根。

和永培第一次见面的时候,齐家有位客人在座,他是台北仁爱路浸信会的长老,兼国际青年归主协会函授学校教务主任,发现我对《圣经》很有心得之后,就邀我到他们设在台北中山北路的函授学校当教师。这是一个远离证件、核薪、开除、革职等噩耗的好机会,而且他们的待遇很好,每月美金三十元,折合新台币一百二十元,而中学教员每月才七十元。

当暑假开始的时候,我离开草屯,到了台北,立刻去函授学校上班。第二年,我和永培结婚,生了两个男孩,大儿子城城,小儿子垣垣。我们曾经过了三四年的平静日子,永培朴实、勤俭,是一个可敬的女性,可是两个人的性格发生严重冲突,我第一次证实性格决定命运的真理,这是一个错误的婚姻。

函授学校对我的帮助很大,我本来就喜欢读《圣经》,《圣经》事实上是犹太人的古代史,一个故事接一个故事,十分引人入胜;而批改学生作业和回答学生提出的问题,都需要充分的《圣经》知识。我发现,对一个东方人而言,如果不了解《圣经》,简直无法了解西方,《圣经》是西方文明的基础。

不过,函授学校不是一个久居之地,归根究底,那里不能避免种族歧视,不但如此,还有严重的阶级存在。这是我第一次和外国人共事,特别敏感,而且愈来愈觉得不对劲,譬如:外省人(mainland)每人每月美金三十元,本省人(local)每人每月只有二十五元,美国人则又是另外一种更高的待遇,这种措施使我对基本上的教会精神,感到怀疑。最后,终于再一次闯下大祸,被赶出大门。

那是不久以后的事，1953 年元旦，校长司帕克(Spark)先生宣布："本校没有任何假期，照常上班。"而当时台北政府规定，元旦放假三天。中国籍职员都敢怒不敢言，可是却没有一个人敢向外国人表示异议。当他们建议教务主任、总务主任向校长反应时，两位老先生都微笑摇头，不作任何答复。我并不比别人更为勇敢，但我注意到，当7月4日美国国庆时，美国人都不上班，只有中国人上班。而当"双十"纪念日时，美国人也不上班，中国人还是照样上班，再加上这次元旦事件，中国教师没有一个人敢提出抗议。我决定用我的方法表达出来，表面上看来只是反抗美国人种族歧视，其实，我更愤怒这些中国人的畏怯和奴性。

元月1日、2日、3日，一连三天，我像幽魂一样，在台北大街小巷逛来逛去，准备接受即将来临的风暴，其中，也一度懊恼地警告自己："你这算干什么，刚吃了三天饱饭，就竟然向外国人挑战！"

元月4日，我假装没有发生任何事情似的，走进办公室，依照平常规矩，悄悄坐上座位，正庆幸一切平安，心里想顶多扣三天薪水罢了。司帕克先生已呼唤我的名字到他办公室去，语气温和但态度坚定，他问：

"你一连三天没有上班，是吗?"

"是的。"

"有什么原因呢?"

"因为这三天是台北政府宣布的放假日。"

"但是我宣布过，我们不放假。"

"我认为我们应该放假。"

"你不适合这里的工作，会计室已经给你结好账了，请你离开。"

就这样，我离开了青年归主协会。基督教给我的裨益太多，所以虽然离开时并不愉快，不过我对这个协会，一直心怀感谢。

29. 救国团

我的野性，与其说是原始的，或浪漫的，毋宁说是倾向文艺的和文学的。我从少年时代，就被各式各样的武侠小说迷住，还几乎浏览了当时大部分传统的社会小说，像《三国演义》《水浒传》《西游记》，甚至看不懂的《儒林外史》和十分艰深、用文言文写的《聊斋志异》。

对一个十几岁的孩子而言，我所读非主流的书，占去的时间实在太多，假定能用其中三分之一的时间去读算术，三分之一的时间去读英文，而不去读家长和教师们一提起来就青筋暴胀的非主流书籍，这一生一定过得平平顺顺，快快乐乐，会和现在大大地不同。

百泉初中一年级的时候，才第一次接触到中国文坛上的旷世名著——《红楼梦》，但是对这本书的印象不佳。因为四大厚本已看完了两本，还看不到打架，我立刻就认定那不是一部好书，把它扔得远远的。真正使我崇拜的第一位现代作家，却是张恨水先生。

在高中入学考试前，为了准备功课，到开封图书馆读书，偶然间从书架上发现一本张恨水写的《啼笑姻缘》，立刻被其中的情节抓住，每天都看到下午闭馆，被馆员吆喝赶走。男主角樊家树与女主角沈凤喜、何丽娜的传奇式恋爱，使我走到街上都一直惘怅若失，几乎把新学会的平面几何忘光。

从《啼笑姻缘》《金粉世家》《大江东去》，直看到歌颂国军常德保卫战的《虎贲万岁》，只要是张恨水写的书，我有见必买，一直到有一天，买到署名也是张恨水作的小说，看了几页之后，忽然觉得完全不对劲——只知道不对劲，不知道哪里不对劲，反正怎么看都不对劲，翻查版权页，才发现作者是“张恨冰”，冒牌蒙混。从此，我就以张恨水的知音自居。

张恨水的作品,采用中国传统章回形式,这是最困难的一种形式。仅只是章回的题目,如果没有相当程度的文学素养,根本就写不出,而且对话密密相接,那才是真正的上臻功夫。

考上开封高中后,才开始接触完全采取外国形式的新文艺。看过当时很多著名作家的作品,最喜欢的还是鲁迅,特别是鲁迅小说的沉重和积郁,那种每一个字都像石磨一样在心灵上转动的压力,把问题冷峻地刻画出来,他的小说对我的影响,极为深远。

不过,真正对我写作启蒙、以后对我写作有帮助的,却是一部既平凡而又奇怪的书,那就是《作文描写辞典》。自三十年代大陆,直到七十年代台湾,市面上不知道出过多少种版本,内容大致上分为人物篇:“少女”“流浪汉”“老人”“病人”“秃头”;风景篇:“小溪”“河流”“斜阳”“小径”;还有感情的描写,像“失恋的少女”“恐怖的古刹”“火灾”等等,至少也有四五百页,编者从各位名作家的作品中,寻找有关段落,文后都注明摘自某作家某书。大陆是那么样的广袤,书的种类又是那么样的繁多,而价钱又是那么样的贵,不要说是一个学生,就是中产之家也无法看遍所有文艺作品。可是,却可以透过这本书,看到文坛全貌,尤其是摘录下来的,都是精彩片段,读者很容易由惊讶而好奇,由好奇而购买他们的书。我就是从这样的“类书”中,兴起对文艺的兴趣,和对作家的崇拜。像对丁玲,有一段描写她挨家逐户寻找她的丈夫胡也频,使人真为她的处境哀伤(胡也频那时候也不过二三十岁吧,因为思想左倾而被国民党特务逮捕,悄悄枪决)。其他作家,像章衣萍、沈从文,也都是靠《作文描写辞典》引荐,进入他们的世界。

到台湾后,南北漂泊,使我心中产生很强的写作冲动,只是没有机缘。青年归主国际协会的事情发生后,我写下平生第一篇散文,投寄到当时台湾最大的一份杂志——《自由谈》,而且被采用发表。题目已经忘记,不过影响倒是记得的。刊出后,当时联勤总部财务署长吴嵩庆先生写信给我,邀我到他家共餐。而我的很多朋友读到这篇文章,才知道我身在台湾而且失业。百泉初中的老师,也是百泉乡师范学校校长李振云先生，叫我去他担任校长的台北县立树林中学当教员，我再一次想到安定，永远安定。

可是，第二年，珞珈山“青干班”同学包遵彭，出任蒋经国成立的中国青年反共救国团文教组组长，邀我参加。树林位于台北市之南，过去，我每天要徒步三十分钟，由我住处走到万华车站，搭车到树林，下车还要走十几分钟才到学校，遇到雨天，沿途泥泞不堪，而救国团总团部就在台北市中山北路。但是，最重要的原因，却是说不出口的，仍是我的证件出了问题，因为我始终没有东北大学文凭，来台湾后，一直用同学们保证的“证件遗失”证明。在树林中学，虽然通过了核薪这一关，但台北县政府曾用公文催促我补缴正式毕业证书，并且告诉我，教育部现在已经开始颁发正式毕业证书，担保证明不能再用。问题是，我当然不敢申请正式毕业文件，因为明知教育部有开除我的档案，只要申请，就等于自投罗网。仅这一点，就够我欢天喜地地转向救国团。从此，大家把我归类为蒋经国的人。

很多人认为中国青年反共救国团是一个特务组织，其实，当然不是，它只不过是蒋经国培植私人势力的迷你王国。总团部设有若干组，最初以数字为顺序，以后取消数字，直接标出工作的内容，像青年活动组、青年服务组、文教组、妇女组……具有政党组织的雏型，蒋经国是主任，胡轨是副主任，李焕是主任秘书。这是一个单调的团体，被外人称为太子门下，但却绝对不是特务，因为特务是一种专业，救国团不够资格当特务，况且蒋经国另有特务系统，不需要救国团介入。我到救国团不久，就在包遵彭桌上，看到蒋经国致党团高级干部的一份签名密函，大意说：

“有很多同志反对我接管情治机关，认为那是一种特务工作，不符合我的身份……”

蒋经国就这一点加以解释，然后，他说了一段重要的话，他说：

“关于情报治安工作的法律问题，我曾经和戴笠同志谈过，他说：革命就是法律，我们身负革命重任，不能处处遵守法律。国家危急存亡之秋，以此与大家共勉。”

我忽然警觉到,我看到了一份我不应该看的机密文件,急忙回到自己的座位。

不久,总团部搬到峨嵋街,发生了《自由中国》事件。

《自由中国》是国民大会代表雷震先生创办,受到胡适先生支持,它传播民主自由思想,对社会弊端的直言不讳,在五十年代,成为台湾社会唯一的一座灯塔。那是撤退到台湾后,喘息舐伤的时代,大陆上的惨败,不但没有使国民党有任何醒悟,反而认为:

"共产党的成功,是我们国民党太善良的缘故!"

于是更加强党化教育和组织训练,最高统帅蒋中正先生的领袖地位更加巩固。只有《自由中国》杂志呼吁,希望国人从腐败、独裁、封建中觉悟。我到台北后,不久就跟《自由中国》的一些成员,包括社长雷震先生、编辑聂华苓女士、傅正先生,来往密切,我对《自由中国》的言论,从头到尾,由衷认同。

到救国团后,《自由中国》对国民党的抨击更加激烈。有一次,发表了《那是什么东西》一文,质问学校旗杆顶端的国旗下面,另外还有一面绿旗,它是什么?蒋经国为此大为震怒,因为那正是救国团的团旗。在每个星期三上午,由蒋经国主持的团务会报上,他严厉地对与会的干部说:

"你们一定有朋友在《自由中国》,我命令你们告诉他们,他们这样做是反动的,要自负后果。"

我当然不会把这些话转告,不愿因我传话使双方面的敌意更为增加,可是心里同情《自由中国》。

团旗事件后不久,爆发了另外一个重大的"祝寿专号"事件。

蒋中正大概是世界上最喜欢庆祝生日的一位政治领袖,五十岁生日的时候,还在南京的国民政府就发动了献机运动,所献飞机排一个中文的"五十"二字,在天上飞翔,报上登出照片。到了台湾,每逢他生日那一天,都要举办一次祝寿活动,所有的媒体像从一个模子里浇出来的:刊出"普天同庆"、"薄海欢腾"标题。最有趣的是,蒋中正一面欣赏部属为自己祝寿,一面又下一个"手谕",交给中央社送各

媒体发表,手谕上说:

"听说要为我祝寿,值此国难期间,实不可行,希望转告各级单位,确切遵照。"

大意是这个样子,原文已不记得。结果是祝寿场面越来越热闹,花样也越来越令人叹为观止。在台湾这个小岛上,已听不到任何追究大陆失守责任的声音,而只有众口一词地赞美民族复兴的救星,蒋中正自己也终于相信这一切都是真实的。

1956年10月,全岛各机关学校已经开始筹备庆祝领袖华诞,蒋中正忽然颁发一道命令,像古帝王"征求直言诏"一样,要各方面不要顾忌,尽量对政府提出批评。

一个民主国家的元首,永远不会下达这种要人民批评的命令,因为舆论每天都在批评。由这项命令,可看出蒋中正的心理状态,和当时舆论窒息的程度。

《自由中国》服从蒋中正的命令,出版了一本厚厚的"祝寿专号",惹下大祸,国民党发动四面八方全方位围剿。胡适建议蒋中正应该总揽大局,不必在每一件小事上分心,也就是提议分层负责、信任专家。国民党抨击胡适包藏祸心,目的在剥夺领袖的权柄,使领袖成为无权无能之辈。另一是《自由中国》主张推行民主政治,建立法律尊严,要求给人民一个明确的言论轨道,国民党抨击这是一种可怕的"思想走私"。

国民党自从撤退到台湾,一提起共产党就心胆俱裂。蒋经国接管情治系统后,有鉴于过去潜伏的共产地下党的泛滥,更变得歇斯底里。那时候有一部苏菲亚·罗兰和马龙·白兰度合演的电影,最后,男主角拿破仑退到一个岛上,苏菲亚·罗兰给他送换洗的衣服,相当轰动。而在一次团务会报上,蒋经国严肃地询问大家看过没有,大家说看过。

"那么,"蒋经国问,"说说你们对这部片子的意见。"

没有一个人敢开口,因为不知道他的意思何在。这在官场上是一个重要的法则,当你不知道顶头上司是什么意思的话,千万不要发言。当你被逼非发言不可的时候,那就要看你的聪明了。于是,逼到最后,大家只好讲演技、景色、音效。蒋经国脸上逐渐露出厌烦,他说:

“你们完全没有深度,没有政治警觉。”

在大家惊愕的眼神中,他继续说:

“这明明是讽刺我们,讽刺我们退到一个小岛上,孤立无援。只剩下一个女人给我们送来破旧的衣服。”

第二天,场场爆满的电影就突然下片。这是我第一次从高阶层那里得到启示:越是有权柄的人,他的神经绷得越紧,盲点也越多。当时,我几度想报告说:

“这部片子是我们退到台湾以前拍的,与台湾毫无关联。”

但我已经感觉到,蒋经国对任何逆耳之言,都听不进去。

在救国团期间,我也有两件一生中难得遇到的顺心事。第一件是,我终于拿到东北大学毕业的合法证件。在这件事上,我深深感谢共产党。我得到消息,载运教育部所有档案的那艘军舰,从南京开往台湾,一出长江口,就改变航道,向北行驶,投共去了。换句话说,教育部现在根本没有开除我的档案,而只有 1946 年一本毕业生的名册,所有申请颁发毕业证书的同学,一律得到一份下列样式的证件:

“经查东北大学 1946 年毕业生名册中,确有某某某,特此证明。”

这真是上帝创造世界以来最大的喜讯,可是我仍不敢亲自去教育部申请,因为被开除的那件事,一度轰动天下,尤其高等教育司,我不敢面对那种尴尬而且足以坏事的场面。于是我用“信海”战术,每月写一封信到高等教育司,高等教育司那些官员虽然每个人都知道我这个学生是被开除学籍的,可是他们苦于没有证据(证据在可爱的共产党那里,高等教育司总不能找两个同学证明我被开除吧)。

连续写了五个月的信,并扬言要向监察院和法院告状,高等教育司才不得不发给我一张教育部证明的大学毕业证件。不过,等我有了这个证件之后,才发现没有这个证件也行,因为忽然之间,我又收到国立政治大学发给的另一份毕业证书。讲起来真是传奇,因为蒋经国的当权,中央干部学校毕业的学历,也被政治大学接受,而“青干班”又是中央干校的第一期,就像拖油瓶似的拖到政治大学,成为他们的毕业生。

其次一件顺心的事,就是我被聘到成功大学教书。我在沈阳时,曾在辽东文法学院当过副教授,当时不觉得什么,现在却是一个有利的经历,使我跃跃欲试,心想,能再到大学教书该多好!

当时成功大学校长阎振兴先生是我的前辈,看在我是救国团高级职员——副组长的分上,要我去教“三民主义”,我没听清楚教什么,就一口答应,听清楚了后,虽然想不教三民主义都不可能了。在那个以工科为主的大学中,我总不能去教平面几何吧!可是,我对外又不好意思说教三民主义,当有人问我教什么时,我总是支支吾吾说教《诗经》。一位朋友曾因此预言说:

“老郭,你的前途,就到此为止。”

“为什么?”

“你明明说谎,又没有说谎的本领——一说谎就结结巴巴的人,没有前途!”

不过,我确实教过《诗经》,不过只有两个小时,是代同事上课。事后,我非常佩服自己的胆大,什么都敢教,说不定哪一天回到百泉初中教算术!

30. 被　俘

我在救国团有我的天地,除了上班时间以外,都在写我的小说。中篇小说集《莎罗冷》,短篇小说集《秘密》《怒航》《凶手》《挣扎》,都在五十年代出版。也就在这个时候,开始有了小小的名声,受到文坛重视。那个时代,因为出版的困难,出名反而比较容易。

当时全台湾本来只有一个文艺团体——中国文艺协会,可是它一开始就被少数几个人把持,不肯放手,于是引起了窝里反,以冯放民、刘心皇、王临泰三位先生为首的一群作家,宣告脱离,在中国青年反共救国团支持下,成立了中国青年写作协会。真正领导人是救国团文教组组长包遵彭和副组长杨群奋,我则是负实际工作责任的总干事。担任总干事最大的好处是,使我认识了五十年代大多数作家。

当总干事还有好处,当时台湾不但对外封闭得像一个铁桶,对内也很少旅游,只有中国青年写作协会会员不断组团做环岛访问,这在当时是一个石破天惊的行动。而更石破天惊的是,还组团分别访问金门和马祖两个军事重地,每一次都由救国团出面向海军总部申请一艘登陆艇,由海总在坦克舱搭起床铺,这不是一个普通民间团体所可以办得到的。

另一个好处是,每年暑假救国团都举办暑期学生战斗训练,在各式各样的战斗训练营中,特别成立一个战斗文艺营,这个营就交由青年写作协会主办,我自然是主角。文艺营普通分为四组:小说、诗歌、戏剧、文艺理论。

后来,我离开救国团,尤其是入狱以后,所有该会的历史文献,对我都一字不提,手法干净利落,态度严峻。即令是图书目录上,遇到作者是我时,"郭衣洞"也会被删去"郭"字,成为"衣洞"。

救国团的工作虽然使我有所收获,但有时候也受到歧视。有一次,《自由中国》雷震先生邀请几位朋友到他家后院喝下午茶,来宾中一位是台湾大学教授殷海光先生。殷海光是谁,我那时还不清楚,殷海光当然更不知道我,但他一听到救国团几个字,立刻露出不屑的面孔,态度傲慢。我总认为教授气质应该有相当涵养,春风化人才对;直到很久以后,我才知道殷海光所以有那样的态度,是他把我归了"异类"的缘故。

救国团上自蒋经国,下到每一位职员,都把《自由中国》视为寇仇。有人警告我,不要再和雷震他们来往,但我不能接受,因为内心里喜欢并且尊敬雷震先生,从不觉得和《自由中国》来往,是一种背叛团体的行为。当救国团发动四面八方围剿《自由中国》时,我没有写一个批评的字。不过我却在《自由中国》写过一篇短篇小说《幸运的石头》,描述一个人一辈子靠运气,而不是靠能力,步步爬上高位。

这篇小说写得并不好,但是却被认为讽刺某些人物,就有人打小报告说:我在东北陷入解放军之手时,曾被俘虏,而且被关到集中营受过训。当时流传着这么一个故事说,蒋中正在总统府召见重要将领,张飞进见,警卫说,你是行伍出身,没有学历,不行。诸葛亮进见,警卫说,你有民主思想,不行。马超进见,警卫说,你是地方军阀,不行。关公进见,警卫说,你被俘过,不行。袁世凯进见,警卫不认识他,问他:"你是谁?"袁世凯回答说:"我是袁大头。"警卫惊喜说:"袁大头? 走后门!"

被俘这项流言的诬陷,是我中年以后的巫蛊。我无法证明我没有被俘过,而且,主要的是,没有人要我证明,即令我可以提出证明,也不知道向谁提出。巫蛊是看不见摸不着,但却是无所不在的病毒,被咬过的人,才知道它的厉害。假证件的事,那是自己真正的作伪,不是别人诬陷,赖上帝的保佑,终于过关;可是"被俘"突然现身,紧紧地抓住我,我不知道怎么摆脱。

有一天,文教组长包遵彭先生把我叫到房间,锁上房门,严肃地问道:

"我们是老同学、老朋友,东北撤退时到底发生了什么事?"

"发生了什么事?"

"有人检举你在东北被共匪俘虏过,还在集中营受过训。"

我跳起来,大声说:

"我没有被俘过,也没有受过训。这消息是哪里来的?"

"消息来源当然不能告诉你,反正有人检举。"

"我要面见主任(蒋经国)解释,这是从没有的事。"

包遵彭立刻紧张,用力握着我的手,说:

"天老爷,你千万不能向主任作任何反应,懂吗? 我们是老同学、老朋友,我才这么坦率地告诉你。本来只叫我暗中调查,并没要我通风报信。主任如果问你怎么知道有人检举你,你怎么回答?”

我目瞪口呆。

“千万不能对任何人讲,”包遵彭说,“不但害了你,也害了我。如果你说是我告诉你的,我会当场否认。”

“那我应该怎么办?”

“我也不知道,一切谨慎就是,不要得罪人。”

不久之后,主任秘书李焕先生也把我叫去,谈一些公事后,轻描淡写地问了一句:

“怎么有人说你在东北被俘过?”

我重复一遍向包遵彭说过的话,李焕也用包遵彭同样的话,嘱咐我谨言慎行。

这种千钧压力,每隔一段时日,当我心情正要恢复平静之际,总要重演一次,然后原样结束。最无奈的是,我还被严厉地告诫,不准向任何人提起。

后来我才知道,“被俘”是一个严重的罪行,最高可以判无期徒刑。我陷在五里愁雾中,日夜忐忑不安。

二十世纪五十年代末期,国际上流行一种称为“年会”的学术会议(不是年度性质的会,而是专题性质的会,像国际物理年会、国际地球年会)。救国团在1958年冬天,在风景明媚的日月潭,举办“中国青年文史年会”,其实就是一个以大专学生为主的冬令营。就在年会上,我认识了静宜英语专科学校(后来改为静宜大学)的学生倪明华,这是我一生中,又一次被切成两段,一切归零。爱情足以使年轻人着迷,但对中年以上的人来说,只不过一句虚话;尤其是男人,事业居于无可动摇的第一位,爱情不过逢场作戏。可是,对我不然,这一场爱情,使我跟永培仳离,和整个社会作对。

对这件事反应最强烈的是明华的父亲——中兴大学教授倪渭卿先生。他那时正在阳明山革命实践研究院受训,和成功大学校长阎振兴先生同住一个寝室,他警告阎先生,成功大学如果再继续聘我教书，他们夫妇将去闹个天翻地覆，阎先生遂立刻把我解聘。倪先生又发电报给蒋经国，指控他的部下利用职权勾引他的女儿，要求严办。蒋经国并没有立刻下令把我撤职，而只是要副主任胡轨先生警告我说：

"拿得起，放得下，才是大丈夫。前途重要，怎么可以这样胡闹？"

我不是胡闹，而是认真，我仍继续和明华来往，她父亲的反应越发强硬。那时的报纸虽然对这件事没有一个字的报导，但在整个救国团和它所属的各县市支部，已成为轰轰烈烈的话题。我平常本树立了不少敌人，现在，更成为流言四射的箭靶，想不到的一些丑闻，和足以致我于死的跟共产党有关的一些传言，越来越严重。我完全孤立，没有一个人和我说话，也有一些朋友前来劝解，站在事业和前途的立场上，指出我半生辛苦的成果，将为一个小女人而毁于一旦，不但不实际，也不聪明。

然而，我完全听不进去，我把爱情置于第一位，把事业前途置于第二位，不在乎任何批评和阻碍，正是我的盲点。"青干班"同学张忠渠感慨地说：

"你已经着迷了。"

"是的。"

迷，是我的致命伤。

蒋经国叫李焕转达他最后的一次警告。

"主任说郭衣洞不是被俘过吗？如果他再继续惹事，我就叫调查局调查他这件事。"

"调查就调查，"我说，"我根本没有被俘过！"

李焕不说话，沉默了一会儿，说：

"好吧！你辞职吧！"

多少年后，回想起来这一段对话，忽然惊出一身冷汗。那年我已四十岁了，虽然经过那么多灾难坎坷，可是，仍不知道"调查"的恐怖含意。直到十年之后我被逮捕，才发现一旦"调查"，即令以皇太子之尊,也会被"调查"出叛国的罪行。不过,虽然当时蒋经国已十分不耐,但他却不为已甚,并没有真要"调查"。而李焕先生,以他当时的影响力,如果不包容担当我的荒唐的话,蒋经国可能会被激怒,采取行动。而发生在十年之后的被捕事件,将提前十年发生,那才是我最大的悲惨。

辞职后,又恢复了当年的孤独,接着,深怀内疚地和永培分开,孑然一身在临江街找了一间房子暂住,没有薪资,没有工作,身上只有一点点零用的钱。而明华却如石沉大海,她被父母软禁在家,不准上学,也不准出门,根本不知道我的去向,二人无法联络。感情在沸腾了以后,又归平静,好像根本没有发生过什么事情。

这时,朋友们开始讥笑说:

"你被一个小女子耍了,这么大的男人,就这么轻易地断送自己一生。"

我并不后悔,但事实硬是使人不得不相信,有朋友甚至建议我写信给蒋经国,承认错误,要求再被录用。使我懊恼的是,他们怎么会想出这种主意。

不久,《自立晚报》总编辑李子弋先生邀我到报社工作,使我在饥饿边缘,有一个饭碗。《自立晚报》在长安东路,每天来往临江街之间。那时报社经济十分拮据,几个月发不出薪俸,所有的职员们又无他处可以投奔,只好在毫无收入的情况下,一天一天地苦撑。那时的公共汽车票价是一块钱,很多次我因为没有那一块钱,而步行一个小时上班,再步行一个小时回家。生活是那么样的艰苦,但仍一直有信心,怀着盼望。

忽然有一天,正在报馆上班,倪明华在她的同学汪道霞陪伴下,悄悄地在面前出现,这像是一场梦境,而梦境也确实从这个时候开始。感激明华为我所作的牺牲,她履行她的承诺,我付出后半生的全部代价,包括难以挽救的跟城城、垣垣二儿的父子之情。

明华父母最后接纳了我们,不过,二老的接纳,并不表示二老的学生也接纳。前面提到的《自由中国》编辑傅正先生,是倪老先生在武汉大学任教时的学生，傅正这一辈子都不原谅我娶他的师妹。大概是结婚之后的第二个月，他冲到临江街的家，我刚把茶奉上，他就开始辱骂。

辱骂了足足一个小时后，他站起来呼唤说：

“明华，你现在跟我走！”

明华劝他坐下来，我则索性下逐客令，叫他自己走。傅正果然走出大门，走到对街，等候明华的答复。明华过去劝他回家来坐，他当然不肯，把倪明华的手摔开，怒冲冲而去。

一年以后，傅正因《自由中国》案被捕，囚禁台北县土城的“生教所监狱”——生产教育所，倪明华还炖过好几次红烧肉给他送去。我鼓励她这样做，从买肉到雇车，都是我出马。

不久，台湾中部横贯公路通车，公路局局长林则彬先生约我做一次通车前的访问，为通车典礼写一本小册子。我和明华由台北飞到花莲，由公路局总工程师胡美璜先生陪同，乘一辆吉普车，从太鲁阁直到东势。路面大部分还没有铺上柏油，车子过处，黄土漫天。我曾为此行写下《宝岛长虹》，并为沿途名胜取下了十二景，十二景在《中央日报》上刊载过，也常被人们引用。然而，我入狱之后，就没有人（包括我自己）再提了。

最怀念的一件事是：“柏杨”这个笔名，就来自这趟横贯公路之旅。全线当时除了一两处坍方外，其他全部通车，只有最后的一个隧道，鹰架还没有拿开，我们的车子到了隧道的东口停下，徒步从鹰架间穿过，走到隧道西口，再坐另一部接驳的专车西上。就在等候西口专车的时间，招待人员把我们引到隧道附近高地的原住民村落里喝茶。这个村落原住民的马来语发音叫“古柏杨”，我非常喜欢这三个字的发音，回到台北开始写杂文时，最初本来想用“古柏杨”作笔名，但看起来好像是武侠小说的作者，就索性改用“柏杨”。至于那个地方现在名叫什么，位置又在哪里，若干年后，我重游横贯公路时，好像《桃花源记》里的男主角刘子骥，已经无法寻觅。

31. 十年杂文

专车游横贯公路的光彩，对我的贫穷没有裨益，那时候还不流行付给演讲费、撰稿费。台湾公路局认为我既是局长的贵宾，地位崇高，岂可以现金论价，所以并未支付分文，真是连煮字疗饥的机会都没有。这时，报社命几位编辑分别撰写专栏，专栏的稿费虽然很低，但不无少补，且很少拖欠。我就把分到的专栏定名为“倚梦闲话”，每天写一千余字。这不是十分体面的开始，但是却把我悄悄地带进另一个新的写作广场。

最早写杂文的目的，显而易见，不过只为了免于饥寒，并没有什么崇高的理念，向专制暴政挑战，所以最初只谈一些女人、婚姻之类的话题。可是，到了后来，每天在报社里听到记者们采访回来，尤其是采访警察局回来，常带一些使人发指的社会新闻，而报社碍于人情或畏惧后果，往往不敢发表，我就忍不住在专栏里，提出抨击。有一次，一家主人指控他的女佣偷了钱，刑警队就把那女孩带回警察局，双臂张开作“大”字状，铐在栏杆上，这是一种连军阀时代都不会发生的暴行（即令是帝王时代，为了防止强暴或戏弄，女囚犯不戴枷、不反绑）。又如红极一时的名鸨何秀子女士，被警察逼得走投无路，举行记者招待会，控诉警察索贿。而警察局第一个反应就是：一个老鸨怎么有资格举行记者招待会？而我的第一个反应则是：老鸨跟总统一样，有资格举行记者招待会。

社会的黑暗，反映这个社会的质量。传统社会最大的特点是：不把人当人，尤其不把女人当人。我见到这一类的恶行，多半来自警方，这使警察先生在我的杂文中，占了一个非常突出的地位。当时全岛所有的警察局和派出所墙上，都有九个字的斗大标语：“作之师，作之君,作之亲。"这简直是只有发高烧的人才想出来的荒谬念头,一个警察居然自命是人民的教师,已够自大,还要当人民的君王,我认为其心可憎,最后还要当人民的爸爸,就更不可宽恕。所以我给警察先生取了一个绰号,叫"三作牌",引起很大的回响,以致后来记者写稿写到警察时,往往用"三作牌"来代替。这个绰号造成两个后果:第一是在提出这个绰号后一年半左右,警察局墙上的标语全部涂销;第二是全体警察的怒火,集中在我一个人身上。这就是十年后我被捕时,政府组织了三人项目小组负责侦讯,警务处也指派代表的原因。

杂文富于社会批判功能,像一把匕首或一条鞭子,它虽不是鲁迅先生所创的文体,但却是由他发扬光大,它更是对抗暴政的利器,因为它每一次出击,都直接击中要害。在那个威权至上而肃杀之气很重的年代,文化像一片沙漠,社会如一潭死水。国民党蒋家王朝战败之余,撤退到台湾,满身伤痛,后来在美国强大武力的保护下,才休养喘息过来。然而由于对共产党深怀恐惧,所以把共产党视为天神,认为它既无所不在,又无所不能。同时,国民党也发现,有个像共产党这样的敌人真好,对具有自由、民主思想的文化人,只要把共产党帽子往他头上一扣,就可以名正言顺地立即铲除。这套手法我并不是不了解,可是我控制不住自己,一遇到不公义的事,就像听到号角的战马,忍不住奋蹄长嘶。

杂文固然是打击专制暴政的利器,但也是一种两头尖的利器,会同时伤害到自己。我心想:幸好当时有一个《自由中国》做第一道防线。然而,1960年的某一天,蒋经国和他的家人去碧潭游泳,从他温暖的笑容上,可看出他心情的愉快,似乎天下一切平安无事,就像他的笑脸一样浮漾着和煦。然而,如今回想起来,那是满意自己成就的笑容。因为就在当天,蒋经国下令逮捕雷震和傅正。雷震被捕时,还交代他的助理要继续出版《自由中国》;他实在应该知道蒋经国逮捕他的目的,正是不允许他继续出版《自由中国》。

逮捕雷震,查封《自由中国》,是五十年代一件大事,而比这个更大的事，像软禁孙立人将军，以及肃清孙将军在军中的势力，都没有引起反弹，因为那都是在秘密之下进行。国民党特务认为对付像雷震这样手上没有任何兵器的人物，根本不需要秘密进行，所以毫不避讳。当时和雷震、聂华苓非常接近的作家群中，公孙嬿和他们最为亲密。可是，雷震被捕后，公孙嬿立刻在《中央日报》上发表一篇长文，对雷震痛加斥责。一时间，讨伐雷震和《自由中国》的声音，充斥所有报章杂志。

《自由中国》这道墙崩塌之后，我的咽喉完全暴露在情治单位的利剑之下，当时我听到的第一个讯息，就是出自同事口中的警告：

"警备司令部的人说，柏杨以后该乖了吧！"

偏偏，我不但没有变乖，反而从内心激发出一种使命感，觉得应该接下《自由中国》交出来的棒子。这种信念，在我的杂文中，不断出现。在气氛一天比一天肃杀的那段日子里，读者把它十分看重。

那些年，很多事情使我如鱼刺在喉，不吐不快。靠着胆大包天和一时的运气，发挥了聋子不怕雷的精神，不断写下去。为了减少阻力，我用最不严肃的方式，讨论最严肃的问题，幽默最容易凝聚读者群，也最容易引发更多人关注我们社会的病态。

渐渐地，我走出了最初女人和婚姻等风花雪月的题材，走进眼睛看得到的社会和政治的底部，最后，再走进传统文化的深层结构。所看到的和感觉到的，使我震撼，我把它譬作"酱缸"，但一开始并没有想到，这个酱缸竟有那么大的腐蚀力。

有一年，台北警察局在召开了无数次的会议以后，决定自某月某日开始，禁止随地吐痰，对违犯的人处以罚款。市民都欢呼这是一个新的时代到来时，蒋中正却突然下令阻止，他说，要以德服人，只可以劝告，不可以罚钱。结果一个可以改变人民气质、提高环境卫生水平的机会，就告破灭，大家空欢喜一场。而当时的报纸和电台却异口同声跟着宣传"德治比法治好"，因为动不动就罚钱，只会招来民怨。中国不能够革新进步，第一因就在于这种"德治比法治好"的酱缸产物。

阻挠传统文化革新的两项措施,全由蒋中正主导。一是,中国驻印度第一任大使罗家伦先生,曾大力提倡简体字,并写了一个小册子,用蒋中正的一句话作为书名——“这样的文字,非简化不可。”结果这句话不过使罗家伦免于被捕。文化界大小打手,纷纷指控:凡是主张简体字的人,都是“与共匪隔海唱和”之辈。那个时代,一旦被这七个字咬上一口,非死即伤。我曾为此写过一篇短篇小说《魔匪》,因而也被再一次烙上印记。

二是,中文横写时,应该从左到右,或从右到左的纯文化问题,警备司令部也磨刀霍霍。中文横写,天经地义的,应该从左到右,因为汉文单字,就是从左到右写的,从来没有人从右到左。当汉字堆积成文章时,当然也应该从左向右。如果从右到左,不但无法控制字与字间的距离,而且,手腕也会把你右边写的字,擦成一团。不幸的是,共产党在大陆不但实行简体字,还从左到右横排,于是,凡是主张从左到右横排的人,都是共产党的同路人。

我终于发现政治上改革之所以困难,全由于文化上的恶质发酵。因此我不断呼喊,企图使酱缸稀释,才能解除中国人心灵上滞塞的困顿之情。后来,我才知道,我这份盼望社会进步的沉重心态,正是把我自己绑赴刑场的铁链。

十年杂文期间,除了在《自立晚报》“倚梦闲话”专栏外,稍后也在《公论报》辟“西窗随笔”专栏。这两个专栏的内容和形式一模一样,虽然这两份报纸的发行量不大,但在白色恐怖时代,影响却立竿见影。

除了执笔为文外,我还被邀到国立台湾艺术专科学校兼任教授,教“文学概论”,使我不得不阅读一些文学理论方面的书籍。当时我已经出版了十本小说,却直到教“文学概论”的时候,才知道什么是小说,和小说应该怎么写。但我也发现,理论对创作并没有太大帮助,而只对欣赏有帮助。这时我对杂文的运用,已较熟练,渐渐创造出属于自己的文体。当然也受到过挫折,例如,我用第一人称的时候,除了“我”以外,还不时地自称“柏杨先生”和“柏杨先生暨夫人”，以及“我老人家”等等。有一次，编辑会议上，有位记者廖素雯女士要求报社用行政力量，制止这种不伦不类、自高自大的写法。

十年杂文，是我有生以来，从没有过的、这么长期的安定日子，因为倪明华和我逐渐建立起一个平静的家。婚后第二年，明华生了一个女孩，命名佳佳。在这之前，所有的孩子早和我疏远，现在女儿成了我唯一的亲情慰藉，从她呱呱坠地那一天起，每一声哭啼，都牵动我的心肝。从她身上，我看到的不仅仅是一个小女孩，还看到另外两个女儿，和两个儿子，这些是终生无法挽回的锥心之痛，也是任何一个婚变后，不能抚养子女，身为父母的哀情。做父母的可以暂时忘记儿女，但不能永远忘记；不能无时无刻地思念儿女，但会终生不断思念。只有一个方法可以使自己获得小小的平安，那就是把对所有孩子的爱，全部倾泻到可以看得见摸得着的现有孩子身上。八岁前的佳佳，眼中也只有爸爸，平日爸爸陪她玩，陪她闹，被她当马骑。终于，等到佳佳要上幼儿园的前一天，她背上给她新买来的小书包，兴奋地在客厅里走来走去。可是，当幼儿园报名的时候，却因为生日只差几天，而被学校拒收。我跑到学校去找那位女老师理论，所谓理论，是我事后叙述时的文明语言，实际上是去吵架。吵架当然没有效果，差几天就是差几天，所以只好拜托担任家长会长的任显群先生从中关说，才报得上名。报名那一天，正好遇到那位吵架的老师，她冷笑说：

“这么美丽的小姑娘，怎么有这种凶恶的老爸，真是奇怪！”

既然夸我女儿漂亮，所以虽然咬定我凶恶，我也乐于接受。考试那一天，我比当初考大学时还要紧张，坐立不安，像只猴子般走来走去，一直等到佳佳大大方方走出来，表情上一点都不畏缩，我迎上去，抱起她问：

“考得怎么样？”

五岁的女儿回答说：

“一百分！”

我高兴得手舞足蹈，一百分是一个满分，一定可以考取。想不到

听来听去,似乎所有的孩子都考一百分,这才觉得有点不妙,赶紧再去找那位吵过架的女老师赔笑问她:

“我女儿考得怎么样?”

她大概看出我的迫切和恐慌,直接告诉我说:

“考取了!”

接着又把前面说过的话,颠倒过来重复一遍:

“这么凶恶的老爸,怎么会生那么美丽的女儿?”

第二天,我送佳佳上学,看她进到小小教室,临窗坐下。刹那间,坐在那里的,似乎就是城城。当年,我送他上国语实验小学,城城比较胆小,他的眼睛一直望着守在窗外的爸爸,等我一转身离开时,他就在教室里大哭,我只好折回来陪他。这样多少天之后,城城才能够适应。而垣垣上幼儿园时,我却不在一旁。现在,从佳佳小脸蛋上,看到她两位哥哥的笑容,感觉到这世界是那么样的难以两全。

佳佳不仅仅喜欢听我为她说故事,还喜欢父亲身上的烟味。每天下班回来,她就要攀着膝盖爬到身上,从前胸嗅到后背,从后背嗅到头顶,说:

“爸爸身上烟味真好闻!”

这也成了我拒绝戒烟的最大理由。

倪明华因我的关系,学业中断,我不愿她为此抱憾终生,千方百计,甚至半强迫的,在佳佳三岁那一年,终于把明华送到中国文化大学就读。每天晚上,明华去学校上课,家中只剩下一对父女,大书桌旁就放着一张特制的小书桌,供佳佳坐在那里做功课,当小学一年级开始写字的时候,看她把那复杂艰深的汉字一个个塞入小小的方格子里,我深为难过。不久,佳佳跟孙观汉先生的小女儿孙世钟——与佳佳同岁,书信来往。看到孙世钟用英文写的信,感觉出来汉字给中国孩子的沉重压力,我当时就想,如果中国文字不改革,单单汉字的学习压力,就会使人精疲力竭。

杂文十年所以成为美好的十年,另一个原因是,这十年中,我结下了人生中最难得的几桩友谊。有一天,忽然接到寄自美国匹兹堡大学的一封信，这是跟孙观汉先生生死相交的开始。孙先生是物理学博士，曾出任“清华大学”原子科学研究所所长，建立台湾第一座教学用的原子反应炉，因此，后来被尊为“台湾原子科学之父”。他对我的称赞和期许，使我虚荣心大增，好像我真的有他所说那么伟大。幸好，虚荣心大增了一阵子之后，我开始警觉到，如果再继续大增，我会毁灭。

孙先生二十四岁即到美国，娶了一个碧眼黄发的美国女子为妻，生下二男一女，但当他有一天在那温暖的家庭中，发现包括他自己，以及儿女在内，都在用英语思考、用英语交谈的时候，油然生出故国之思。他要再一次看看中国字，听听中国话（不过，孙先生浓厚的绍兴腔国语，常成为周围女性朋友嘲笑的对象）。恰好，梅贻琦先生出任“清华大学”校长，他偕夫人随梅贻琦回台。当他写信给我时，他已返美，我们通信频繁，却一直没有见过面。

又有一天，我接到一封笔迹秀丽的信，结下第二桩永不磨灭的友情。那就是当时还没有结婚的陈丽真，台湾彰化人，高中毕业就考上铁路局的列车小姐。她的国语和孙先生的国语成尖锐对比，清澈悦耳，字正腔圆，她和当时的男朋友商量后，决定写信给我，并来家中拜访，从此成为通家之好。

陈丽真是一个深情的女孩，她的爱情生活对她而言是一场噩梦。我入狱前就不断地调停她和男友之间的争执吵闹，不是男友悲悲凄凄来找我，就是丽真哭哭啼啼来找我，我成了他们诉苦的对象。我入狱后，他们终于结了婚，却成为文学家笔下那种典型的怨偶，在他们生下一个男孩之后，终于仳离。丽真也写了不少短文，可是那种奇特的不安宁家庭生活，根本不是一个创作的好环境。

我后半生的朋友，几乎全来自我的读者，结交过程相差不多，先是通信，再见面聚会，最后往往成为互相扶持的知己。

32. 梦寐一样的往事

十年杂文，表面上看起来沉静得像一个没有涟漪的湖面，其实湖面下，恶浪滚滚，漩涡翻腾，我有相当数量的读者，也有读者带给我的物质生活的水平，和精神层面的鼓舞，每一篇文章在《自立晚报》刊登时，对无所不在的国民党特务而言，几乎都是一记强力震撼。明华也出了一本书《叮咛》，就读中国文化大学夜间部时，因住家离学校有相当距离，特为她买了一辆汽车，这使她成为台湾女作家拥有汽车的第一人，却不知道，也因此招来大忌。有一天，小说家林适存到我家做客，临走的时候，在楼梯上忽然转身对我说：

"你整天骂政府，反政府，日子过得这么好；而我们这些拥护政府的作家，生活却过得这么困难。"

我再也料不到，最要好的朋友竟会讲出这种杀伤力极大的话，我以为人们应该为朋友们的好运感到喜悦！一位军中作家公孙嬿就比较聪明，他在国防部情报局工作，担任过驻伊朗、驻美国大使馆的武官，他告诉我说：

"我从不接待同事到家里来，一旦他们发现你活得比较舒适，他们就会陷害你。"

嫉妒，也就是"红眼病"，是酱缸文化中最可怕的病毒。白色恐怖时代，每一个新闻记者、每一个作家，心里都有一个小型警备司令部，落笔的时候，会自动提出质疑：

"警备司令部会有什么看法？"

那时候，各报社都是用铅字排版，因为字盘位置的关系，"中共"很容易误成"中央"，"中央"也很容易变成"中共"。这对晚报的作者、编辑、捡字和校对人员，是一种梦魇，每天都要等到下午四点半钟之后,还没有接到电话,编辑部和工厂才能放下惊恐的一颗心。

《自立晚报》前任发行人娄子匡先生就栽在下午四点半的电话上。他曾经开除了一位职员,这位职员后来到警备司令部书刊检查小组做事。有一天,《自立晚报》登出一则报导,其中有"草山一衰翁"(草山即今日的阳明山)。娄子匡接到电话,那位职员在那一端得意地说:

"这下子抓到你了,你死定了。"

娄子匡是一个民俗学家,不坐牢已属幸运,但也只好把报社交出,转让给李玉阶。

就在写杂文的第三年,一位从大陆流亡到台湾、曾当过全国学生联合会会长、在阎锡山当行政院长时代经常出入院长室的张化民,写了一篇短文,讨论蒋中正的功过时,文章中有八个字:"自以为是民族救星",结果一个字判一年,八个字判八年,恐怕是世界上最昂贵稿酬,这正是当年文化人的处境。

已晋升为救国团副主任的李焕先生,对我仍有旧情,他警告我说:

"每一次开宣传会报,很多单位都对你提出严厉攻击,主任(蒋经国)从不讲一句话。看情形,你最好不要再制造麻烦。"

"可是我看到太多使人落泪的疾苦,不能不写。"

"你不是在艺专当兼任教授吗?有位朋友最近可能接任校长,如果你同意的话,我可以拜托他请你专任。"

我表示愿意离开报社,专心教书,因为内心也实在恐惧下午"四点半"的日子。可是上帝的意思不是这样安排,李焕那位朋友后来没有接成校长,我也没有再看到李焕。

这个时候,我的一部报导文学《异域》开始在《自立晚报》连载。故事背景是根据驻板桥记者马俊良先生每天访问一两位从泰国北部撤退到台湾的孤军,他把资料交给我,由我撰写。很多当初在大陆誓言与某城共存亡的将领,结果不但城亡人不亡,抛弃了愿为他们战死的部下,甚至卷款潜逃到台北,借着关系,竟先后到国防部坐上高位。

我委婉地把真相报导出来,使那些一脸忠贞的家伙大为愤怒,因此引起国防部对报社的强大压力。有一天,宪兵司令部政战主任萧政之到报社,我们是“战干团”同学,他把我带到爱国东路宪兵司令部,警告我一句话:

“你麻烦可大了,我们不能明目张胆地查封报纸,但可以查封你。”

我狼狈地走出大门,对这一次没有被扣押,十分心悸,对宪兵司令部竟介入文化圈,更感到危机四伏,也因此发现自己的孤独,一支笔无法对抗庞大的国家机器。我决定停笔,可是当另一个不公义的事情出现的时候,却又无法压制自己的良知。

明华进入中国文化大学后,读行政管理系,系主任是当时《中华日报》社长楚崧秋先生,给了她一个位置,主编《中华日报》的妇女版,这是一个令人称羡的差事。到这时为止,明华是我婚姻生活中,唯一向我说过“我爱你”的妻子,这句话虽然常在小说里出现,可是五十年代以前现实生活中,却很少人能够听到,当日月潭第一次听到她对我说出这三个字时,心中起了很大的冲击。一生中从没有听过一个女性向我这样倾诉,我最大的变化从这三个字开始,温柔的力量使我逐渐跃出野生的莽原。

明华白天在中国广播公司上班,晚上到中国文化大学上课,剩下的时间则编《中华日报》妇女版,她成了一个非常忙碌的少妇,我暗中庆幸生活日趋改善。我在《自立晚报》上的班,是上午十点到下午一点,其他时间全用来读书和撰写杂文,成了一个女主外男主内的家庭。正因为这个缘故,我和佳佳有一种父女相依为命的特别感情。佳佳读复兴小学,放学时,我总去接她,她晚上参加一个舞蹈训练班,放学时已经深夜,舞蹈班派车子送每位小朋友回家,当车子的喇叭声响时,我就从三楼飞奔下来,佳佳在学校或在舞蹈班所见所闻,总要一桩桩一件件向做父亲的我报告。

有一次,幼儿园园长家庭访问,夸奖佳佳美丽,成绩又很好,问有没有什么事情需要老师帮助的,我脱口而出说:

"她不肯吃饭!"

结果,等园长告辞,佳佳小小身躯冲到客厅,一面跳,一面气得声音颤抖,她喊叫说:

"我这一辈子都是你害的!"

佳佳不肯吃饭,真是一大头痛,每天晚饭,明华都要端一个碗,跟在她背后追来追去喂她。而每次佳佳都要爬到巷口一辆三轮车上坐着才肯下咽。那时,我们养了一条小狗,佳佳却悄悄地去把狗食吃掉,不一会儿工夫,就大泻肚子,而且发高烧,于是把她送到新生南路儿童医院,医师认为事态严重,立刻给张病床,吊起点滴。入夜后,我睡在床前地下,只铺了一个军毯。佳佳从昏睡中醒来,拉着不能入睡的我的右手,亲着说:

"爸爸,你将来害病,佳佳也守着你!"

一句话已经够了,这是我有生以来,第一次听到最贴心的一句话。我噙着要流下的眼泪,安慰她,把手轻抚着她的眼皮,使她入睡。这些遥远而模糊的父女亲情,如今只剩下做父亲的一人记得而已。

不肯吃饭的风波,我们从建国南路搬到敦化南路后,又发生了一次。佳佳躲在房里玩玩具,菜饭摆到饭桌上半小时,怎么叫都不肯出来,我十分生气,就用一种使她可以听到的声音对明华说:

"佳佳不吃饭,已经不是我们的女儿,巷口有个张伯伯和我讲好价钱,一百块把她卖掉。一会儿人家就来领,快把她的衣服收拾好。"

话刚刚说完,佳佳从房间冲出来,泪流满面,嘶喊说:

"你这个臭爸爸、坏爸爸、死爸爸,你把我卖掉,你凭什么卖我?……"

我这一次真正的吓住了,看佳佳眼中流下来的滴滴泪水,知道已深刻地伤害了她稚嫩的心,我急忙把她抱起,承认爸爸犯了错,说:

"儿啊!爸爸宁愿死也不会卖你!"

我用舌头舐她的眼泪,从那时候起,我再也不对孩子说出她不能承受的话。

我的个性是一个典型的粗线条,只有在对女儿时,才变得纤细。佳佳还穿尿布的时候,有时坐在我怀里忽然撒尿,我从不敢出声,要一直等她撒完,才抱起来为她换洗。深怕一慌张会惊吓孩子把尿憋住,可能产生后遗症。

十年之中,佳佳给了我八年之久的温馨父女之情。噩运的魔爪在我认为已经远离而去时,却悄悄逼近,突然间从天而降,使我承受更凄惨的打击,接着是十年牢狱,家破人亡,我再被撕成碎片。

33. 山崩地裂

倪明华主编《中华日报》的妇女版,当然是一个好工作,可是,她身兼三职,早上出门后,晚上回家,总在十一点左右,疲惫不堪,但仍勉强支持。

1967 年夏天,《中华日报》向美国金氏社订购"大力水手"连环漫画,交给家庭版每星期刊出五天。明华要我翻译,以我的英文程度,根本没有这个能力,但我却接下这份工作,因为漫画上的对话十分简短,更重要的是,又多了一份稿费。

"大力水手"漫画是连续性的,金氏社每次直接寄下两个月的稿件。大概 12 月初,一天晚上,倪明华刚进家门,就接到《中华日报》的电话说,"大力水手"已没有存稿,明天一早,会派专人来取。明华这时候才紧张起来,一面坐下来赶工,一面催促我,一定要快点赶出译文:

"译稿完成后,请放到送稿袋里,我不再看了。"

"大力水手"是一个全球发行的漫画,没有政治色彩。可是,那一次的稿件,画的却是波派和他的儿子,流浪到一个小岛上,父子竞选总统,发表演说,在开场称呼时,波派说:

“Fellows……”

就是这个 Fellows,引爆使我毁灭的炸弹,我如果译成“伙伴们”,大难降临的时间或许延后,可是,我却把它译成“全国军民同胞们”,心中并没有丝毫恶意,只是信手拈来而已。译完后,蹑手蹑脚走进卧房,把它轻轻地塞进送稿袋,舒了一口气,上床就寝,没有一点凶兆。历史上说大人物灾难发生之前,总会有点不祥的预感,这也恰恰证明,我不是一个大人物,只不过一个倒霉的平凡作家而已。

1968 年元月 2 日,《中华日报》刊出这帧漫画,没有人注意它,连我和明华也没有注意它,它只不过是一个例行刊出的连环漫画罢了。可是,虎视眈眈的特务们像发现新星球一样,奔走相告;假如我的耳朵敏锐的话,会听到他们的磔磔笑声。就在那年阴历年前后(2 月初),救国团请各报记者登合欢山。我接受邀请,和倪明华像贵宾一样被招待先乘火车到丰原,换成巴士到东势,进入横贯公路,不久就看到了雪景。对一个千里冰封、万里雪飘的北方人来说,冬天没有雪是不可思议的。然而,台湾平原是一个无雪地带,二十年来从没有见过雪,现在眼前白茫茫一片,每一片雪花和每一阵刺骨的冷风,都使人回忆到手背被冻烂的儿时。天快黄昏的时候,大雪使车子不能前进,在救国团陪同人员的引导下,住进冬令营小屋,既饥饿又疲惫,幸好屋内有熊熊火炉,温暖如春,我们和当时在《征信新闻》供职的常胜军夫妇,一起挤在一个大炕上。

第二天,踏上没膝的积雪,找到昨天乘坐的吉普车,重新折回东势,这是一次有趣的休假,充满了新鲜。还不知道大祸逼在眉睫,我们一回来,《中华日报》就叫倪明华到报社去,告诉她说,调查局认定“大力水手”漫画挑拨政府与人民之间的感情,打击最高领导中心,在精密计划下,安排在元月 2 日刊出,更说明用心毒辣。尤其出自柏杨之手,严重性不可化解。

我被这项可怕的罪名吓住,一时间,头昏目眩。我从来没有认真想过特务会对我下此毒手,只模糊感到莫大的压力而已。现在,焦急而茫然,所认识的朋友没有一个人实质上有所帮助,尤其使人心都撕裂的是:佳佳天真无邪地继续她的顽皮,我对她更百依百顺。

大约第三天,明华到《中华日报》,突然被调查局人员带走,那真是个冰冻的一天。我虽然仍到《自立晚报》上班,但同事们用奇异的眼光望着我,显示出来他们什么都已经知道了。整个下午,在佳佳不断问"妈妈哪里去了"声中度过。晚上,佳佳好容易入睡,我跪在床头,大声向上帝祷告,祈求基督使明华能被释放,我自己是祸首,一切应由我承当。午夜之后,明华回来,我们离别虽只有一天,但心情却仿如隔世,她第一句话就说:

"事情很严重,明天会约你谈!"

等到明华入睡,我心乱如麻,坐在书桌前,写下一信:

宝:几件事交代,分述于下:

报馆请祖光商请吴三连先生,可否留职停薪,万一短期内可以昭雪,有吃饭之处。以吴先生长者,当获允,如不获允,必有困难,不可怨尤。

人在危难,朋友自必少,若干朋友,必有嘴脸者,万勿悲愤,要忍才是第一等人,蒋总统在奉化,借钱还要担保,你我岂可幸免。

除银行支票外,我不欠人。

毕业后,可携佳佳赴美,如不能出境,可找李焕先生或径找蒋主任哀诉,必可获助,不必记挂我。

如传出我与事实不符的口供,则是受到苦刑,万勿相信。

出国后,如有合适对象,即可与我离婚(图章在你处),另行改嫁,不必指望我。佳佳长大,告诉父亲文字狱之苦,终身不可走写作之路,如我昭雪,她可回来依我。

到美可访孙观汉先生,一叙我受的栽赃及迫害,但仍请他千万继续为国人写文章,继续唤醒国人灵性,在文化本质及气质上改革。

你的方形图章是办过印鉴登记的,房子可卖掉,用做路费,房价有四万余元未付,查看铁盒中账单。

为我之事,不可找任何人求救,这是有计划的泄恨诬陷,无人能为力,亦无人有此担当,找人徒惹人笑。切记。

告佳佳勿哭，爸爸已先去美国等她（你们如到美，可云我已回国）。

你也不要哭，更不可到处控诉，更不可云军法不公，免你再受打击。

有读者来信，可代复，告以柏杨先生病故，可免其再来信（邮局信箱钥匙在汽车驾驶台烟灰罐中，图章亦在，每隔两天，取信一次）。

蒋主任是热情忠厚之人，李焕先生一向对我关爱，出国事不妨先求见，免申请受阻，再叮咛。

想办法见城、垣二儿，出国钱若有多时，付给他们，代我吻他们，致我日夜悬心的爱。

可请妈妈来伴，但不可打电报，免老人家受惊。

努力补习英文，用钱宜省，少做衣服。

出国时家具可赠体康。

如银行头寸不能周转，只有退票，我们别无收入，以后应还，一文不可少。

本要交代若干业务，免得你临时手足无措，不免又写若干感情之事，类似遗嘱，幸勿为此而悲，心情不宁，不能细嘱，体念我心。

记住，坚强起来。

宝：仍有未了之事，趁你上班，佳佳在玩，再分别叮咛。

如生活困难，可试向何关根先生求援，可告以柏杨病故，临终相托。

你上午痛哭，使我心碎，文字狱虽出意外，人情冷暖则在意中，必经此你才可以成熟。

蒋经国主任是一代英雄，是非必明，但因有志之士提供数据，故无法细察，不过要求出国，英雄必热情，当无问题，不可畏而不行。

到美可投奔你大哥，因大嫂敦厚，谋一差事，能读书更好，此事孙先生必可成全。

我如昭雪，当会给你联系，不必给我来信，我在狱中。

黎世芬必迫你辞职，可找一教员（反正只几个月就毕业），否则坐吃山空。

只加强补习英文，不可对任何人透露出国事，在我们只是避难、避势利眼、避你触目伤情，但他们可能诬你叛逃，诬你包藏祸心。

对凡来安慰你的人，不可表悲表愤，切记。

圣母像你要带走，叫佳佳早晚祈祷。

就在 3 月 4 日，吃过晚饭，我在灯下交代后事，心神不宁，佳佳和她的小朋友华昌言在刚买的大型电视机前，坐在地板上看电视。调查局调查员高义儒先生和刘展华先生，按铃进来，要我随他们前往调查局谈话，向明华保证说，天亮以前一定把我送回来。全家人都不说话，只有在走过佳佳背后出门的时候，她回头向刘展华噘一下嘴，发出一个单字的声音：

“嘘！”

明华靠着窗子，面无表情地盯住我的背影，陈丽真一直尾随下楼，扶我登上调查局黑色的厢型车。这是重要一刻，此次一去，就是十年。等我出狱后，房子已经不归我有，妻子已是别人的妻子，女儿虽然仍然是我女儿，但已变成另外一位少女。

到了三张犁调查局招待所，被带进一间六个榻榻米大的审讯室，主审员是刘展华。第一件事就是叫我撰写自传，从出生之时，写到被捕之日。而另一个房间，科长刘昭祥先生为主的分析小组，听取刘展华侦查的摘要，联合判断案情。

刘展华一开始就问到整整二十年前（1948 年），沈阳在内战中陷入共产党之手的经过。七八句话以后，他单刀直入说：

“你被俘是哪一天？”

“被俘”这两个字，自从离开救国团，十年之久都没有再听到过，今天忽然被提起，使我看见面前的陷阱，除了挣扎着不被推下去之外，没有方法保护自己。

“我从没被俘过。”

刘展华撩起他的嘴角一笑，使我想起我的继母，他重复说：

“你是几月几日被俘的？”

“我从没被俘过。”

“是吗？你没有被俘过吗？在那个大势已去的时代，国军为了保存自己的实力,多少高级将领假装跟共匪妥协,这有什么关系？重点是他最后效忠不效忠国家。”

直到那个时候,我还不知道惩治叛乱条例有明确的规定:凡是被俘过的人,不论军官或士兵,一律判处重刑——从五年到无期。

“我没有被俘过。”我说。

“你是哪一天被俘的?”

“我从没有被俘过。”

刘展华的声音渐渐地凌厉。

“你是哪月哪日被俘的?”

“我从没有被俘过。”

“好硬嘴,”刘展华大声说,“你是哪一天被俘的?”

我拒绝承认被俘过,并不是我聪明地知道一旦承认被俘,就全盘瓦解,只是因为确实没有被俘过。可是,刘展华用一种得意的眼神盯住我,脸上露出不耐烦的表情,不断地翻转着拿在手上的米达尺,问道:

“好吧,那你逃出沈阳的路条是哪里来的?”

“我们自己写,自己刻印。”

“怎么刻印的?”

“用肥皂。”

“是谁刻印?”

“孙建章!”

苍天在上,我的供辞牵连出来孙建章,因为图章确实是他刻的,而且他可以为我挺身作证。这时候,孙建章在苗栗警察局当督察长,再想不到,我请他作证,不但救不了自己,反而把他也拖进火坑。孙建章立刻被免职,逮捕归案。调查局正发愁缺少人证,是我亲自把一个活证人送到他们的手中,因为法律上规定,同案被告的口供,可以作为证据。

后来,审问官又多了一位年纪较长的李尊贤先生,集中焦点盘问我被俘的经过。刘展华对我不肯承认被俘,十分震怒,我可以从他脸上看出来他即将爆炸。这时,我被安排睡在临时摆在角落的一张行军床上。我还不知道就在这间审讯室里,三四个月前的一个夜晚,调查局把《新生报》的一位女记者,连当时“副总统”严家淦先生都称呼她为“沈大姐”的沈嫄璋女士,全身剥光,在房子对角拉上一根粗大的麻绳,架着她骑在上面,走来走去。沈嫄璋哀号和求救,连厨房的厨子都落下眼泪。那是一个自有报业史以来,女记者受到最大的羞辱和痛苦,当她走到第三趟,鲜血顺着大腿直流的时候,唯一剩下来的声音,就是:

“我说实话,我招供,我说实话,我招供……”

她要求调查员们把她放下来,暂时离开,允许她自己穿上衣服。调查员离开后,沈嫄璋知道更苦的刑罚还在后面,她招供不出她从没有做过的事,于是迅速闩上房门,解下绳子,就在墙角上吊身亡。这个六十年代的著名记者,除了留下若干有价值的采访文稿外,最后留下来的是一双几乎爆出来的眼睛,和半突出的舌头。

她后来被宣布的罪名是“畏罪自杀”,调查局仁慈地为她修筑一个矮坟。

34. 调查局

我的口供无法使特务们满意,也就是报上所常看到的词汇:“坚不吐实”。就这样,我在审讯室里住了一个多月,刘昭祥和刘展华逐渐撕下文明面具,朝阳大学法律系毕业的调查员高义儒也参加审讯。他声称是一向和我交往很密的《自立晚报》总编辑罗祖光的朋友,把我带到另外一间审讯室,诚恳地说:

“柏杨先生,你知道你是什么人?”

“一个作家。”

“不，你是一个名人。既然扣押了你这么久，如果不查出一点毛病，社会一定哗然。我们也知道你没有被俘过，你以为我们调查局都是酒囊饭袋？可是我们如果不咬定你被俘过，这件案子怎么交代？你一定要给我们下台阶。如果你非坚持不可，我们下不了台，怎么能够结案？”

“那我怎么办？”我说。

“被俘是一件小事，当年，千千万万官兵被俘，如果统统判罪的话，全国军人岂不都坐牢去了？你只要承认确实被俘过，在俘虏营关三天就放你出来，表示我们的情报确实没有错误，就足够了。”

“被俘会不会判刑？”

高义儒哑然失笑，说：

“被俘三天，竟然要判刑，你怎么会有这种想法？你把国民党看成一个没有理性的疯狗党了。我保证，你上午承认，下午就可以出去。我这一生从没有骗过朋友，也绝不骗你。”

我沉吟了很久，望着那设备简单的审讯室，终于屈服。长叹了一口气说：

“好吧！就这样吧！”

过了几天，刘展华把我提到第一次的问话室，十分礼貌地请我坐下，盯着我的手指甲，像发现一个稀奇怪物似的，问道：

“你自进来就没有剪过指甲吗？”

“是的。”

刘展华说：

“两个月不准剪指甲，他们怎么这样没有人道！”

于是把身边的指甲刀掏出来递给我，在孤独的灯光下，我为自己修剪指甲，心里盘算着，两个多月，原来已被捕这么久了，我没有能力支配自己的命运。就在这时候，外边送来晚餐，刘展华让我进食，我的消化系统早已经停止功能，当然吃不下，刘展华把它包起来，放在墙上一个空坎里，坐下来，轻松地说：

“柏老，开始吧！”

我坐在他的对面。

“好吧,说说你被俘的经过。”

“我从没有被俘过。”

这时候轮到刘展华吃惊了。

“你没有被俘过?”

“是的。”

“你不是告诉高义儒,你被俘过吗?今天怎么翻供了?你是想把调查局像孩子一样地玩弄在股掌之上?你太自命不凡!”

我毫无意识地回答说:

“是的,我被俘过。”

“被俘后关在什么地方?”

“在沈阳北大营。”

“关了多久?”

“三天。”

“三天之内你做些什么?”

“都是共产党军官向我们解释八大政策,要我们回乡生产。”

“有没有吸收你加入组织?”

“没有。”

刘展华的脸像帘子一样,刷的一声拉下来。

“你没有被吸收加入组织,这是天大的笑话。凡是被俘的官兵,都会参加组织的,你一个人不会例外。”

“我确实没有参加组织。”

“只有说实话,才可以救你,纸包不住火。”

“我确实没有参加任何组织。”

“又来了,前些时你还发誓没有被俘过,你想骗谁?”

我哑口无言,才发现承认被俘不是灾难的结束,而是灾难的开始,我承认自己被俘过,本来希望逃出虎口,想不到却是自己把脖子伸到断头台下,真正是聪明一时,糊涂一世。两个多月的折磨,我已十分沮丧,现在又从沮丧转成绝望,放弃了挣扎,叹口气说:

"他们吸收我加入共产党。"

刘展华惊喜地抬起头，拿着我的口供，飞奔到隔壁向刘昭祥及调查小组报告。大约二十分钟，他转回来，一脸怒容。

"你确实加入了共产党吗？"

"是。"我细声地说。

刘展华大声叫起来：

"你也配！你顶多是一个外围的混混、无行的文人。我们从不冤枉人，你老老实实告诉我，你被俘后，到底参加了什么组织？"

我悲哀地说：

"其实我什么组织都没有参加。"

"现在的问题，不是你参不参加的问题，而是你参加共匪哪个组织的问题。"

我不知道他们为什么不准我参加共产党，却知道如果一定要说参加共产党的话，闯不过这道关口，可是我对共产党的组织实在十分陌生。刘展华发现问题又回到零点，十分愤怒，正要发作，一件事情救了我，那就是午夜供给调查员和囚犯的点心（两块蛋糕和两瓶牛奶）送来了。刘展华把点心收拾起，连同放在窗坎里我的那份晚餐，用报纸包起来，准备带回家去，然后命差役把我送回押房。

但该来的还是要来，调查局不能再继续拖延，刘展华急于交差，所以决定用刑。

在那约有六个榻榻米的审讯室里，靠墙是一张简陋的办公桌，刘展华坐在桌子一边，我坐在他对面。那是初夜，一分钟前我依稀能辨识的挂在他脸上的温文祥和的笑容，突然消失，他吩咐我说：

"把手压起来！"

他示意我把手压在屁股底下。我把双手压在大腿下面，他眼睛射出凶光，我急忙把手移到臀部下面。他凝视着我，问我到底参加过什么叛乱组织。这是昨天审问的继续，我的双手开始发麻。

"柏老，"他说，"逮捕你不逮捕你，权在我们。能不能打开大门走出去，权在你手。你只要坦白，就立刻可走。像你这样的匪谍，永远不会了解我们三民主义信徒的高贵情操，我们以诚待人，只要你肯合作，我用人格保证，像刘科长说的那样，你就跟洗个澡一样，从今以后，永没有人敢碰你！”

我双手发胀，我说我愿意坦白合作，但我实在没有参加任何叛乱团体。

“昨天你还承认加入共产党，今天连昨天的话都推翻了！”

刘展华放下原子笔，拿起米达尺，上下摇动，好几次，几乎戳到我的眼珠。我双手发烫，突然间，纵是闪电都没有那么快，米达尺嗖的一声抽打到我右脸颊上，一道火辣的灼痛使我觉得他用的是烧红的铁条。我叫了一声，左颊上又被反抽一下，我大叫道：“你打人……”于是右颊又受更重的一击，那是他的拳头，我的眼镜像投掷出去的飞镖一样，跌到行军床上。我失去重心，连同椅子跌倒在地。他突然一脚踢出，那皮鞋尖端正踢中我的左膝；我正要爬起来，更猛烈的一脚又踢中我的右膝。我似乎听到骨折的声音，两膝剧烈的痛使我哀号，我在地上滚动，又是凶猛的一脚，踢中我的心口，我号叫着爬到墙角，像一条就要死在乱棒之下的丧家之狗。我尽量弯曲膝盖，抱到胸前，但又一脚正踢中我的右耳，我急抱住头，忍不住大声哀号。

“听清楚，”刘展华说，“你被拷打死，我们只要说你畏罪自杀，就一了百了，你高估了自己！”

突然，他抓住我的头发，拳头像暴雨一样的猛击我的脸部和前胸。我挣扎着，用双手回挡，但他的皮鞋接连地踢中我暴露出来的小腹。我把前额撞到地上，我还不愿死，死也阻止不了他，特务如果在乎犯人死活，他就不是特务了。我怕他把我踢成脑震荡，踢成残废，我哭号说：

“我招供，我招供，不要打了。”

“好吧，坐回你的位置。”

我用了足足三四分钟，才从墙角爬到桌边，浑身湿透，怎么也站不起来，抖得像大风里贴到墙上已快脱落的一片枯叶，汗珠、新血和眼泪流满一脸，我拼命喘气，用手去抹，才知道脸上满是泥土。这时刘展华好心地扶住我，把我扶到椅子上落座。

“说吧！”他再拿起笔录和原子笔，那米达尺已不知扔到哪里。

“我，我，”我思索，我真渴望知道，我承认参加哪个叛乱组织，才能使他满意。我揣摩他的意思，在案头看到“民盟”两个字，似乎捕捉到一点暗示，于是，我呜咽地说：

“我参加中国民主同盟。”

“你看，”刘展华向我友善地笑着，“柏老，你要是早说，怎么会有刚才那种误会？其实你的资料我们全都掌握在手，但我们要你自己承认。”

我认为既承认被俘过，又承认加入中国民主同盟，事情就可结束，料不到这仍是一个开始。特务是嗜血的，一旦动手，不会停止。雷马克在他的《光明之路》书上，描写一个德国民兵，在集中营兽性大发时，叫一个瘦小的犹太人趴在地上，他用脚乱踩乱踢，满口愤怒地咒骂，一直等到犹太人咽下最后一口气，他才悻悻而去。回到城市里，这个小商店老板的杀人凶手，立刻变得文质彬彬，从内心到外表都是一个典型的小市民，任何人都看不出他会施暴。

刘展华、刘昭祥、高义儒、李尊贤，是一系列典型的例证。我相信他们在社会上，一定会是一个温柔敦厚的朋友，可是无限权力和潜在的兽性，使他们变形。

不久，我被另外一件事再度摧折，刘昭祥把同案被告的孙建章承认加入中国民主同盟的口供，拿给我看，同一时间，再把我加入民主同盟的口供，拿给孙建章看，两个人黯然神伤。

加入中国民主同盟，在法律上，已完成判决死刑的要件，只是我还不知道。当口供问到逃亡北京的时候，又是一番拷打，刘展华坚持我在北京一定跟共产地下党有所接触，而且一定奉有到台湾做地下工作的指示。我每一次否认，都会使他怒不可遏。当李尊贤询问口供时，他有一定的模式，首先，他打开十行簿，套上复写纸，写上时间、地点，然后再单起一行写上“问”，接着再写两个字“请问”，然后把笔放下，燃上一支有滤嘴的烟，深深吸一口气，再拿起笔来，慢条斯理地开始。这一点并没有什么稀奇,稀奇的是他手中的米达尺,他会用牙齿咬住滤嘴,然后像鞭击一样抽打你的面颊,再慢条斯理地在口供簿“请问”二字下,写下他的问话,而且用语十分谦卑,任何人都无法从这谦卑的用词上,联想到他的凶暴。

有一天,我忽然想起来北京旃坛寺,我和徐天祥同被第一军官训练班羞辱的往事。于是乎我承认,共产党在北京的总指挥所设在旃坛寺,我曾经前往旃坛寺报到,然后由北京人民政府发给路条,前来台湾。

接下来是审问上海那一段,这时候我所想到的只是怎么样避免拷打,一直抱着自己的头,相信只要不被打成脑震荡,只要神志清醒,不被枪决,总有一天会离开监狱。只要活着出去,一定要把蒋家父子特务的黑幕,一桩桩一件件,详细写出。

最初,我还考虑到连累孙建章的程度,后来当我说一到了北京就跟孙建章分手,刘展华相信,所以我也就放开了胆,捏造自己从没有做过的故事。

我到上海以后的口供,更是离谱。曾在四川三台东北大学当过教务长的许逢熙先生,我在做口供时,供称他是复旦大学校长,兼任中国民主同盟上海支盟秘书长,我晋见了他,而且领了一笔活动费,就直接来到台湾,隐藏在地下,然后,竭尽所能地发表文章,与共匪隔海唱和,打击最高领导中心,挑拨政府与人民之间的感情。

当我的全部供词写毕,已是我被捕了四个月之后。依照规定,羁押不可以超过四个月,于是就在 7 月 6 日的夜晚,刘展华把我提到审讯室,满面和蔼的笑容,安慰我,认为凡事都应该往好处想。我忽然兴起悲情,流下眼泪。他说:

“古人有言,宁愿一家哭,不愿一路哭!”

35. 军法处看守所

1968年7月7日，正是卢沟桥抗战八年的纪念日，我被戴上手铐，押上一部铁栏杆警车。在步履艰难地走出押房大门的时候，李尊贤恰巧擦身而过，忽然停住脚，指着我说：

"我第一眼就看出你是匪谍，现在有什么话说？"

我木然地望着他，一直走过去。

"死不认错！"他在后面生气地说。

我很想回头唾他一脸，当然，我没有这么做。上车后，发现孙建章也在里面，我们相对苦笑，押解我们的两个特务，在旁警告说：

"不准讲话！"

我透过铁栏杆窗子，浏览沿途街景，想到分别四个月的妻子倪明华。每当警车遇到红灯停住时，我都幻想，会不会发生一种巧合：明华开着车子也因红灯而停下来，两车并肩，我们可能对一个照面。不能想象两人怎么反应，向她微微一笑？或者擂窗大吼："冤啊！"那将给她多大的负担！我惆怅地重睹暌违四个月的台北和平东路、罗斯福路，直到景美，进入台湾警备司令部军法处，在一个法庭前下车，军事检察官郭政熙下令收押，我和孙建章被分别带到两个押房。和十年前青岛东路保安司令部军法处看守所大不相同，警备司令部军法处看守所全是新建筑，而且厕所是蹲式的抽水马桶，不过奇特的是：距地面约一公尺，也就是约到腰部的地方，有一块横置的木板，囚犯如果直着身子，根本走不进去，只能爬着进去，无论大小便，都无法蹲下，只能趴在那里，像狗一样地拉屎撒尿。不知道当初的设计人，为什么会生出这种邪恶主意。天正盛暑，没有自来水，抽水马桶只不过是一个粪坑。押房有十个榻榻米那么大，挤满了赤身露体、只穿短裤的难友。当大家知道我是柏杨的时候，发出一阵惊呼，有人说：

“全国只有你一个人敢讲真话，还以为政府给你特别任务，做榜样给外国人看。”

直到这时候为止，我还弄不清犯了什么罪，和犯了什么法条，所以难友向我查问案情的时候，无法回答。就在火烧似的押房里，开始难以形容的煎熬。

一天早上，门缝里塞进来起诉书。

难友们看到我起诉书上“惩治叛乱条例第二条第一款”时，脸色苍白，不说一句话。我急着问：

“我的罪可能判几年？”

一位难友把一本《六法全书》塞给我，我查到惩治叛乱条例第二条第一款，那是唯一死刑，唯一死刑就是说：

“除非不判罪，一旦判罪，就是枪决。”

我脸色跟其他难友同样苍白，霎时间，童年往事，涌到眼前，继母的咒骂“叫炮头”，如今果真无情地应验在我身上！我虽然想不通自己何以如此下场，但是，这时候终于明白：蒋经国要杀我。

我不甘心地自问：

“我难道真的伤他那么重？”

一位好心的难友爬过来坐在我身边，悄悄地问：

“起诉书上的事情是真的吗？”

“全是编出来的。”

“你真是小说家，”他说，“你这篇小说的稿酬太高了，恐怕要付出生命。”

另外一位难友递来一杯开水，我爬着去接，右膝盖发出一种强烈的剧痛，我呻吟着，坐在地上不能动弹，右膝红肿，我发现已成残废。这时难友们各自回到铺位上，我用手抚摸着右膝，心中凄凉。不知道为什么在这个时候才发作，不然我会在送到军法处的时候，要求军事检察官验伤。但是难友们告诉一些类似的故事：一个人在调查局被拷打得遍身流血，送到台大医院医治，那人的女儿（真是世界上最好的女儿）千方百计探听出爸爸的下落，并设法把病历表影印一份，当面呈堂。军法官和检察官都哑口无语，逼问她这些资料的来源，要判她泄露国家机密的重罪。最后虽然没有让她坐牢，但法官对她父亲被拷打，却做了明确的解释说：

"检验单固可证明他在调查局受过殴打，却不能证明被调查员殴打，可能人犯互殴，亦可能自行撞伤，所提证据，不足采信。"

更因为他女儿居心险恶，企图诬蔑政府，陷治安人员于罪，对她父亲判得更重。

"检调是一体的，法律在他们手上，"一位难友说，"我们束手无策。"

大家提出的具体意见是：

"开庭的时候，千万不要提及你受过刑求，那反而激起他们的报复，也不要说犯的罪都是你编的，军法官会认为你狡猾无赖。唯一的办法是假装信任军法官公正清明，只请求调查沈阳沦陷后，共产党有没有设立民主建设学院；有没有中国民主同盟；北京沦陷后，旃坛寺有没有共产党训练机构；上海那时候的复旦大学校长是不是许逢熙。法庭只要就这四点澄清的话，你就有活命的机会，千万不要指责他们的革命同志。"

大概一个月后，正式开庭，审判长是上校聂开国，主任审判官是少校方培然。我站在台下，请求庭上就上述四点施予调查。庭上的军法官似乎还没有遇到过这种方式，一时不知所措，犹疑了一会儿工夫，方培然悻悻地说：

"本庭就着手调查，叫你死而无怨。"

我走出法庭的时候，蓦然间看到明华拉着佳佳的小手站在路边，向我凝视，佳佳眼睛瞪得那么大。差不多半年不见了，孩子似乎长高了不少，相距只有五六步，做爸爸的却不能上去拥抱自己的女儿。

监狱生涯就是艰辛，在那燠热拥挤的押房里，囚犯们的生命被片片撕碎。看守所接见日是星期三，最初，明华每星期三都来探望，携带一点小菜，有时候也带佳佳来。看到佳佳，我的心都滴血。我要求明华以后不要再带她来，一看到孩子，父女俱伤。

长期羁押下来，渐渐地，和明华见面时，几乎已经无话可谈。“唯一死刑”这个条款，明华已在律师那里完全了解它的意义——这不是一个短时间之内就可解决的挫折，而是一个要长期耐心承受的灾难。明华是个受人侍奉的小妇人，她面对的是她完全不了解，而又充满恐怖的压力，她完全慌乱，真难为她支持了七八个月之久。后来，接见的时间由一周一次，减到每两周一次，再减到每一个月一次，更变成两三个月一次。我每次接见，都有心理准备，认为一定会发生，却一直没发生的事，终于发生了。最后一次接见，隔着玻璃窗，明华毫无表情地在电话的那一端说：

“我们的离婚手续，应该要办一办了！”

“我临走时，写好离婚协议书，亲笔签名，又亲自盖章，放在你那里，拿出来就可以用。”

就这样，结束十年婚姻。我想起一句话：“夫妻本是同林鸟，大难来时各自飞。”接见完毕后，我站起来，浑身像煮在滚水锅里，踉跄回到押房，心里一片茫然。我告诉自己：现在什么都没有了，过去四十年，只是一场漫长的梦。难友们怕我跌倒，扶着我坐下，我自己爬到铺位上，身体靠着墙，有人问：

“太太接见了吗？”

我点点头。

“是不是向你提出离婚？”

我又点点头。

“太太来接见，而没有带东西，一定是分手！”

从此，我吃不下任何食物。我再一次想到：死才是最好的解脱。当绝食到第十天的时候，军法处开庭，两个法警把我扶到庭上，方培然只问了一句话：

“你为什么不吃饭？”

“我不想。”

这一次开庭，只不过在法律上做一个记录，所以问一句话即行结束。想不到,大概因为肠胃放空了的关系,神志反而特别清醒,对死亡反而没有什么感觉。家破也好,人亡也好,大学毕业也好,大学不毕业也好,一切都成了过去,现在就是静静地躺在那里,并不等待什么发生,而只什么都不等待。

看守所官员对我似乎十分注意,他们把押房里其他囚犯全部调走,另外派一个官方的"御用难友",进来睡在我身边,名义上是照顾我,实际上是暗中监视,防我自杀,他不断用香喷喷的饮食引诱劝勉我进餐。

有一天,那位御用难友特别把我扶到另外一个房间去洗热水澡,我身上已经没有肌肉,瘦枯的骨骼,被失去水分的焦黄皮肤包住。我向自己叹息,这正是一个叛乱犯的下场,我竟这样倒毙在监狱里,回想二十年前万里逃亡,并不后悔,反而有一种终于安静下来的感觉。

有一天,那个可以自由出入押房的御用难友,忽然进来告诉我说:

"你太太来接见你,"而且告诉我其中原因,"你太想不开,所长特别请你太太来劝劝你。你不要以为我是他们的走狗,活着,你才能报仇!"

就在所长办公室,倪明华冷若冰霜地坐在那里,我则坐在茶几的另一边,茶几上放着一个旧式的旋转盘录音机,用来录下囚犯和家属的谈话。所长在一旁说:

"你们有什么话尽管谈谈,不要糟蹋自己。郭太太,有话尽管告诉你先生。"

然而,没有人开口,明华那种充满了厌烦和不耐的表情,带一种万箭俱发的杀伤力。我连正眼都不敢看她,她已不是我第一次看到的她,也不是最后一次看到的她,我眼前坐着的是另外一个心肠铁铸的女人。经过四五分钟之久的无声无息,我只好首先开口说:

"事情已经如此,我完全靠你了。"

"你不要靠我,我管不了。"

"我知道你很能干,你……"

“我不能干。”

我哑口无言，幻想着她可能会讲几句安慰鼓励的话，即令是假的也好，可是没有，她眼中充满了厌恶。我再无法开口，只听录音带旋转的声音。所长再一次地提醒倪明华有什么话尽管说，她没有任何反应，连在旁边监视的警卫们，也在那里叹息。最后，所长无可奈何地说：

“既然没有话说，那你请回去吧！”

声音还没有落地，明华倏地站起来就走，没有跟任何人打一声招呼，经过我面前也没有多看一眼。我急忙尾随着她，几乎是同时冲出房门，她好像逃避瘟疫似的，走得飞快，我紧靠着她身旁，希望听她说出一句话，假定这时候她能够告诉我：“你放心，我还会继续营救你！”这世界该多么不同啊！然而，什么话都没有，走廊上唯一听得到的，就是警卫们快步跟着我们走的声音。下了楼梯，明华直奔大门而去，两个警卫抓住我发抖的肩膀，把我押回囚房。这是我们最后一次见面，从此之后，天各一方。不过，后来倒是接到她一封信，一个月后，明华一封简单的信从门缝塞进来，信上说：

“离婚手续已办妥，法院已登记，请问，你的东西，我怎么处理？”

我不知道怎么答复，晚上睡觉的时候，还拿着这封信，不停地呻吟，终于镇定下来，提笔回信说：

“我在台湾无亲无友，无依无靠，在此授权给你，把你认为属于我的东西，全部抛弃到大街之上，随人拣取，立此为据。”

奇异的是，这封信使我的心情豁然开朗，觉得自己的绝食行为有点好笑，当初有一百个、一千个理由绝食，这时也有一百个、一千个理由，觉得荒谬，其中一个最最主要的不成理由的理由是：

“我要活下去，好记下我的遭遇！”

这时绝食已二十一天，我恢复进餐。

时代到底不同，二十年前，我第一次坐牢时，不但没有律师，也没有起诉书和判决书。现在不但有起诉书，还准许被告请律师查卷。我请的律师，在查卷以后告诉我说，请求法庭调查，法庭确实都调查

了,而且有了答案:

第一,沈阳沦陷后,根本没有什么民主建设学院。第二,共产党从不在他的训练机关里,为友党吸收成员,所以我不可能参加中国民主同盟,即令我参加中国民主同盟,中国民主同盟当时尚是国民党的友党,也不违法。第三,共产党并没有在北京旃坛寺设立任何训练机构。第四,许逢熙自抗战胜利后从没有到过上海,也从没有在复旦大学任职。

一连串的正面消息使我转忧为喜,我向一位看守班长报告这种情形,半自慰半征询地说:

"法官不可能判我刑!"

"二条一"唯一死刑,只要有下列两个条件就可以构成:一是参加叛乱组织,二是有叛乱行为。隔壁押房里台北市挑挽业公会理事长八九岁的时候,曾参加过共党的儿童团;五十年后,他告诉朋友说,共产党在长江上建了一座大桥。前者是参加叛乱组织,后者是为匪宣传,属于叛乱行为,结果被判处死刑。

自从罗马法颁布以来,再野蛮国家的法律都有一个基本原则:"不溯及既往"。也就是今年公布的法律,效力不能追溯到去年,可是,蒋家班大法官为了使特务的杀戮合法化,第六十五次会议上作成决议,认定法律可以溯及既往,即令在这项条例颁布前五十年加入过共产党,也等于现在加入。

那位班长听出我的话充满自信,忍不住笑道:

"你放心吧!我还从来没有听说过叛乱犯被判无罪的,如果没有犯罪证据就不判刑的话,军法官靠什么吃?"

班长的话使我心中一凉,百思不得其解,军法官根据什么判罪?不过,不久,我就明白了,特务有特务的行为模式。我被带到法庭,审判长聂开国起立宣布:

"郭衣洞被判有期徒刑十二年,褫夺公权八年。孙建章被判感化三年。"

我最初认为我会被枪决,继而又认为会被判无罪,脑筋简单得和白痴没有分别。宣判完结,我被押回囚房,当难友知道只判十二年时,都为我死里逃生,向我道贺。

孙建章由我的证人变成我的共同被告,在审讯途中,刘展华一再向他警告说:

"我们的对象是柏杨,不是你孙建章。你不过是陪绑罢了,死不承认,将来会把你一起卷进去。"

事实上,他们对孙建章也确实特别优待,只判感化三年。所谓感化,就是不送入军人监狱,而送入台北县土城乡一个名叫"生产教育所"的集中营式监狱,实施思想教育,名义上感化若干年,实际上是看特务的高兴或不高兴,可以无限期延长。倪明华的师兄傅正先生,就延长了两个三年,甚至当中还有一段时间被囚禁火烧岛。孙建章总算是不幸中的大幸,他三年期满出狱,虽然家破,幸好没有人亡。我出狱之后,跟张香华——那时,我们刚认识不久,在台北衡阳街和他蓦然相遇,我拉住他,向他致歉说:

"建章,对不起你!"

"谁又对得起你?"他说。

这句话简单朴实,使我无限内疚,终生铭感。

36. 南　航

自我被判有期徒刑十二年,就从一个"被告"身份,变成正式"人犯",不过仍暂时羁押军法处看守所,并没有解送到监狱服刑。忽然有一天,我被调出押房,充当"外役"。"外役"的意义,就是可以在院子里自由走动,接受监狱官或班长指定的工作,晚上则仍然关入押房,这是一般人犯所盼望的差事。现在,我被调到看守所图书室工作,更是外役们所期望的福地,所以心情很快就获得不少纾解。我把行李搬到外役区押房,从此可以自由自在地从押房走到图书室,有一种前所未有的轻松感觉。图书室还有一位外役丘延亮,原是台湾大学人类考古学系的高材生,他的姐姐是蒋中正的儿媳妇、国防大学校长蒋纬国将军的妻子。丘延亮在学校组织了一个读书会,暗中传阅从日本驻华大使馆利用外交邮件进口的左倾书刊。他是被逮捕学生群中判得最轻的一位,只判五年。事实上,他坐了两年半,也就是在我被调到图书室的次年,就被保释出狱。

我在图书室当外役,前后有一年多的时间,这是监狱生涯中最最愉快的一段日子。从被囚禁的人挤人狭窄囚房,突然转移到可以兴之所至地在院子里走动的另一个世界,那种情境简直像梦幻一样。外役人犯和押房人犯有天壤之别,外役区除图书室之外,还有洗衣工厂和缝衣工厂。现在我和丘延亮坐拥一两千本图书,而其中有一套就是《资治通鉴》,使我开始着手写狱中第一部著作——《中国历史年表》。

囚犯在牢房中的地位,决定于有没有外来接济,每星期三的接见日,丘延亮在中央信托局任处长的父亲,都派司机送来菜饭,所以情绪愉快。我被收押初期,每星期同样也都有特别烹制的饮食送来,办完离婚手续后,就再也没有了。这时,只剩下陈丽真一个女孩子未把我遗忘,每星期都提着菜篮饭盒,从台北到景美军法处探监。

然而,有一次,当丽真接见过之后,转身要回家时,两个警备司令部的武装人员把她拦住,押解到军法处。她不知道犯了什么罪,被吓得路都走不稳,结果一位军官问她:

“柏杨是叛乱犯、国家的敌人,你为什么给他送饭?”

丽真回答说:

“他是我老师,现在孤苦无依,只有我照顾!”

“他跟你什么关系?你说他是你老师,你读什么学校时的老师?”

丽真突然之间怔住,军官用一种洞烛其奸的眼神盯着她。

“说呀!”

“其实,我是柏杨的读者!”

“那么师生是作掩护的外衣了,柏杨吸收你加入什么组织?只要你从实招供,我们可以免除你的罪刑。”

丽真这时候除了哭啼外,不知道说什么话好。军官说:

“你们的关系不简单,如果不是组织上的关系,他到这步田地,你不可能还借着送饭的名义和他取得联系!”

丽真回答不出一句话,军官忽然换了一种缓和的口气:

“如果真的没有组织上的关系,你最好以后少来!”

丽真带着汗淋淋的身子,快步离开军法处大门。回到家后,当天晚上,她的夫婿陈体康先生从铁路局下班回来,带来消息说,管区警员特别去找他,警告他管管老婆,不要再乱闯是非之地。

从此,丽真很久不再来看我,我认为这原是人情冷暖,对一个叛乱犯而言并不足惊奇,除了心里有一点点惆怅外,也就迅速地自行化解。可是,那一年的除夕,看守所播音室在播出感训教材之余,忽然播出一首祝福春节的歌:

“大年初一头一天,家家户户过新年!”

歌声之前,有一句道白说:

“各位听众好,我是丽真,向你们大家拜个新年!”

这是一首六十年代最流行的庆贺春节唱片,当然,道白里的“丽真”是一位歌星,不是我的学生“丽真”,不过这两个同音字,倒使我又一次涌出眼泪。

看守所图书室这段时日,是平生最宁静的日子之一,假设坐牢可以这样坐下去的话,十二年也无所谓。可是,在我调到图书室后不久,难友中就流传一项耳语说,政府在火烧岛上正兴建一座新式的政治犯监狱,囚禁日渐增多的政治犯。耳语又说,美军预备把储存在日本冲绳的毒气,运到台湾储存。国防部官员曾经陪同美军官员到山区视察,勘查储存场所,因而对获得美国支持的信心大增,认为美国的友谊牢不可破,永不会抛弃我们,把毒气迁储台湾,就是显明的保证。这使蒋家父子精神焕发,决心整顿“复兴基地革命阵营”中日渐自由化,也就是日渐失控的大众传播工具,以迎接新的战斗形势的来临。

于是,1968 年,蒋家班发动了“文化消毒”运动,开始明目张胆地逮捕文化界的败类,我恰恰首当其冲,成为被消毒的第一名。接着就是在火烧岛建造政治监狱,使这项消毒行动得以毫无限制地扩大范围。

当这个耳语开始流传时,政治监狱才刚刚破土,而火烧岛既远在天边,落成也不知在何年何月何日,难友们认为对这种“外岛管训”的噩运,不必忧虑。

然而,“快乐”的日子总是过得飞快。第二年,耳语传来,政治监狱已经盖好,政治犯集中管理,势在必行,唯一的希望是,名单上最好没有自己。有一天,看守所所长跟政战官突然来到大操场,集合全体外役政治犯,说是有要事宣布。当大家集合后,所长说:

“点到名字的,到前边集合。”

五分之四都被点到名字,我也在其中之列,留在台北继续当外役的美梦破灭了。所长叫我们回去拿行李,然后被鱼贯地送回原来被告区的押房,而且立刻锁上房门。一会儿工夫,宪兵队逐个房间点名,每人上了五花大绑,两个人绑在一起。这对享受一年有余自由生活的外役来说,简直是当头一棒,平常笑脸相待的看守所班长,一个个变成另一副神情。尤其一个叫杨蔚的少尉监狱官,冈山中学毕业,考上军法学校,被派到看守所工作。他长得相当清秀,而且对外役也和颜悦色。有一次,他到图书室,很有礼貌地问:

“我是不是可以借一张椅子到外面,我喜欢树下看书。”

我对这个年轻军官留下十分良好的印象,但是,三四个月后,当他发现他对外役有绝大的处分权力时,态度开始转变,最初不过气势傲慢,后来行动逐渐凶暴。这时候,他到押房视察,用手试探五花大绑的结实程度。我们坐在地上,他则不断故意用膝盖碰撞我们的面颊。就在当晚,几架探照灯的巨光投射到院子,我们被带出押房,两人一双地走上警备司令部的镇暴车,车队浩浩荡荡在黑暗中向北奔驰，天亮的时候，抵达基隆码头，被赶鸭子似的赶到登陆艇的甲板上。登陆艇重新装备过，新的铁栏杆，新的链条。荷枪实弹的宪兵在四周戒备，我们被重重包围，坐在甲板上，什么都看不见，只看见蓝天。虽然没有谁告诉我们驶往哪里，但是，人人心里明白，目的地是火烧岛。仿佛为了防备北京派出军舰或潜艇营救这一批重刑的政治犯，天上有飞机巡逻，海上有驱逐艇护航，我从没有想到，我们的身价竟如此重要。

中途，忽然一阵大雨，宪兵中一个姓年的指挥官准许我们到官舱前布棚下躲雨。曾经当过台北市议员的难友林水泉先生，躲雨时拖着他的行李，那位正在蜕变自己的监狱官杨蔚，这时候跳起来，在他脸上猛摔一个耳光，大喝道：

“叫你人避雨，没叫你行李避雨！”

林水泉一直拥有的豪放笑容收了回去，连那些年轻宪兵的眼光，都被这一声响亮的耳光吸引，而迅速流露出同情。当雨势停住，大家又被驱回甲板，宪兵们分别上来检查捆绑的绳索。一个年轻宪兵塞一支烟到我口袋里，低声说：

“听说你是柏杨，刚才那个打人的王八蛋，他不过是个少尉。你想抽烟时，就喊报告说捆绑太紧，我会下来检查，就把烟带给你。”

前排右前方的一个宪兵也正在检查一个政治犯的绳索，低声告诉递给我烟的他的同伴说：

“我舅舅也在里面！”

不久，大家都感觉出来，一种耳语正在宪兵队中轻轻地传递，有些年轻宪兵更低低地咒骂。显然的，宪兵与押解我们的警备部队，正迅速增高敌意，反而使我担心他们会发生冲突。幸好这个航程时间不长，第二天下午，登陆艇驶进火烧岛港口。

37. 火烧岛

火烧岛，这个使人毛骨悚然的名字，位于台湾东南海域。世界许多政府好像都有一个毛病，恐怖时期，总是在它的领海上找一个孤岛，囚禁重要人犯，法国就有一个魔鬼岛，南非也有一个罗本岛。日本占领台湾时，就把火烧岛当作囚禁反日分子的天然监狱；台湾回归祖国以后，国民政府把火烧岛改名为绿岛，但它的任务并没有改。五六十年代，岛上的政治犯有万名之多，那时候的火烧岛，只有稀疏的不到十个村落。政治犯被送到岛上后，自己动手先筑起围墙，然后，再在中间筑起铁丝网，挂起“新生训练总队”招牌，男政治犯和女政治犯被铁丝网遥遥隔开，他们各自搭盖自己的草屋宿舍。就在那四周全是惊涛骇浪的孤岛上，一到夏夜，鱼腥扑鼻，但每当有月光的夜晚，一抹朦胧，有浓厚凄怆的浪漫情调。据说曾经有男女政治犯遥遥相望，不能对话。一位出身音乐教师的政治犯和一位音乐系女学生的政治犯，隔着铁丝网，一有机会，就站在那里痴痴凝望，后来教师为她写下曲谱，借着歌声，向她唱出凄怆的心情，这首歌曲曾经流行全岛，那就是有名的《绿岛小夜曲》：

这绿岛像一只船　在月夜里摇呀摇
姑娘哟　你也在我的心海里飘呀飘
让我的歌声随那微风　吹开了你的窗帘
让我的衷情随那流水　不断地向你倾诉
椰子树的长影　掩不住我的情意
明媚的月光　更照亮了我的心
这绿岛的夜已经那样沉寂
姑娘哟　你为什么还是默默无语

在那个白色恐怖的时代，作者是谁，赠与的对象又是谁，自不敢露面，也都无法查考。不过每当歌声响起的时候，就使人想起那个不平凡的故事，和台湾经历过的悲情命运。

当我们这群政治犯在火烧岛上岸的时候，火烧岛已不再那么荒凉，车队穿过山间小径，向监狱进发，连绵不断的丘陵上，满布着全副武装岗哨。最后，我们在一个全新建筑（国防部绿岛感训监狱）门前停下，然后分批被驱入押房。

国防部绿岛感训监狱的囚房，是一个二层楼建筑的小型五角形大厦，共分为十个区，每区有十个、八个押房不等。就在这里，我度过整整五年。

我们被带入押房时，监狱官下令政治犯交出身上所有的香烟。在外役工作区的人，无论图书室、洗衣工厂，或缝纫工厂，都准许吸烟，后来在登陆艇上，透过宪兵充满了同情的手，大家身上多少都有几支香烟。这时候，监狱长宣布说：

“不管你们过去受到什么优待，本监狱绝对不许囚犯吸烟。”

不准吸烟，对不吸烟的人没有丝毫影响，但对有烟瘾的人来说，简直是一个严重打击。十五年后，蒋家班威权政治崩盘，所有监狱才解除了这个无聊的禁令，并没有听说哪一个囚犯利用打火机或火柴自杀或杀人纵火。官员们所以禁止囚犯吸烟，只是展示他威权的一种手段，目的是国民党青年守则外加的第十三条：“整人为快乐之本。”事实上，绿岛感训监狱从开始那一天，一直到结束，政治犯没有一天断过香烟。

第二天，押房门忽然打开，一个水电班长，大踏脚步走进来，用他的手扳头敲了两下厕所龙头，等开门的戒护班长离开后，他转头过来，低低问一声：

“哪位是柏杨先生？”

我应声答应，那班长从口袋里掏出一封我入狱前回给读者们的贺年卡，他说：

“我是你的读者，名叫郭英，我这里先给你一包烟，吸完以后，就报告看守说:‘抽水马桶坏了。’我就会带烟来。”

我入狱前一直保持每天四包烟的习惯,郭英当然无法供应,可是,一下子竟然有香烟的来源,使我在监狱里的地位大为提高。

政治犯监狱,是出懦夫的地方,也是出勇士的地方;是出呆子的地方,也是出智者的地方;是出疯人的地方,也是出英雄的地方;是出废铁的地方,也是出金刚的地方。一个人的内在质量和基本教养,坐牢的时候,会毫无遮拦地呈现出来。

在牢房里结识的朋友有几十个之多,最传奇的就是台北《大华晚报》董事长兼中国广播公司副总经理李荆荪先生。当我锒铛入狱的时候,李荆荪主张立刻开除正在中广公司当职员的倪明华,一年后,李荆荪也锒铛入狱。他当初划清界限的行动,反而被指为“伪装忠贞,以便使自己挤入领导中心的伎俩”,他的案子是件一手遮天、明目张胆的冤狱。当时,周至柔和蒋经国激烈地争夺行政院长高位,李荆荪是周至柔的智囊之一,迅速发展成一种不可抵挡的形势。蒋经国最后只好釜底抽薪,使用雷震模式,先叫一个人自认是共产党,然后再一口咬定李荆荪是他的同志,就万事妥当。雷震被控以知情不报,判处徒刑十年,李荆荪则以加入叛乱组织,判处有期徒刑十五年。蒋经国不久跃上行政院长宝座,周至柔从此噤若寒蝉,抑郁以终。李荆荪是一位智能型高级知识分子,在牢房中受所有政治犯的尊敬,我们不久就成为最契合的伙伴。十年后,李荆荪被送到台北土城“生教所”集中营监狱,度过残余的刑期时,蒋经国准备对他特赦,条件是要他写一封悔过书,他微笑地拒绝。他说:

“判十五年,就坐十五年!”

李荆荪整整坐满十五年,不差一天。出狱后,《中国时报》约他执笔写短评,就在写字台上,突然心肌梗塞,溘然去世。出殡的时候,一批难友齐集善导寺灵堂,向司仪要求一个公祭的时间,治丧委员会总干事一口拒绝。不知道从哪里来的冲动,我在吊客群中一跳而起,大喝一声:

“火烧岛的难友,到前面来!”

在大家愕然中，徐瑛、卢修一等十几个人挤到前面，我高声朗诵出临时想到的祭文：

“荆荪大哥，你这个国民党的忠贞分子，竟被国民党迫害得家破人亡，好容易拨云雾见青天，想不到又死于心脏病发。当我们希望你能领导我们反抗暴政的时候，你舍我们而去，但我们相信国民党反动的暴政必然灭亡，你在九泉之下会看得见的，我们也会看得见的。”

有人开始啜泣，荆荪夫人终于哭出声音，那是灵堂的第一声哭声，荆荪的女儿也下跪致谢。那时仍是白色恐怖时代，蒋家班的威权仍在巅峰，“暴政必亡”一向是罩到共产党头上的专用铁帽，我公开回敬国民党。当我们离开灵堂的时候，灵堂寂静得像一个坟墓。

另一位政治犯徐瑛先生，从任何角度来看，他都是毛里求斯共和国的公民。在他曾祖父那一代，移民非洲东南、印度洋中的毛里求斯岛。当毛里求斯是英国属地的时候，徐瑛是英国公民；后来毛里求斯独立，徐瑛是毛里求斯公民，出任毛里求斯《华文中央日报》总编辑。1949年，中华人民共和国在大陆建立，他这个英国公民留学北京，就读北京大学。1967年，他代表报社前往东京购买新型印刷机，因为不知道中国人内斗的残酷性，竟然路过台湾。当时恰巧世界各国其他华文报纸负责人正云集台湾，于是大家一齐受到蒋中正召见。就在第二天，当蒋中正握手的余温仍在徐瑛掌中的时候，他的双手已被警备司令部的铁铐锁住，随后判处有期徒刑十五年。徐瑛在十五年牢狱之中，没有一分钱接济，连买卫生纸钱都没有，更不要说牙膏牙刷。中国有句话说：“烈妇易，贞妇难。”刑场上高呼万岁容易，监狱里十五年不屈难。徐瑛是我所看到的政治犯中最沉稳的一位，无论遇到多大的困难，都面不改色，甚至连放风的时候，脚下一步都不错乱。国民政府要求徐瑛放弃英籍护照，徐瑛拒绝。可是，坐牢期满后，面对十五年不准通信、远在万里之外的故乡，他发现他和他台湾本土的其他政治犯遭遇一样，早已家破人亡，妻子和孩子们对于失踪十五年之久的丈夫和父亲突然出现，无法接受，以致徐瑛有家难归，有国难投。就在这时候，他认识台湾宝岛女子陈玉咽，结为夫妇，他终于主动地改换护照，一直到我写回忆录的时候，他们仍快快乐乐地过着新生的日子。

另外一位绰号叫“兄弟”的林震廷先生，他是一个沉冤海底的人物。现在已经很少人记得刘自然案件了。朝鲜战争发生后，美军根据《中美协防条约》进驻台湾，使国民党政权死里逃生，获得强大的支持力量，本应该感谢美军的，然而，任何国家的士兵都有坏胚。1957 年，住在阳明山的美国军事顾问团军士雷诺，把当地居民刘自然两枪击毙，宣称刘自然偷看他太太洗澡，甚至在他开了一枪把刘自然击中倒地后，刘自然仍爬起来，手拿木棒，企图进屋行凶。这个离奇的故事，激起民族情绪的反弹，爆发反美运动。在大家还没有弄清事情真相以前，就包围美国驻台湾的机构，殴打美国官员和践踏美国国旗。第二天，国民政府开始逮捕群众，一一判罪，刑期最高的只有六个月，而且宣布全案就这几个人被捕。当时著名的专栏作家凤兮还特别写文章赞扬政府明智，我也深信在这件涉外案中，政府绝不至于说谎。想不到，被囚火烧岛后，却发现了“兄弟”。他被逮时是《联合报》的记者，特务们在包围美国驻台湾机构人群的照片中，查出了他，判他无期徒刑。任何媒体都没有透露片纸只字，在他整个的服刑期间，一直担任外役，上自监狱长，下至政战干事的升级考试、升官考试、年终考试，以及读训心得（读蒋中正的训词），都请“兄弟”代为执笔，而且全部奏效，他们也会买一点卫生纸或牙膏作为回报。很多忠贞官员竟然是政治犯一手造就的，是一个有趣的现象。

在难友中，有两位黄姓好友，一黄是黄恒正先生，他有极度严重的神经衰弱症，翻动纸张的声音，都使他惊醒和彻夜不能入眠。他和我被囚在一个押房，相邻而卧。黄恒正藏有反动书籍，被判有期徒刑十二年。他思想纤细，我惯于枕上看书，否则就睡不着觉，但是翻书的声音，却使他难以合眼，他要求我不要看书，我接受了，于是他为我做了项庞大工程作为回报，就是用了一年半的时间，把我写的《中国人史纲》原稿重抄到练习簿上，以备将来出狱时，正本被查抄撕碎，囚室里还留有一份。黄恒正获得自由后，不久结婚，大家为他得来不易的幸福日子,充满祝贺,却发现他得了癌症,住进马偕医院。我曾去看他,他已骨瘦如柴。逝世后,他的妻子黄照美女士,被远流出版公司董事长王荣文聘作职员,同事都称她“黄姐”。在那个白色恐怖时代,这义举有相当危险性。

另外一黄,是位人道主义者,宜兰县罗东镇的黄英武先生,台湾大学毕业后,在罗东中学任教,对资本主义所造成的各种不可原谅的罪恶深为痛恨,自然而然地倾向社会主义。终于一件可怕的事发生在他身上,那时候,蒋中正署名的《苏俄在中国》一书,正被各级学校奉为经典,大家对蒋中正一开始就洞烛共产党的奸诈,无不叹服有加。可是,有一天,黄英武在台北牯岭街旧书摊上闲逛,发现一本 1927 年蒋中正著的小册子,宣扬国民党的三大政策之一——联俄容共,对苏共和中共赞扬得无以复加。这使黄英武大为震惊,于是买了回来,在学校公开传阅,全校师生也大为震惊。结果可想而知,黄英武被捕,判刑十二年。他是一个非常坚强而有理念的高级知识分子,从不动摇,也不悲观,狱中曾写了数十封以上的家书,教导他的侄弟辈如何立身持家。他出狱后,跟沈月桃女士结婚,经营油漆生意,不改诚恳敦厚的书生气质,使他的经营备感艰难。

施明德先生,最初被囚禁在第六区——重犯区的政治犯之一,他的身体一直不好,有时被送到病房,有时又被送还押房。原配妻子陈丽珠女士是一位传奇的女性,父亲经商,施明德当时在炮兵学校读书,被捕判刑。他的妻子曾用巨额金钱,把他保释在外,还生了一个女儿。本来这件案子可以不了了之,但施明德的坚强性格,使他重新被捕。就在六区押房,一天晚上,他腹痛如绞,大声号叫,第二天一早,就被送到台东八〇四野战医院,诊察出是急性胃出血,稍迟即行穿孔,于是立即开刀。这次救施明德一命的,是当时的监狱长郑显亚,郑显亚派车把施明德送到飞机场,强行拉下两位乘客,当时大家对军人还有点畏惧,没有人敢表示异议。施明德开刀后,身怀重伤,特务人员却把他一只手铐在病床上。陈丽珠去看他,发信到各机关各媒体请愿,声称她要到总统府前面自焚,以致八〇四医院的医师们

都深深感动,对施明德说:

"你的行为我们不能苟同,但你妻子对你这番十年如一日的营救,有情有义,世间少有。"

然而,人生的变数太多,今天的盟誓,不能保证明天履行。1975年,政府特赦全国囚犯,施明德和他最要好的朋友也是最亲密的战友庄宽裕先生,一同由无期徒刑减为十五年有期徒刑,因为庄宽裕先施明德被捕,所以,庄宽裕也先施明德释放,生死不渝的情谊,使施明德向他托妻付女。于是事情急转直下,即令想象力再丰富的小说家,也写不出稍后使人不能想象的情节,施太太竟然抛弃了已经为他付出十四年的牺牲,再等半年就要被她营救出来的丈夫,而爱上了丈夫最要好的朋友。等到施明德出狱,所预期的妻子奔向丈夫相拥而泣、幼女抱着父母大腿也痛哭失声的感人场面,没有发生,迎接施明德的却是令人错愕的消息。这是一个严峻的考验,脆弱的人真可能刹那间神经错乱。幸而,施明德十分坚强,他不久和充满政治理想而敢于行动的美籍爱尔兰裔的爱琳达结婚。

陈映真先生,政治犯中少数的小说家之一,他以《将军族》一书闻名文坛,军法处判他有期徒刑十二年。这十二年对一个有理想、有抱负的年轻人来说,不但不足以使他气馁,反而促使他更为献身。陈映真是中国共产党最热烈的崇拜者,既激情而又浪漫。1978年,台北《读书人》杂志社长陈铭磻先生设宴招待陈映真夫妇和我们夫妇,想听一下政治犯监狱生活情形。陈映真首先发言,他说:

"我们坐牢的朋友,一个个都有高水平政治素养,相亲相爱,互相扶持,沮丧时,大家唱歌鼓舞士气,都是亲密的伙伴。"

这段话引起在座年轻朋友们钦敬的眼光,只香华大为惊愕,因为她从我这里听到的是,难友们往往各有各的政治信仰,壁垒分明,甚至互不交谈,互相敌视。而有的所谓政治犯,更根本和政治无关。一位难友原关在流氓职训队,受不了那里的折磨,听说政治犯监狱比较自由,就喊了一句"共产党万岁",被判五年徒刑,送到火烧岛政治监狱后,吃饭时都怒目叉腰,立刻成为一霸。这一切跟陈映真所讲的完全两码子事,但陈映真讲时,却是那样的诚恳温馨,仿佛一篇动人的革命小说。九十年代,陈映真一批朋友代表设于台北的“中国统一联盟”前往大陆访问,北京曾隆重地把他们招待到国家元首级贵宾行馆的钓鱼台,受到最高礼遇。

38.同埋一丘

台湾政治犯的制造经过,大致上分为三个阶段,第一阶段是侦讯期,普通都在调查局或在台湾警备司令部保安处,最为艰难。社会上受到普遍尊重又有充分自由的绅士,突然间被捕,推入四周都是铁栏杆的小房间里,被侮辱,被殴打,精神会霎时崩溃。货真价实的“叛徒”,反而比较轻松,因为只要决定招出什么,或不招出什么就够了。只有那些欲招却无供可招的人,苦难最多,因为他必须揣摩问官所引导的方向,假设当初预定你是参加民主同盟的话,如果你忽然参加了共产党,他们就无法接受,假定你的猜测始终不能符合他们给你的暗示,苦难就更大。有人在刑求下,悲愤地叫:

“我是匪谍,我是匪谍,你们叫我招什么,我就招什么!”

这种绝望的哀求,只会更激起审问官的愤怒,因为你冒犯了他职业的尊严,审问官会抓住政治犯的头发,叫他跪在算盘上:

“我们从不叫人招什么,你自己做了什么,就招什么。”

不是每个政治犯都跪过算盘,也不是每个政治犯都摇过电话(把电话线的电流通到手指上,然后摇动把手,电流会使一个人浑身发抖,屎尿齐出),但是,最后都会照着特务们的预期,招出答案。只要你第一件事自诬,就一泻千里,每件事都会自诬,直到法律把你完全严密地绑住。如果只看笔录,只看口供,每句话都是囚犯说的,事实上,每句话都是特务说的,真是:

他白即自白,一一服上刑。

这段时间大约四个月(法律规定侦讯期间不能超过四个月,特务非常守法,四个月内足可以完工,即令超过四个月,也会捏造没有超过四个月),这是最苦的阶段,很多人就在这个时候被逼死或逼疯。1968 年国立政治大学学生代联会主席许席图,在学校组织了一个学生社团——统一社,结果被捕,不到三个月,神志完全错乱。我在警备司令部看守所囚禁时,每天都听到他从一个单独囚禁的幽暗房间里,发出凄厉的哀号:

"我要出去!"

"我要出去!"

"我要出去!"

"我要出去!"

四个单音节的字不断重复,从他那僵硬的、带着哭声的嘴中喊出,二十四小时,从不停止。监狱官在那寒冷的冬天,把他剥光,叫他手淫。一间仅可容身的单独禁闭室,堆满了屎尿,他就在屎尿堆中,一声声呼唤:

"我要出去!"

"我要出去!"

"我要出去!"

"我要出去!"

每一声都像鞭子一样,把人的心抽碎,每遇有大官前来视察,监狱官就把许席图捆绑起来,用布条塞住嘴巴。军法处一度决定准许他保外就医,可是许席图出身贫寒,父母双亡,只剩姐弟二人相依为命,姐姐省吃俭用,供弟弟读上大学,她拒绝把弟弟领回,在法庭上哭诉说:

"我弟弟进来的时候,是一个好好的大学生,现在成了这个样子,我怎么养他?而且养好后又要再交给你们,还能再受得了吗?万一养病期间,他逃掉或失踪了,这么严重的罪名,我怎么承担得起?"

我不久被调做外役,再不知道他的下落。转眼二十年,九十年代初期，白色恐怖已成为过去，《中国时报》忽然有一条消息，报导说花莲玉里疯人院，有一位来路不明的病患许席图，希望能查出他的来历。许席图这三个字的同名率很低，我打电话给报馆，说明原委，愿挺身作证。我心中十分感慨，就在许席图稍前，“外交部长”钱复在国立台湾大学读书，也是学生代联会主席，人生际遇，如此悬殊。

第二阶段是军法审判，除非像许席图那样，侦讯期间被苦刑逼疯，否则，大多数政治犯的移送书，就等于军事检察官的起诉书，而军事检察官的起诉书，也等于军事法庭的判决书。好像黑社会的洗钱一样，军事法庭只是把屈打成招的黑箱作业，使它合法而已，军法官假定判决某一个政治犯无罪，他的下场就是自己成了下一个政治犯。至于公设辩护人更是可怜角色，唯一的功能就是替政治犯认罪，祈求庭上法外施恩。大多数政治犯都知道官司的结果是什么，所以比起在调查局或保安处，心情要平静得多。只有一种人是惊恐的，那就是被判决死刑的囚犯，立刻被戴上脚镣，准备随时枪决。

看守所执行枪决的时间，总在凌晨五时左右，天色初呈朦胧，囚门咔啦一声，门锁打开，传唤的声音早已经惊醒了从地铺上坐起来的死囚。

“某人，开庭！”

大家当然知道怎么回事，然后，再听到脚镣的声音，一步一步，走向大门。有时候，一次执行六七个人，脚镣声更像钢锯一样，锯碎囚犯们滴血的心头。有时候，有人高喊：

“毛主席万岁！”

有时候，也有人高喊：

“蒋总统万岁！”

往事如烟，无论喊谁“万岁”，同样伏尸墙下，同样埋葬一个乱岗荒丘，现在全都化成尘土，无一点踪迹可寻。苍苍者天，曷其罔极。

一位年纪最轻的政治犯庄信男先生，他是马来血缘的原住民，被判有期徒刑十五年，很知道上进，也喜欢读书。我们之所以成为好友，因为他在军法处看守所时，有一场传奇的演出，几乎丧生。原来，另一位政治犯林美海先生，在台湾糖业公司人事室当股长，思念留在大陆上的母亲，托他女儿的一位南非同学，带美金五百元给他的母亲。南非同学把钱带到了，而且和他母亲拍了一张合照，加上收据，从南非寄给林美海，以慰游子的孝思。这封信落在特务之手，通匪资匪，证据确凿，被判死刑。

事情就在这时候发生，庄信男和林美海铺位相邻，那天晚上，不知道什么原因，庄信男跟林美海互相调换铺位，监狱官和看守都不知道。第二天拂晓，押房门突然打开，两个班长冲进来，扑向庄信男，用一块毛巾把他的口塞住，然后双手反绑，一直带到法庭。桌上摆了一盘肉、一碗酒和两个馒头，庄信男嘴被塞住，有口难言。最后，军法官叫他在一张纸上签字，对有些不识字的难友，按手印就可以了。庄信男幸而受过教育，他写下自己的名字，书记官才发现不对劲，报告军法官说："他不是林美海！"庄信男这才被送回押房，法警另把林美海绑赴刑场枪决。

这是大时代的一个小插曲，大官场里的一件小丑闻。写到这里，充满了当一个中国人的悲情。

使人最伤感的一件事是，一件牵涉到八个人的"苏北匪谍"案中，有三个政治犯被判死刑，五个政治犯被判十二年。死刑政治犯正在上诉，而十二年徒刑政治犯，依照法律规定，超过十天后，刑罚即行确定，任何情形下都不能再提起上诉。两个月后，五个人都以"受刑人"的身份调作外役，在洗衣工厂工作。又过了半年，远在美国的一声枪响，改变了五个人的命运。台独分子郑自才先生向访问美国的当时国防部长蒋经国开枪，一击不中，郑自才逃亡。蒋经国回到台北，当外国记者向他询问这场虚惊时，他微笑说，他已经忘记了。当然，他并没有，而是把对台独的愤怒，发泄在红帽子上，下令八个人全部枪决。那天凌晨，一个恐怕是政治犯中身材最高的苏北老乡，正蹲厕所，班长扑上去，把他双臂反铐，拖出押房，裤子都来不及提上来，沿途全是屎尿。为了防止他们呼号和诟骂，嘴巴都用布条塞住。后来，才知道军法处大费周章，先代那原来被判十二年徒刑的五个人，暗中提出非常上诉，然后再由国防部军法局(那时候局长就是后来被擢升为副总统的李元簇先生)发还再审，再审的目的是改判死刑。

第三阶段就是火烧岛，政治犯到了火烧岛就到了终站。无期徒刑囚犯只有死亡才能出去，有期徒刑囚犯虽然出狱的日子总在十年、二十年之后，但总算有一个盼望。

大脑是一个最难控制的东西，越是不愿去想的事，越会更强烈地去想。

在看守所时，难友蒋海溶先生有一天警告我说：

“对不起，我要告诉你，你快要疯了。”

“你怎么知道？”

“因为，”蒋海溶说，“你坐在那里，一直喃喃自语，到最后嘴角还吐出白沫，根据我的经验，这是精神错乱的前兆。如果你不能够自我克制，你的喃喃自语将变成无缘无故的喊叫，那时候就无药可救！”

我否认喃喃自语。

“你问问别的朋友！”蒋海溶说。

我用一种探询眼光，看着其他难友，他们逐一点头。这是我最害怕的事，并且对自己竟然陷于疯狂的边缘，感到难以为情。但我接受这个事实，向蒋海溶恳求说：

“拜托你救救我，以后再遇到喃喃自语时，请给我一拳。”

蒋海溶承诺。于是不久，蒋海溶的一拳击中我的右肘。

“有什么事？”

“你刚才又自言自语。”

“我没有。”

一个难友在旁说：

“你刚才确实说了一连串无聊的话。”

就这样的，蒋海溶把我从疯狂边缘拉回，然而，我却无以为报。他是当时政治犯中身价最显赫的一位，官拜调查局调查处处长，多少“匪谍”丧生在他的手下，最后擢升为调查局主任秘书。蒋经国介入特务机关，主持情报改制后，国防部情报局负责大陆情报，法务部调查局主管国内情报，爆发特务人员之间的内斗。普通行政机关内斗，最多不过走人，特务机关内斗，就非见血不可。蒋海溶和调查处当时的副处长李世杰，以及情报局当时的一位副处长等十几个人，先后被捕下狱，受尽自己人的折磨。有一天，蒋海溶忽然梦见自己是蒋经国派到监狱调查冤案、错案的密探，我趁势问他：

"你自己回想，过去所办的案子，有没有动用过苦刑拷打？有没有冤狱？"

"我从没有下过命令叫调查员动手，所办的案子都有真凭实据。"

不过，他也长叹一声说：

"落得今天这个下场，或许我冤枉过人！"

他被三次判处死刑，终于以无期徒刑定案，也被送到火烧岛。一年后的一天，忽然又被调查局押回台北，大家都认为他可能提前释放，多年后才知道，他在调查局监狱被特务用绳子绞死。调查局对蒋海溶之死的说词，跟对沈嫄嫜之死的说词，如同一个模子浇出来的，四个大字：畏罪自杀。

闯过喃喃自语一关后，逐渐适应监狱生活，我还发明一项守则：铁窗外面的事不去想！我把整个监狱岁月投入写作，完成了三部史书：《中国历史年表》《中国帝王皇后亲王公主世系录》，以及《中国人史纲》。我用早上吃剩的稀饭涂在报纸上，一张一张地粘成一个纸板，凝干之后就像钢板一样坚硬。每天背靠墙壁坐在地上，把纸板放在双膝上，在那狭小的天地中构思。我建立我自己最基本的史观，就是我为小民写史，而不是为帝王将相写家谱、写嘉言懿行；我想突破两千年以来被视为正统的、以朝代为单元的体裁。像钱穆先生的《国史大纲》，虽然用一种看起来极其深厚、充满新鲜刺激的词句作为标题，可是内容却仍是古老的考据手段，和保护既得利益阶级的既得利益，他最大的毛病是传统性的：说不清楚。我在脑海中不停酝酿，想彻底取消朝代的框框，改用世纪（一百年）为单位，使历史事件发生的时间，得以更明确地显示出来，还想把历史上那些令人头昏脑涨的官名，一律现代化。问题是，这样做，不但尖锐地违反传统，简直是在另立传统，一定会招来老传统的反击，可能体无完肤，犹豫踌躇不敢下笔。有一天，和同押房一位难友黄华先生谈起来，他说：

“管什么传统？应该只管创新，能不能够站得住脚，由读者决定。”

一语提醒梦中人，茅塞顿开，决定不顾一切，做全面的突破。反正每天放风时，一定搜查押房的监狱官即使翻看原稿，上面全是历史往事，和眼前当权者毫不相关，也不会干涉，所以我写作途中，没有受到干扰。

另外，我也写了些诗。监狱实在不是创作抒情文学的地方，人在坐牢三五年之后，因为生活简单，不但谈话内容会越来越简单，连梦也会越来越简单，到了后来，索性连一个梦也没有了。俗话说：“日有所见，夜有所梦。”日无所见的时候，储备不出来做梦的素材，自然无梦。长期坐牢的政治犯心灵，好像压干了的果实，失去原有的润泽和滋味。然而，政治犯也有政治犯的幽默，我就常常嘉许勉励一些同窗难友说：

“你坐牢的表现很好，加你三年刑期，以资鼓励。”

然而，每个人的幽默度并不相等，这句仿效加薪的灵感，有时也会引起反弹：“你怎么咒人？”

出狱的时候，有些人就在监狱门口，把穿过的囚衣和盥洗用具全部用火焚毁，不希望把霉气带回家。我却是把每一样有监狱标帜，或监狱编号的东西，都当作珍贵的纪念品，小心翼翼地装进行李袋，这使有些难友大为惊奇。平常，我总是想尽办法使生活多一点情趣，监狱官在每个押房，会随便指定一囚犯担任室长，我就自封为室长助理，后来觉得这个官衔还不够过瘾，就再自动加官为“特别助理”。二十五年后，当行政院新闻局制作《中华民国名人录》时，要我校正经历，我就填上“国防部感训监狱第四区第八室室长特别助理”。

39. 出　狱

传统有一句话："天下无不散的筵席！"指任何欢乐都有结束的时候，团圆也都有缺失的时候，原是一种人生无可奈何的结局。然而，如果改为"天下没有不结束的暴政"，同样也是一种定律。1975年，一连好多任的总统蒋中正先生逝世，当监狱官率领大家观看电视，聆听这项宣布时，确实有一种不敢相信自己耳朵之感。有些人自出生以来，"蒋中正"三个字就像紧箍咒一样，紧套在自己头上，拉也拉不掉，撕也撕不下。对我来说，更有一种若有所失的感觉。从1938年在武昌左旗营房当仪队开始，到现在身为囚犯，前后三十七年，半生岁月，由当年极端崇拜，到逐渐对他质疑，信心动摇，以致完全崩溃，其中最令我不解的是，这位全国武装部队最高统帅，丧失了一千万平方公里巨大的国土（相当于一个美国），把十亿"敬爱他、服从他领导"的人民，丢弃给一个被称为"共匪"的敌人，自己落荒而逃，逃到大海一角，竟没有丝毫责任，责任反而都是别人的，也不受任何法律审判，反而要审判别人，狼狈的失败，反而证明他更英明，实在令人作呕。

第二天，监狱官分别到各区集合囚犯，宣布蒋中正死讯，下令大家一律静默三分钟哀悼。有个该死的难友，突然笑了一声，激起监狱官的大怒，诟骂笑的人丧尽天良，几乎为大家惹来大祸，事后虽然扬言要深入调查，也就不了了之。

蒋中正之死，带来皇家效应，历史上，老王死后，新王登基，总要大赦天下，表示薄海感恩。蒋中正逝世后，他的儿子蒋经国当时任行政院长，虽然还没有登基（登基的是副总统严家淦），但政府已下令刑事犯减刑二分之一，政治犯减刑三分之一，无期徒刑减刑为二十五年,唯一的但书是:凡参加共产党的政治犯,一天也不减。我判刑十二年,减掉四年之后,只有八年。这时候我忽然发现刘展华先生真是可爱,如果不是他在审讯过程中那一声断喝:“你也配!”此时,我就不可能减刑四年。

蒋中正之死是火烧岛腥云消散的前兆,十三年后,蒋经国逝世,蒋家班瓦解,火烧岛政治犯监狱终告撤销。

1945 年中国对日抗战胜利时,蒋中正如果翘了辫子,一定会被人戴上完美无缺的民族救星的帽子,永耀史册。

虽然减刑,但我的刑期仍要到次年(1976)才满,倪明华依照离婚契约,每月都寄给我五百元赡养费,虽然没有片纸只字。佳佳倒是常有信来,可是我看不到孩子对家庭生活的描绘,也看不到其他政治犯儿女们常写的一句话:

“爸爸,盼望你早日回家!”

佳佳从小小的年纪,心灵就被安排得如此吊诡,父女之间只能谈些官话,我已预感到我最恐惧的疏离气息,正笼罩在我们头上。

所幸的是,就在景美军法处看守所,政治犯倾巢南下的前几天,陈丽真冒险又送来了一次日用的盥洗用具,使举目无亲的我,被囚入火烧岛政治监狱的那天,在亲友调查表中,得以写下陈丽真的名字,台湾两千万人中,她是我唯一的亲人。

1976 年,我入狱已整整八年,从元旦那天开始,就在墙上画下倒数日历,直到 3 月 7 日。每天早上划去一格,还剩六十六天,第二天早上再划去一格,还剩六十五天,以后除了早上划去一格,减少一天外,到了晚上,也把明天的划去。原以为铁窗外的事绝不会去想,这些年来一直严守这项铁则,可是,现在变得万念俱灰。这不是急躁,而是动心。八年监牢,似乎最后这两个月最长,也最难度过,我终于写下怀念佳佳一诗:

吾儿初生时　秋雨正淅沥　父独守长廊　喃喃向神祈
护士终相告　告父生一女　此女即吾儿　此情舔犊意
儿啼父心碎　儿笑父心喜　看儿渐长大　摇摇学步举

曾入托儿所　一别一哭涕　负儿径自归　为儿理发髻
出疹畏风光　门窗日夜闭　儿身热如焚　抱儿屡惊悸
自幼厌进餐　一餐一淘气　悄悄吃狗食　吐泻几将毙
住院儿卧床　伴儿父卧地　五岁接电话　口舌即伶俐
怒时呼臭爸　顿脚如霹雳　六岁考幼园　百分高第一
滑梯玩不休　万唤都不理　上学有人送　下学父迎及
一路攀父臂　仍作秋千戏　爬肩闻烟味　翻腾上父膝
遇事即寻父　搂颈絮絮语　寻伴乐不归　惹父沿街觅
急急如疯汉　惶惶汗遍体　当父离家日　儿已二年级
坐地看电视　尚对差人嘻　一去即八载　一思一心戚
梦中仍呼儿　醒后频频起　而今父将归　儿业亭亭立
何堪吾家破　孤雏幸存息　儿已不识父　怜儿泪如雨

出狱前几天,我把所有的行李、衣服和图书,打包寄给陈丽真,她事先还为我定下旅馆,约好当天她从台北赶到高雄,到长途巴士站接我。一切都安排好了,只等3月7日到来。然而,就在屈指计算着见面日期的时候,一个可怕的阴谋,上至蒋经国,下到台湾警备司令部,在秘密实施,他们决定"不释放柏杨,继续囚禁",这就是蒋家父子特创的一种使政治犯绝望生畏、不可思议的"隔壁手段"。

"隔壁手段"关键在于"隔壁"。火烧岛政治监狱的隔壁,是警备司令部所属绿岛指挥部,指挥部有一个新生大队。所谓新生大队,就是黑社会重量级流氓集中营,凡是其他流氓管理所(正式称"职业训练所")管训的流氓,不服从管训,或殴打长官,或屡次逃亡,被列为恶性重大的,都送到火烧岛新生大队,接受更严厉的折磨。大队直辖四个队,其中三个队管训流氓,一个队(第六队)则是管训从"隔壁"(政治监狱)刑期虽然已经届满,但有关单位认为他的思想仍未改造,或者找不到保人的政治犯;就在出狱当天走出大门时,重新逮捕,囚入第六队,管训期限是三年,可以一次又一次地延长。有人甚至在第六队囚禁二十余年,外面世界没有一个人知道。所以,班长们经常警告囚犯:"我没有办法叫你出狱,但我有办法叫你坐牢坐到死!"

有一位难友在他出狱六个月前，依照规定写“感训心得”。普通情形下，都会依照官方盼望，把自己写成一个痛心自责、永远拥护英明领袖的悔过之徒。想不到那位难友在写感训心得时，不但没有认错，反而把他在调查局所受的苦刑，以及全案冤屈内情，写了二十几张纸。政战官平常对他的印象不错，这次特地前来押房，向他分析利害，要他重写。这位难友认为现在他要出狱了，党国要人不是都在勉励诚实无欺吗？他要让层峰知道事实的真相。政战官怎么劝他都不听，政战官大怒，砰的一声，关门而去，同房间难友告诉他说：

“你这样坚持，恐怕会被送到隔壁！”

他这才开始惊慌，立即写报告要求更改感训心得，政战官叫班长传话说：

“感训心得已报到国防部去了，无法收回！”

结果，那位难友被送到隔壁，六年之后，才被释放。

但我仍无法想象，“隔壁手段”会落到我身上！刑期届满的前一天下午，被看守班长唤出，带到监狱会客室，在座的有监狱长、政战主任，还有绿岛指挥部指挥官王道洪将军，以及警备司令部保安处副处长吴鸿昌。在座有七八个人，只吴鸿昌一个人戴着墨镜。这是一个非常奇怪的传统，凡是干不可告人工作的人，总喜欢墨镜，大概是怕被人辨识真实面目吧。不过，由于他发言最多，立刻可感觉出来，是他主控全局。不等我坐下，他就开始说：

“你不是写了一份报告，要求政府帮你介绍工作吗？”

“是的，是班长叫我写的。”

“政府曾经向全国各机关各单位，调查有没有位置可以安置你。可是，凡是看到你大名的人，嘿嘿嘿，他们没有一个不摇头。政府并不气馁，仍然为你继续调查，要知道，你虽然不爱政府，可是，政府却是爱你的，最后总算是为你找到一个教官的缺，那就是在绿岛指挥部。”

“是不是把我送到第六队管训？”我的头轰的一下涨起。

“绝对不是管训，你是真正的教官，和指挥官平起平坐。”

“那么我是不是可以先回台北一趟,”我勉强镇定说,“看看我的女儿,然后,再回来到差?”

“不可以,但你可以叫你女儿前来看你。”

“请问,我什么时候才可以离开绿岛?”

“你这个问题,我们在座任何一个人都没有资格回答。”

“那么,”我说,“这岂不仍是管训?”

“告诉你,这不是管训,就不是管训。”

“如果不是管训,我不接受这份工作,可不可以?”

“你知道你为什么坐牢吗?”吴鸿昌开始翻脸。

“我知道,我是匪谍。”

“什么匪谍?就是因为你不听话,才教训教训你。你看,你到现在仍然不听话,竟想回绝上级的安排。你以为我们不敢管训你是不是?如果你非以感训队员自居不可,不想当教官,我一个电话,管训令就会下来。你信不信我们有这种力量?”

“我信。”

“那么,”吴鸿昌如释重负地说,“回牢房写一份自愿接受这份工作的感谢状。”

直到今天,事隔二十年,我仍想不通,八年监狱,我没有违犯过狱规,也没有受到过处罚。只被呵责过一次,在景美看守所外役区时,电视天天播出“自从总统(蒋中正)来台湾,风调雨顺甘露降”一歌。一天,我一面扫地一面唱,一位班长说:“你唱什么?”听了我的说明,厉声说:“你唱就不一样,不准唱!”这一段插曲,难道竟被列入记录?但有些难友天天诟骂,有位难友还跳河逃亡过,照样按时出狱。不管什么原因吧,很明显的,蒋经国在军事审判中杀我不成,现在有点懊悔,改用隔壁手段,叫我苦死孤岛,不知道什么仇恨,使他如此的难以释怀!

当我把噩耗带回囚房,第四区难友霎时间噤若寒蝉,大家原以为这项隔壁手段,已被特赦令取代,现在才发现,以特务为主干的政权,绝不会放弃每一个整人的机会。第二天,我被提到大礼堂,面向蒋中正的遗像，宣誓永远脱离叛乱组织，永远信仰三民主义。然后，被带出监狱大门。天正降着毛毛细雨，大门前马路的另一边，是一排嶙峋岩石，从太平洋深处涌起的巨浪，发出空洞的响声，化作一片白色泡沫，像雪崩一样，粉碎溃裂。我想停下来享受一分钟出狱的自由，然而，两个卫兵分立两旁，台阶下一辆军用吉普车在那里等候，我黯然跨进车厢，五分钟后，就到了政治犯最恐惧的“隔壁”——绿岛指挥部。

指挥官王道洪在客厅等我，态度谦和，不像是对一个囚犯，而像是对一个宾客。他也是昨天监狱客厅那场官囚见面的座上群贵之一，也是火烧岛上官阶最高的一位官员。他直入核心地问道：

“郭先生，到底怎么回事？”

“我怎么知道，指挥部这里应该有我的数据。”

“什么数据？什么数据都没有，我奉到的命令是：不准你离开绿岛，但在营房之内，你的行动绝对自由。”

这就是软禁，我每天除了吃饭以外，没有任何事可做。软禁最可怕的地方，是它没有刑期，名册上，我的职位是“看管雇员”。凡是判刑的囚犯，即令是二十五年的最高刑期，也有期满的一天；即令是无期徒刑，也有大赦、特赦，或减刑的可能。只有软禁犯，可能被囚禁三十年、四十年，永无尽期，任何大赦、特赦、减刑，都轮不到自己，因为我们已非罪犯，没有判刑，只不过由于一纸行政命令，等承办人更换几次之后，会逐渐把这个案子遗忘，那也等于全世界把这个人遗忘。我一直等到成了软禁犯以后，才发现蒋家父子更黑暗、更恶毒、更滥权的一面。

当初名噪一时，从厦门游泳到金门，“投奔自由”的红卫兵王朝天先生，他这个呆子竟然想向警备司令部讨回登岸时身上被搜去的人民币，因而被送到台北土城生教所集中营监狱，接受感化教育。他气愤不平，在黑板上写出他的抗议，结果再被送到火烧岛当看管雇员。

另一位更离奇的软禁犯汪廷瑚先生，他得罪了当时国民党中央党部秘书长张宝树。张宝树先生一个电话给警备司令部，汪廷瑚立刻在他教书的台北市大安高级工业职业学校教员位置上被捕，押解到绿岛指挥部，成为“看管雇员”之一。事后，张宝树曾经派了几位汪廷瑚的朋友，到火烧岛劝他写一份悔过书，就可释放，每一次都遭到拒绝。这样一直到我回返台北，继任指挥官周书府先生，对软禁犯采取严峻态度，汪廷瑚终于遭到毒手，不明不白地死在周书府派出的枪兵围殴之下。

40. 软　禁

软禁，使即令一生中所受的打击像大雨倾盆的我，也承受不住。所有希望都被无情地摧毁，连申诉的机会都没有。一连几晚，我都无法安枕，哀伤、愤怒，心悸不止，最焦急的是，我无法告知丽真详情。后来，丽真在《柏杨·美国·酱缸》书中，有一文描述出她当时的遭遇，抄在下面：

3月1日，小昱气喘，住进了铁路医院。3月2日，一栗（丽真夫婿）被警总请去谈话，每次被传讯都是胆战心惊，但每次都因为信心，因为问心无愧，因为一份友爱之心，而博得传讯官员的谅解和同情，他们并且善意地劝一栗不要到绿岛接了，风高浪急，交通又不便，孩子身体也不好……我们接受了他们的好意。3月3日，我给老师一封限时信，告诉他我们四个人——祖光、一栗、小昱同我，决定3月7日从下午二时起便在高雄火车站正对面的一家大饭店等他。3月4日又寄了一封限时信，怕万一3日的信遗失了联络不上。3月5日，小昱出院，6日这天，像蚂蚁在热锅上似的。3月7日，我们一家三口（祖光早一天先到高雄了），乘上了台北八时南下的观光号特别快车，可怜小昱还在轻微地气喘！祖光同一栗计算了半天，认为老师最快也要在下午五时之后才能到达高雄,我们就把那份吊在半空中的心放在五时之后。我实在急不过了,就请他二位在旅馆里陪伴躺在床上的昱儿,我独自跑到公路局东站去等。想想这么多年不见,老师驼背了?发白了?苍老不堪了?心里把老师想成最不忍卒睹的惨状,眼睛不敢转动地盯着从台东开来的每一班公路车。六点、七点都失望地过去了,老师还不出现。"一定是老师爱美本色,先去理发、染发了。"一面安慰自己,一面又要耐下性子来等。"糟了,说不定坐在刚才到的、停在前面的那班车上了!"心里想着,就往饭店狂奔——三副沮丧的脸孔默默地相对着,我又回到公路局车站。八点、九点……每一班车的旅客都被我毫不放松地盯得牢牢的。十点,又到了一班车,在一阵蠕动的人潮中,我似乎看到了老师的影子。

感谢上苍,我没有高血压,否则不堪设想——我站在车子门边,盼着、盼着。来了,很像,但不是老师,也许就是老师,追过去,站在他面前,两人互望了一眼,是有点像,但绝不是老师。没有泪了,只有失望,对方一定说我神经病,管它呢!徘徊、等待、心焦、失望,身上的细胞真不知道要报销多少亿个。好心的站长走过来问:

"等人?"

"是的。"

"很重要的人?"

"很重要。"

"半夜十二点了,由台东开来的最后一班车早已到了,今天晚上再没有台东来的车子。小姐,你脸色不好,送你回去吧!"

"谢谢,不用了。"

脚上像绑上了千斤重担似的提不起来。

"吃晚饭去吧!"祖光说,他二位向高雄夜市走去,我陪着儿子在旅馆里,仰望夜色的穹苍,那疏落的闪烁的繁星,显得无比的苍凉与虚弱。

3月8日,我们一家赶到台中公园赴约,这是平凡生活中的一个小小的高潮。下午五时,我们落落寡欢地搭上北上的快车。3月9

日，收到老师出狱前夕(3月6日)寄给我的一首诗。

3月10日，收到老师还是从绿岛寄来的限时信："丽真，我已经准备好，以为就可以回来了，长官却把我找了去，告诉我仍要留在绿岛，继续囚禁。看样子我们此生见不到面了，请原谅，使你们四位辛苦地白跑了一趟，心绪空前伤感震荡，不多写。"喔，事情已经大白，老师虽然终于出狱，但却永不会回来了。

指挥部保防官准许我写信给丽真，可是却不准许提到任何软禁字样，只可告诉她，我现在担任教官，生活十分快乐。迄今为止，我仍不知道蒋经国为什么恨我到这种地步。先是要我伏尸刑场，在我成了漏网之鱼后，又要使我葬身孤岛。我在营区内虽然可以自由走动，也可以站在高岗上遥望巴士海峡，但是，我没有朋友，所有官兵都把软禁犯当作一个麻风病患，不敢接近。我虽然走出有期徒刑，却又一脚踩空，栽入无期徒刑。这时候我的全部希望，是能看到佳佳一面。我知道，见城城、垣垣、丽真，是不可能的。指挥官已经批准我的申请，可是，最大的困难，是在写给佳佳的信上，无法告诉她爸爸在哪里，和到什么地方才可以找到爸爸，因为凡是军事单位对外通信，只有一个邮箱号码。所以我不能说我在绿岛指挥部，也不能告诉佳佳到绿岛指挥部，如果违反，那就又犯了泄露军机的重罪，可能加判无期徒刑或十二年以上有期徒刑。

再一次天无绝人之路，我在软禁期间的顶头上司，感训组长汪乃效先生同情我的遭遇，日后我们成为好友，他正巧到台北度假，才把地址及约好的时间，带给罗祖光，这时，祖光是《自立晚报》副社长，比较有空闲，祖光答应带佳佳前来绿岛。

这一场分离八年的父女会，我有一首长诗记事：

千里来探父　父迎乍邂逅　茫茫两不识　迟迟相视久
父惊儿长大　儿惊父白首　相抱放声哭　一哭一内疚
父舌舐儿额　儿泪染父袖　睹儿思往事　利刃刺心薮
旧创初结痂　新创再毒殴　痴痴望儿面　父心泪中抖

环岛踏胜迹　汗湿裳衣透　儿或挽父臂　父或牵儿手
温泉洗双掌　绝壁听海吼　高崖攀灯塔　佛洞卜神佑
缠父打乒乓　父女大交斗　笑声彻屋宇　又如旧日友
儿居招待所　窗外荫椰柳　诸友屡邀宴　率儿起敬酒
明月照小径　父女并肩走　喁喁儿时事　指天询北斗
儿卧酣酣睡　父傍彻夜守　听儿呼吸匀　喜儿不解忧
儿虽已长大　仍是一孩幼　睡时仍踢被　不能自察纠
乘车惧颠簸　嘱儿紧抓绶　饭桌用饮食　嘱儿垂双肘
坐时儿弓背　嘱儿挺胸钮　食罢不刷牙　嘱儿勤加漱
隐镜疑伤目　嘱儿另选购　琐琐复絮絮　惹儿嫌父朽
二日匆匆过　留计苦无有　儿自凌空去　父自归窗牖
再视儿睡处　抚床泪如漏　小径仍似昨　父影独佝偻
重见尚无期　念儿平安否　自爱更自重　莫贻他人口

佳佳走后，我已没有第二个希望，假设这时候突然死去，也了无遗憾。几个月后的一天，忽然全营警戒，一架直升机在草坪中心降落，军号齐鸣，一位高级将领走下来，官员们低声传告，警备司令部政战部主任韩守湜将军前来视察，指挥部人员除非有特殊任务，不可以离开各人所在的房间。大概一个半小时后，一位组长跑步进来，呼喊我的名字，一面说：

"主任召见你，快换像样一点的衣服！"

八年的囚犯，又哪里来像样一点的衣服？八年前随身穿来的西装，早已寄给陈丽真了，组长只好叹气说：

"好吧！好吧！就穿这身衣服吧！"

走在路上，他忽然警觉起来，问我说：

"主任为什么召见你？"

"我怎么知道？"

"你是不是写过申诉信给主任？"

"这里的每一封信，都经过保防官检查，我如果写这封信，他会让我发出去吗？"

他狐疑地说：

“那主任怎么知道你在这里？你认识他？”

“是的，我跟主任是高中同学。”

他生气地责备：

“那你来的时候为什么不早说？”

“组长，你想一想，我是一个软禁犯，一进门就说跟你们总司令部政战主任是朋友，你不认为我三八吗？”

他对刚才的态度有点懊恼，脸上立刻堆起笑容：

“柏杨先生，你来这里几个月，我们并没有亏待你，主任如果问你什么，你可要凭良心回话。”

“那当然，请你放心，何况，你们对我确实很好。”

其实，我和韩守湜自从离开学校，一直没有见过面，假定他没有道义担当，绝不敢承认跟一个政治犯有这种关系。所以，一见面，我除了向他致谢外，就直截了当地问：

“我还有没有希望出去？”

他谨慎地说：

“我不知道。如果你是被管训的流氓，我今天就可以带你走。”

“警备司令部难道还管不到我的案子？什么机关管到我的案子？”

“你应该往上面想。”

“国防部？”

“更要向上。”

“那么……”

“不要谈了，我只能向你保证，你在指挥部期间，我们对你绝对优待。不过，我建议你，每个月写一份感训心得，实际上这对你没有一点帮助；但是，一旦有人帮助你的话，可供给他一个很好的台阶。”

在指挥部的午宴上，韩守湜让我坐在他的右边，然后站起来向指挥官以下全体官员说：

“柏杨是我的老同学，拜托大家多照顾他。”

这是一项雪中送炭的友情。两个月后,另一架直升机隆重降落,军号照样响起,原来是更大之官,“国防部”总政战部主任王升先生、副主任萧政之先生,联袂前来视察。根据韩守湜的经验,我心里想,他们可能也会相见。可是,飞机走了,汪乃效惊奇地说:

“我知道你们是同学,向他报告说,柏杨也被关在这里,他们一面点头,一面笑笑说:‘柏杨,哎呀!名人!名人!’一步也没有停留,登机而去。”

这真是一个有趣的人生浮世绘,在患难中,可以看到人的形形色色。

当时指挥部有一个图书馆,管理图书馆的也是一位软禁犯,他是当年名震一时的陆军总司令孙立人将军的左右手。孙立人是美国弗吉尼亚军校的毕业生,曾任印度战区中国远征军指挥官,能力和战功闻名国际,但是,他的竞争对手是皇太子。中国官场上斗争,最可怕的秘密武器,就是“诬以谋反”,蒋经国祭出这项武器,孙立人立刻瓦解,被软禁在自己家里,他无论到什么地方,都有特务寸步不离的“保护”。所有与他有关系的军官,都被清除(你即令誓死信仰三民主义,服从最高领袖也没有用),而他的左右手郭廷亮当时官阶上校,是一员战将,国军正准备一旦接到联合国的命令,即行参加朝鲜战争,郭廷亮担任最艰巨的突击团团长,准备全团战死在韩国的滩头阵地。就在联合国决定拒绝台北出军的当天晚上,郭廷亮被警备司令部逮捕,把他装到特制的囚笼里,拷打审讯,最后被判无期徒刑。蒋中正逝世时,他已坐牢二十八年,可是他并没有被释放,反而先我两个月送到绿岛指挥部。就命他管理图书,单独有一个住宿的小房。我真是有点懊恼,如果早出狱三个月,说不定可以占上那个馆长的“肥缺”,也有个小房。

白色恐怖结束后,郭廷亮也被解除软禁,那时孙立人将军仍在人世,谋反的真相大白,可是,对郭廷亮而言,他无处投奔,只好继续留在火烧岛,养梅花鹿为生,一面为自己的清白,控告分辩。一天从台北回绿岛,在中坜,车还没有停妥,被人从车子上推下来,栽倒月台,一代战将,死于暗下的毒手,留下无限诡异。

我在软禁期间,全神贯注坐牢,没有任何事分心,监狱所写的历史书稿,于出狱时全被送往警备司令部审查,每天只不过陪指挥官王道洪下下围棋。我们围棋的功力相差无几,全岛地位最高的巨官和全岛地位最卑微的囚犯,成为棋友。

我的棋艺起初似乎略占上风,有时真想下下政治棋输他两盘,可是,这话说来容易,真正当你棋下得稍高一着时,想求输都难。王道洪是一位锲而不舍的挑战者,他端详棋盘会长达二三十分钟之久,当我离开绿岛时,棋艺已开始落后,招架不住。

漫长的软禁期间,来自各方面的援助和拯救,也一天比一天激烈,问题是,我并不知道。所知道的是,我已经被世界抛弃了,而这正是暴君的盼望。就在这时候,美国总统卡特先生推动人权外交,我是一粒沙子,但人权外交的浪潮却卷起这粒沙子,把我从黑暗的深海卷上来,投掷到阳光下的海滩上。八年前被捕的时候,孙观汉先生曾在美国发动大规模的请愿行动,美国国务院回答说,这是台湾的"内政"。可是,在人权外交的呼声下,美国国务院立即训令当时驻台湾的安克志,调查我的下落。而国际特赦组织,这个我从没听说过的国际性专门营救政治犯的人道团体,也发动世界性的援救攻势,信函雪片似的飞到台湾。没有一个机关会采取反应,但它却使感训组长汪乃效留下深刻印象,问题是,他不能直接告诉我这回事。于是有一天,在有很多人的场面下,汪乃效对我说:

"一个叫国际特赦组织的,从各国写了很多的信给我们政府,想用压力使你释放。那一点用也没有,靠写信能救得了人吗?"

从这些话中,听出讯息,那就是,我的入狱和软禁,已引起国际关怀,感觉到我要更好好地活下去。对政治犯而言,坐牢是和暴君生命的一种比赛,看谁活得更久,看谁活得更健康。于是我拿出所有的财富,买了些奶粉、维他命之类,决心参加这个比赛。

结束这场软禁的,是美国众议院议长沃尔夫先生,他来台北访问,质问政府官员,柏杨哪里去了?政府官员回答说:

“柏杨自己愿意留在绿岛指挥部当教官，如果不信，我们有他亲笔写的申请工作的报告。”

一个稍有智商的人无法了解特务分子怎么会编出这么幼稚的童话，沃尔夫表示他要亲自去绿岛当面问个清楚，官员们这时才开始惊慌，蒋经国的态度也立刻转变。于是，有一天，我正在图书馆，汪乃效走进来，把我拉到院子里，说：

“告诉你一个好消息！”

然后拿出一份警备司令部的公文，上面写着：

柏杨一员，本部另委工作，即日派员前往陪伴返台。希转知。

就是这封电报，使我成为时间最短和最幸运的软禁犯。于是我立刻去理发染发，然后全心盼望警备司令部派的专人驾到。可是，隔了一星期之久，仍不见动静。一个一生中不断接到坏消息的人，有权利怀疑任何好消息，我怀疑事情发生变化。幸好，终于有一天，警备司令部保安处上校组长萧桃庵先生抵达指挥部。当我随着他登上火烧岛前往台东的班机时，回想来时情景，对葬送在这个孤岛上六余年的生命年华，只换得一声长长叹息，写下《我离绿岛》一诗：

我离绿岛时　厚云掩朝阳　脱我囚犯衣　换我平民裳
十年如一梦　此梦仍未央　抬臂觉肘痛　着袜抚膝伤
试步双足软　合唇齿半伤　仰头望苍穹　天人皆迷惘
金堂酣歌舞　壮士泣沙场　丹心化为泪　巨星引眉扬
高僧恕飞雀　奇异出画坊　野村相面客　俯首甘异乡
独念狱中友　生死永不忘

当晚，住在台东一家旅馆，晚饭以后，我试探着问：

“我想买一双鞋子，是不是可以到街上走走？”

“当然可以，”萧桃庵爽朗地说，“从现在开始，你已经自由了，想到哪里，就到哪里。”

只有一个被长期监禁的囚犯，才能体会我那时的心情，没有喜悦，也没有欢愉，只有一份恍惚的哀伤。在暮色逐渐沉重中，沿着山城街道,信步徘徊。我真的是想买一双鞋,可是走到鞋店门口,却忽然有点胆怯,不敢进去,在橱窗外面看了很久,再踏着自己狭长的身影,摸索着回到旅馆,洗了一个热水澡,躺在雪白被单的床上,心里想:

"我又要从赤贫开始!"

第二天,我们乘班机从台东飞往台北。在松山机场下机时,除了一个警备司令部的军官以外,见到罗祖光、梁上元以及陈丽真,真正的恍如隔世。抄一段梁上元《柏杨和我》一文中描述的这场重逢:

1977 年的 3 月,我们又得到柏杨即将获释回台北的消息,经过了上次的波折,尽管柏杨自己也来信说,这次"绝对是真的",我们都半信半疑,不敢高兴得太早。"还是等真正接到他之后再通知观汉吧!"中午的时候,我这样对丽真说。但是熬了一个下午,在吃晚饭之前,我终于忍不住拨了个长途电话到美国去。

从知道这个消息到柏杨回到台北,大约有半个月的时间,这真是人世上最长的半个月,我和丽真,丽真和祖光,几乎每天都要通好几次电话,互相地打听:"有没有进一步的消息?""这次一定会回来吧!""到底哪一天启程呢?""该不会又有什么变化吧?"观汉也沉不住气,不断地从美国打越洋电话来,问来问去,讲来讲去,都是同样的问题。人的心理就是这么奇怪,九年都等了,这最后几天却等不了,到了 3 月底,我们几乎又要动摇。

4 月 1 日下午六点十分,我们终于在台北松山机场等到了柏杨——警备司令部一位萧上校去接他,陪他回来。

失去自由九年又二十六天,柏杨并没有我们想象中的苍老和狼狈,相反的,他染了头发,穿一件深色的夹克,虽然略显清瘦,反而比我九年前在景美军法处看守所探望他时,年轻清朗得多。他和我们每个人紧紧地握手,坚定而有力,而且马上谈笑风生。尽管在眉宇之间,似乎仍隐隐地流露出一份紧张和一股怨怒之气,但也正因为如此,整个人显得目光炯炯,虎虎有生气。那天的晚餐是在祖光家吃的,餐桌上菜肴丰美,友情洋溢,觥筹交错间,我看到他的表情开始慢慢地松弛,当我们谈到观汉时,他禁不住流泪,在泪光中,他的眼神已变得十分的柔和。

当时,罗祖光邀请大家到他家晚餐,一个警备司令部派来接机的小军官拔腿也要上车,萧桃庵喝止他:

"你去干什么?我们的任务到此为止,也该回家吃饭了。"

那一天是1977年4月1日,距1968年3月7日,共被囚禁九年零二十六天。其中,有判决书的硬牢八年,没有判决书的软禁一年零二十六天,人生,有几个九年零二十六天?

41. 自　由

祖光家两个小时的餐桌上,从大家口中,我已大略了解十年来身在牢房里的时候,外面所发生的事,话题几乎全部集中在孙观汉先生海外营救行动的细节。他在香港出版了一部厚达六百多页的《柏杨和他的冤狱》一书,上面刊载我的起诉书、答辩书和判决书,以及从世界各地写给孙先生援救我的信件。每一个小故事,都使我饮泣。和观汉热肠对比的,也有更多的世态炎凉和落井下石的故事,每一件也都使我震惊。然而,"人不炎凉不世情",一个充满了势利眼的社会,固然使人心寒,但一个完全没有势利眼的社会,也会平淡枯燥。历史上没有奸邪,哪能显出忠贞?没有势利眼,又怎么显现出道义美德?在人生道路上,每一次挫折,都是一次友情筛检,经过风浪而仍保持友情的朋友,才是真正的朋友。世界上从没有发生过,当一个人受到挫折时,朋友阵容能够原封不动。"一贫一富,乃见交情;一贵一贱,交情乃见"是千古定律,所以我立刻全部消化。

九年多的别离,赢得了这场团聚,夜已渐渐地深了,他们把我送到怀宁街太阳饭店,一方面等找房子(他们不敢相信我这次真的能离开火烧岛,所以不敢像上次那样,预先准备住处),一方面陈丽真服务的运通公司就在隔邻,可以就近照顾。这是我到台北的第一个自由之夜,就在灯下,写给孙观汉一诗:

今日踉跄回台北　人物都非两渺茫
去时家园如完瓯　于兹覆巢鸣寒螀
念我身老童心在　仍将丹忱酬热肠
先把无穷感恩意　第一修书报孙郎

接着想办的一件事,就是想联络佳佳、城城和垣垣。然而,我自己造成的家庭破碎,虽然在以后的有生之年,一直想尽办法弥补,但仍然失败。尤其是佳佳,这个我把所有的儿女之爱都堆到一人之身的小女儿,使我受到最大的创伤。我突然被释放,回到台北,使佳佳难以适应。我常看到父女水火不兼容的故事,简直无法相信那是真的,一直等到发生在自己身上,才感觉到万般无奈。我在牢房里,一度还想到出狱后,要带佳佳看一场电影,现在才发现,我是那么样地不切实际,五十八岁的人,还在那里做梦。带着孩子看电影和孩子们围绕膝前那种天伦之乐,已一去不返。人世真如沧海桑田,美景从来不会重现。

我的住处一时无法找到,最后,决定搬到罗祖光的汽车间。而接着萧桃庵也送来中国大陆问题研究中心聘我当研究员的聘书,我被吴鸿昌的特务嘴脸吓怕了,紧张地问道:

"我是不是可以不接受,由我自行寻找工作。"

"不接受没有关系,绝对不勉强,即令接受,随时也可以辞职。"

我仍惊疑不定,无法分辨是不是一个老式圈套。隔天,中心主任冯志翔先生亲自到汽车间访我,他的风范和诚恳,使我相信这次确实和上次不一样,就姑且接受。想不到这一姑且,就姑且了十九年。冯志翔是一位热情的长者,这是我的幸运,在重回红尘的初期,就遇到正直和温暖,绝大多数政治犯都没有这种幸运。

政治犯出狱之后,是一块肥肉。好不容易在工厂找到一个工人位置,管区警察往往在工作最忙的时候光临,直接找他谈话,询问他最近的生活情形和交往些什么朋友。如果政治犯不能够使警察称心满意,警察就会天天前来关心,三五天后,老板发现底细,于是解雇,以免后患。

我在中心到差后不久,信义路派出所的一位警员,就到中心正式翻阅档案,揭穿我的坐牢身份,然后趾高气扬地离去。我第二天就到派出所,对那个警员说:

“你以后调查什么,请到我住的地方,不要到我服务单位,你这是明明逼政治犯饿死。不过,我告诉你,研究中心不是你这一类的人可以随便进去的,你再来打扰我的话,我会把一份《人民日报》塞到你口袋里,大声呼叫你偷窃共匪宣传品,叫警卫把你送到警备司令部,你就跟我一样地惨了。”

那警察眼睛骨碌碌地看着我,说:

“以后不去就是了,你凶什么?”

这是我出狱后最得意的一件事。另外一件事,则使我感动。1977年、1978年两年间,是政治犯社会地位最高的时代,每当我去土城探望徐瑛,回程途中,出租车司机看我从“生产教育所”出来,往往问我姓名,当知道我是柏杨时,总是拒收车钱,并加上一句:

“你为我们坐牢,太辛苦了!”

这是一个专制政权瓦解的声音,基层民心,先行觉醒。

我回到台北的第二天,渴望与倪明华联系。我完全知道她的情形,既已离婚,便是路人,我只是打算了解一下,我入狱之后,还是夫妻的时候,家里发生过什么事。

罗祖光告诉我她的电话号码,我拨电话过去。

“我是柏杨,已经回到台北!”

“我知道。”

“我们是不是可以见一次面?”

“不必了。”

“我很想见你……”

“你可以见我的律师,律师的电话号码是……”

“我不争财产,也不打官司。你可以和男朋友一块儿来,我只是想知道,有谁帮助过我……”

“没有人帮助。”

“难道孙观汉先生也没有吗?”

“没有。”

“陈丽真也没有吗?”

“没有。”

事实上是有的,孙观汉先生曾寄过钱给她,而明华现在的男朋友是陈丽真夫妇的同事。丽真为了替师母解忧,带着同事到我家打牌,才发生以后的变化,丽真深感内疚,明华曾要求丽真夫妇像我仍在时一样地继续来往,丽真夫妇不肯,才反目成仇。

十年离别,重逢时只不过听到就这么简单、生硬而冰冷的几句话,我还想多说几句,她已把电话挂断。这时候,我再一次地想到张恨水的《大江东去》,男女主角分别只几个月后,重新相晤那种情景。春梦一去了无痕,真是无痕!

过了几天,倪明华派一辆车子,送来她认为属于我的财产,几件香港衫,和一百多册剪报剪贴簿(后来,我才知道,我的若干重要文件和物品,落到另外一人之手)。在这种情况下,有些朋友自然想到使我和齐永培破镜重圆。有一天,一个过去的老邻居带来了一句永培的话:

“如果你无路可走,来投奔的话,也可以收留。”

这句话不但不能使破镜重圆,反而使破镜更碎,性格使然,自己也无法做主。现在使我心情沉重的只剩下一件事,那就是狱中写的三部书:《中国人史纲》《中国历史年表》和《中国帝王皇后亲王公主世系录》,仍在警备司令部政战部审核中,几个月下来,毫无消息。也曾拜访过韩守湜,韩守湜说:

“总司令对这些著作十分重视,成立一个项目小组分别审查。”

其实,我心里并没有像表现出来的那么焦急,回台北的一个月后,第一部书已经从戒备森严的火烧岛政治监狱,经过地下秘密管道,偷运出来,只是,暂时还不能马上出版,因为无法交代稿件来源。

事情是这样的,黄恒正共抄了两份《中国人史纲》,我把其中的一份,交给徐瑛,约定徐瑛出狱时,如果环境许可,确知可以携带出来,就携带出来,否则就请他再转交给其他难友,继续保存,一直保存到有一天,暴政结束,政治监狱瓦解。我回台北后不久,就跟郭英先生取得联系,大胆地求他设法拿出徐瑛那份原稿,郭英满口承诺。那时徐瑛已调外役当厨师,在郭英秘密安排下,徐瑛把原稿放在脸盆里,带到厨房,郭英接过,放到工具包里,低声对徐瑛说:

"我全家性命,握在你手里!"

"请放心,郭大哥既然把这么重要的事交付给我,是他信得过我,我只有感激你,怎么会出卖你?"

有一件事情是不堪设想的,万一这书稿被搜查出来,郭英一定家破人亡,徐瑛恐怕还会再加判十五年。他们的义行,使我深为感动。就在拿到这份书稿后,要想写一封回信给郭英,可是却找不到他的地址,只记得他家住台南县某乡某村,我一直希望能再接到他的信,结果,转眼十八年,没有他的消息。曾在《通鉴广场》上刊出寻找他的信件,没有任何回应。郭英嗜酒,我担心他已离开这个世界,果真如此,也希望郭英先生的子女,在读到这段回忆录时,把情形告诉我,给我一个回报的机会。

除上述三部书外,我还有一本《柏杨诗抄》。诗抄并不是整本带出来,那样的内容,根本走不出政治监狱大门。我早就料到它的命运,因而分别抄在《辞海》和《领袖训词》之类书中字里行间,使它和正文相混,果然如愿带到狱外。可是,最后一刻却不能忍耐,竟交给三重市一家打字行打字,想先印出几份,送给朋友分享。想不到打字行拨来电话,告诉说警察已搜走所有原稿,现在正向老板问供,要我快去自首。

我魂失魄散地赶到三重,台北县警察局安全室主任正一脸杀气地询问稿件来源。我正好赶上,替老板解围。当时人赃俱获的态势,可能把我带回板桥侦讯扣押,正在千钧一发,萧桃庵先生电话打来,那是我临来时求救的结果。这使得警察局在问完口供后,没有对我和店东采取任何行动。

三年后,立法委员费希平先生特地为这件事向行政院提出质询,要求台北县警察局发回原稿。台北县警察局的回答是:

"根本没有这回事!"

那时候,我对复印还不太了解,未能事先复印一份,有些诗稿幸亏仍存字里行间,可以再抄一遍,但写在纸屑碎片上的一些诗,就永远失落,再也无法追寻,一直到《柏杨诗抄》出版时,只剩下五十二首。

第二次世界大战末期,国际上流行一则小幽默,说是一旦生擒活捉希特勒,应该如何处理,各国意见不同,英国人主张把他交付法庭审判,给他充分的辩论机会。美国人主张把他装在笼子里到处展览,出卖门票。中国人则叫他找两家殷实铺保,随传随到。这则幽默反映了各国的文化特质,对英国人的守法精神和美国人的商业挂帅,虽然我那时年纪还轻,仍能体会,可是对中国人把希特勒交保候传这种事,却完全不能理解,觉得国际上怎么会对中国有这种观察。我到了台湾,虽然年龄渐增,但是不理解的程度如故。一直等到入狱之后,才发现"交保候传"行为,在中国政治制度中,竟真的占有一个重要地位。它有一种意想不到的伤害力,是暴政中的隐形杀手。以政治犯作为例证,当他漫长的刑期届满以前,他必须找两个保人,保证他永远脱离叛乱组织,终身信奉三民主义。保证人还要承诺政治犯每月到住家所在的派出所报告行踪:"如有违背,愿受最严厉的制裁。"这种表面上看起来十分简单的保证书,实际上十分复杂。

一个政治犯,从被捕的那一天开始,亲戚朋友早就惶恐逃散,政府又故意使他和社会隔绝,这个人就像被地狱吞没了一样,无影无踪,十年、二十年后,整个世界都有了改变。亲戚在哪里?朋友在哪里?同乡在哪里?同学在哪里?妻子在哪里?丈夫在哪里?儿女又在哪里?不知道求谁保证,又不知道把保证书寄给谁。有的靠着旧的记忆，勉强把信发出，不是石沉大海，就是被原封退回，上面邮局批着查无此人。事实上，监狱外的亲戚朋友，一个个像惊弓之鸟，好不容易安定下来，突然接到那样一份杀气腾腾的保证书，纵使一个霹雳打到他的脚前，也不过如此。他怎么敢保证一个判刑十年、二十年，从无音讯的危险分子脱离叛乱组织、信仰三民主义？尤其是更不敢保证他每个月会到派出所报到。而且，保证人从此不能出国，如果出国，必须三个月前向警备司令部申请退保，如果没有退保，政治犯将重新被捕。一个政治犯如果没有保证人，他唯一的出路，就是送到隔壁——绿岛指挥部职训大队第六队管训，一直管训到老死。不是他犯了什么罪，而只是找不到保人。

我在刑期届满前拿到保证书时，坐牢已近八年，看到保证书上那么严厉的条款，自己都觉得可怕。坐牢之前，知己满天下，现在我却不知道去请谁做保。第一个当然想到陈丽真，这个严重的后果，加到一个女孩子身上，我于心不忍，可是无可奈何。意料之中的，丽真肯为我做保，但再找不到第二个人。罗祖光马上就要出国，他不能做保。我开了一张单子寄给丽真，请她试探，也意料中地全被回绝。因判刑而死在监狱，我可以接受，因找不到保人而死在监狱，我死也不甘。到了最后，他们找到了当时当国大代表的于纫兰，于大姐一口承当，而且当警察前去对保，向她警告说：

"你保的是一个叛乱犯，要月月报到，你可想清楚，不要后悔！"

很多保人都在这种情况之下，仓皇退保。于大姐却回答他说：

"这是我的事情，由我来担心，你只管对保就是了。"

这份保证书虽然没有能够使我出狱（因为我立刻就被软禁），但丽真和于大姐所承担的却是千斤重担。

于纫兰终生未嫁，她和弟弟于宗舜夫妇，同住在一起，性情温和，我们都称她大姐。但我出狱后不久，就和她发生了一件戏剧性的冲突，那一天，她请我到她家共进晚餐，谈起我的受刑和坐牢经过，她感到悲恸，安慰我说：

"算了！算了！过去的都过去了。"

我立刻有一种被侮辱的感觉,她表达的正是传统文化中,我最不能接受的一种思想。于大姐当然不会侮辱我,她只是想减少我的痛苦,但这两句话却说明了中国人沉沦酱缸,既不敢分辨是非,也不敢据理力争。传统文化中,既成事实就是真理,有权势欺凌别人的人有福了,妇女被奸杀,儿童被扔到枪尖上扎死,哭声遍野,只要帮凶喊一声:“算了,算了,过去的都过去了!”哭声就得停止,诉冤就得停止,追查凶手就得停止。胆敢不停止,就是别有居心,非善良之辈,应受到严厉谴责。于是,中国人遂被训练为永远向权势下跪的动物。像以色列那样,万里之外寻找集中营屠杀犹太人的凶手,送回国内审判,那种对理念的执著跟毅力,使人生出无限崇敬,在伟大的犹太人族群中,听不到受害人温柔敦厚地轻轻说:“算了!算了!过去的都过去了。”

我把我的意见告诉于大姐,她想了一阵,承认“也有道理”,但她补充说:

“你不算了又怎么办?”

我认为“又怎么办”是一回事,“算了,算了!”又是一回事。这是暴君暴官畏惧报复,专门为培养奴才而提出的教育纲领,被害者这一方不能用来麻醉自己。

我们越吵越烈,最后,我说:

“大姐,如果有人伤害了你的家人,把刀一抛,拍拍巴掌说,事情已经过去了,算啦,算啦。你能真的算了吗?”

“你乱比喻什么?”

我跳起来,大声说:

“我宁愿再次坐牢,也要你证明给我看!”

于大姐叫她弟弟于宗舜把我拉住,忍不住失笑说:

“你说的对,你真执拗得像条牛,连坐牢都不改,吃你的饭吧!”

42.重返文坛

罗祖光的汽车间在台北敦化南路复旦桥东，而我原来的家，则在复旦桥西。被捕的时候，东边只有几座稀落的房舍，常带佳佳横过复旦桥到东边游戏，如今已经大厦林立。我住西边的公寓名“光武新村”，是六十年代台北第一座新式小区，很多电视、电影，都利用那里的街景。我搬到祖光的汽车间后，早上起来散步，常常走到旧宅，站在十字巷口，仰望三楼我被捕时的住家，被捕前刚装上不久的冷气，仍然嵌在原地，木制门窗原来漆着白色，现在改成赭红。调查局的箱型汽车停放的地方，依稀可以辨认。而当时倪明华凭窗下望，陈丽真一直送到车旁，她们那两副忧伤而惊恐的眼神，仍凝聚在那里。现在，我伫立在十字街头，好几次，有一种直接奔上三楼敲门而入的冲动，我会告诉住户，我就是原屋的主人，只想看一眼故居，一个字一个字写出来的这个家，在被迫离开十年后，是什么样子。但我终于克制自己，一则是怕对方严辞拒绝，二则怕看到的仍是当年模样的陈设，三则害怕家具全都换新，无法辨认。倪明华和她的男友住在另一个地方，这个房子已被租出去了，我不愿再承受一次不必要的伤害。

朋友们对我孤单的情形一目了然，热心地为我介绍女友，最后，在文化大学教授史紫忱先生做东的一次聚会上，认识了诗人张香华。当我听到张香华名字的时候，忽然呆住，虽然我是基督徒，但是就在这一刹那，感觉到佛教“缘”的热力。两年前还在火烧岛囚禁时，在《青年战士报》的副刊上，曾经看到几首诗，其中有一句话：

“可以听到地下种子抽芽的声音！”

这是一种很玄秘的宁静，心灵上如果没有某种频率，写不出这种诗句。我曾经拿给难友们看，可是，诗不是狱中宠物，没有几个人注意,那首诗的作者就是张香华。这简直是一种无法解释的巧合,“缘”是感情最基本的土壤,有了这个土壤,自然迅速长出果实。

就在出狱后的第二年,1978 年 2 月 4 日,和香华结婚。当我们要结婚的讯息传出来时,调查局曾击出最后一拳,派人到香华教书的建国中学,用一种唯恐天下人不知道的声势,调查张香华的忠贞资料。可惜没有把人吓倒,反而激起香华的反弹,对一个“老”“丑”“穷”俱备,而又绝对没有什么前程的政治犯,完全接纳。这对特务们是一项强烈挑战,于是,有人就肯定地说,我们的婚姻不会超过三年。而到现在,1995 年将尽,我们结婚已十八年。香华是一个智能型女性,我身经百劫,有幸娶到她,是上帝总结我的一生,赐下的恩典。

我和香华不但是夫妻,而且是朋友,我们互相勉励、警惕、责难、规劝,我复杂的生活背景,和她无从询问、我也无从回答的心路历程,使一个醉心于红尘外、诗世界的单纯女性,难以承担。过去发生的事,她全不了解,甚至根本不肯相信。但她有异乎寻常的包容力和理解力,她的理性面有时候使她能冷静面对问题。尤其在做人上给我很大启示,她任何时候都给对方留下余地,从言辞到内心,使我在六十岁以后,仍奋力成长。

我生命中累积下来数不清的创伤,有些已经结疤,有些还在淌血。是香华终于使我安静下来,专心写作,我们不久就搬到新店和乌来之间,当时最美丽的山庄之一的花园新城,远可以眺望二十公里外的阳明山,近可俯瞰就在脚下的新店溪的缓缓流水,我们住的公寓,海拔二百公尺。

香华有语言的能力,这对我是天大的帮助,相较之下,我的自卑感油然而生,因我是语言白痴,连国语的发音都不标准,所以到了外国,或接待外国朋友,香华成为我契合最好的翻译。而在台湾,到南部的时候,她可以脱口而出地用闽南语替我讲演。至于去香港时,她更如鱼得水,因为她出生香港,广东话是她的母语。

灾难化成跳板,不是我自己有什么能力,而是整个时代发生巨变。美国总统卡特先生的人权外交,有万钧之重,压在蒋家政权头上,使长达六十年之久的威权专制政体,分崩离析,这是一个在正义上和实力上都无法抗拒的形势。台湾每一个人,都可以隐约地听到统治结构肢解时所发出的喀吱喀吱响声。无论是言论或行动,陈旧的国民党迅速消退,反对派在自由派知识分子扶持下,脱颖而出。

台湾销路最广的两大报纸之一《中国时报》,举办一次读者和作者联谊会,发通知要我参加。我受宠若惊,打电话问副社长杨乃藩先生有没有弄错,他说绝没有弄错。当天晚上,我紧张地前往参加,遇到了很多坐牢前的文化界好友,从他们脸上的表情,可以看出他们对我出现的惊愕。发行人余纪忠先生主持开会,致词中宣布说:

"我们这次聚会,最重要的意义是欢迎柏杨归队!"

余先生这项宣布,使一些根本不知道我是从火烧岛回来的年轻记者,把我围住,希望问出一点"归队"讯息。第二天,报纸登出报导,我也开始恢复写作生涯,《中国时报》副刊主编高信疆先生,特别开辟"柏杨专栏"。他是一位杰出人才,把传统副刊,由静态变成动态,使他被称为"纸上风云第一人"。《中国时报》在当时不足两千万人口的台湾岛上,发行一百余万份,平均不到二十个人就有一份,影响力可以想象。我的第一篇文章是《牛仔裤和长头发》,小心翼翼地试探反应,先求"柏杨"两个字,能在报上出现。

就在"归队"的两个月前,《中国人史纲》在星光出版社出版,在《中央日报》上刊登广告,闯下大祸,接下这份广告的马锦文小姐,哭哭啼啼找到星光老板林紫耀,告诉他,她不知道《中央日报》绝不许出现"柏杨"两个字,报社现在要开除她,请林紫耀出面营救。我打电话给《中央日报》总编辑赵廷俊先生,说:

"连警备司令部都不反对'柏杨'可以上报!"

赵廷俊回答说:"我们的婆婆太多!"

那时候我才发觉"柏杨"两个字原来有这么大的震撼力,竟会使有些人妒恨交加、血脉贲张。所以虽然有《中国时报》强大的支持,地雷仍然不断爆炸。且抄几篇忠贞嘴脸、磨刀霍霍的文章,作为例证。

下面是姜穆先生的大作，题目《由役谈起》，刊于1978年9月份台北《文坛杂志》：

凡服刑者，无不于"德操"有亏，都是为填欲望，不惜干犯法纪，为匪为盗，甚而窃国或企图窃国者。这种人，本是害群之马，绳之以法，是大快人心的事，也唯有"公正"，才能鼓励忠贞，无如我们过于"敦厚"，"浓厚的人情味"，已被讥为"滥好人"。近年有一怪现象，使我们感到好人越来越滥之感：某机构以"研究员"作为某类受刑人的酬庸，这就使一生卖命的人大感不平之外，也使人有失去什么是价值标准的感觉。非常简单：如对受刑人加以酬庸，不是判决的错误，就是向强梁示好，不然绝不会做出使人不解的事来。某机构的所谓"研究员"，实在就是领干薪，这使我们不解，难道说服劳役，竟是"功"在国家，应以纳税人的钱去安抚他们吗？

据我知道，他"老先生"曾经化名写过滇缅边区撤退来台的忠贞之士的事迹，对于昭昭于世者，还不敢有所歪曲，但是他的笔锋，常不忘挑拨：在那本书里，他说滇缅边区的反共忠贞之士，来台后，沦为引车卖浆的行当，读了那段文章，他的用意何在，我就不敢妄加推断了，但我们都产生政府未尽到照顾忠良的印象。然而这本书竟然行销百万册，不禁使我区区在下，感慨不已。

再摘要介绍一篇井种步先生的大作，载于1979年8月份台北《亚洲世纪杂志》：

《柏杨和我》是梁上元编著的一本"书"，扉页题词："谨将本书献给柏杨先生作为他六十岁生日的贺礼！"

从以上引录这些"他的朋友"们祝寿文中，发现不少的"冤"字和"诬"字。尤其是孙观汉在美国出版的《柏杨和他的冤狱》一书。明明白白称它为"冤狱"。

我们实在弄不明白，难道说柏杨坐牢真是冤枉吗？当他坐牢之时，报上不曾登有过新闻，及到出牢以后，报上才有了新闻。当然知道他坐牢的人不少，尤其是文艺新闻界的人，何以在国内无一人出头代他“鸣冤”？至好如他的朋友梁上元、罗祖光，以及女弟子陈丽真，甚至他的妻子倪明华，只有一个国外朋友孙观汉才出版《柏杨和他的冤狱》在国外发行呢？

我们没有看过检察官的起诉书与柏杨的答辩书。唯从他口中自诉出的“判决书”上的两项罪名（在沈阳被俘及在台北写杂文为匪宣传），而判定他坐牢十二年，罪与罚相等，怎么可以称为“冤狱”呢？

假若他“坐牢”真是冤枉，他“出牢”以后，还可以自己诉愿——申冤。直到现在为止，柏杨并不曾自己诉愿而申冤，证明他坐牢就不是“冤枉”了。

亦可见孙观汉所谓“莫须有的牢”，与梁上元所谓“不白之冤”、罗祖光所谓“相信他的无辜”，都是感情用事之词，其他几位为他喊“冤”者，更是“无稽之谈”。

这一类的忠贞言论，不只是遍布国内，也蔓延海外。一位菲律宾侨领陈志专先生，就为文表态，载于1979年10月份台北《中国报道》杂志，他说：

有关柏杨案件，早在十多年前，由警总军事法庭宣判定谳，期满出狱，照理说，应该改过自新、表示忏悔才对；但不作此图，反以东山再起的姿态，继续挺进。柏杨的支持者竟又旧事重提，仍犹喋喋不休，实有藐视法庭之尊严，居然无人予以驳斥，这就妙了！

在台湾，作家的言论一旦受到箝制，或政府决心兴起文字狱，很多知识分子，不是闭口自保，就是索性纵身投怀，希望分一点渣滓，就是在旁鼓掌称快，甚至认为暴君暴官下手太轻！中国人真是病了，文化人更是病得沉重。以鬼故事闻名的司马中原先生，当我被捕受刑之际，他奉命到美国宣传柏杨恶行，自称是我的朋友，一次会场上，在联合国服务的夏沛然先生站起来告诉他：

“柏杨有你这样的朋友，他已不需要敌人了。”

那时候，我还不认识夏先生，后来，我去纽约，才发现他夫人王渝女士，正是当年我入狱前一天，来家中访问我的台北市立一女中学生。当时她正编辑校刊，没想到翌日我就被逮捕，真庆幸她的访问稿还来不及发表，否则她一定受到牵连。

以上是有形的毒箭，还有无形的毒箭，杀伤力也一样强。每次警备司令部治安会报上，一位在大学教哲学的冯沪祥先生，一定发言（他以一个清高的教授，竟参加警备司令部的会议，说明他绝对不同凡响），对《中国时报》竟让一个叛乱犯开辟专栏，继续为“共匪”宣传，挑拨政府与人民之间的感情，简直义愤填膺、痛不欲生。余纪忠先生当然不会被他吓住，但总是把我叫到报社，嘱咐：“小心！小心！”

就在这种随时都可能再蹈覆辙，文被腰斩、人被逮捕的威胁下，我又在高雄《台湾时报》写《皇后之死》与《帝王之死》。《台湾时报》特派员苏墱基先生，他像对待兄长一样待我，在一次宴会上，为了维护我而跟同桌的人争辩，拍案而起。我的视力在火烧岛长期的暗淡灯光下，日渐减退，墱基陪我去高雄，请吴基福先生诊治。吴先生是《台湾时报》董事长，也是最好的眼科医生，诊断我右眼患的是“黄斑部萎缩”，没有什么特效药。但却设午宴招待，要我写稿，使我有机会写下“之死”系列。

43. 十年通鉴

自从 1949 年到台湾，粗略地分，大概是十年小说、十年杂文、十年牢狱。十年牢狱之后，是五年专栏，五年专栏之后，是十年通鉴。

司马光先生编纂的《资治通鉴》，是中国最好的两部史书之一（另一部是司马迁先生的《史记》）。《资治通鉴》始于公元前 403 年，止于公元后 959 年，共一千三百六十三年，于 1084 年完成。可是这么一部全民推崇的史书,近百年来,却几乎成为死书,因为它是用一千年前的古文撰写,现在已没有几个人可以看得懂了,更没有几个人愿意浪费时间去咀嚼。

有一天,远流出版公司董事长王荣文先生到我家做客,我谈起把《资治通鉴》翻译成现代语文的宏愿,他热烈赞成。我打算仿效"臣光曰",另加"柏杨曰",写出我读史的心得。有文化界金头脑之称的詹宏志先生,是王荣文的总编辑,在他规划下,将译本定名为《柏杨版资治通鉴》,分册发行,每月一册,使这项庞大的出版计划,得以实施。远流还特地成立"柏杨版资治通鉴杂志社",以杂志的形式,每月一册的速度,预计三十六册,三年时间把它完成。

1983 年 9 月,第一册《战国时代》出版。王荣文一看,暗暗叫苦,他说:"糟了,这种书卖给谁?"幸好,口碑还不错。开始的第一年,一直维持每月一册的速度,但不久就发现,我根本无法预估文言文译成白话文之后膨胀的系数。于是,只好由每月出版一册,延长为每两个月出版一册,由三年三十六册,延长为十年七十二册。这种单方面的违约行为,有的读者充分同情支持,也有些读者严厉谴责,甚至来信破口大骂。但是即令再把我投入监牢,也无法三年完成这项庞大的工程。这项苦衷最后获得读者谅解,但这十年也几乎成了我的另一场新的监狱生涯,书房成了囚房。每天晚上连做梦都梦见《资治通鉴》,常在百思不得其解的困境中,忽然惊醒。这期间在职时间最长、贡献最大的助理有谭焯明先生和黄奕龙先生。远流公司负责编辑的人选中,麦光珪先生任期最久,和我的配合也最密切融洽。

《柏杨版资治通鉴》每册印刷一万本。在台湾这个两千万人口,而读书人口更少的环境中,像《通鉴》这种不易获得普通消费市场青睐的书籍,能够以这样的销售量行世,使我充满感谢。1985 年,《柏杨版资治通鉴》当选为台湾最有价值和最畅销的一部书,同年,《中国人史纲》也被列为对社会影响力最大的十部书之一。一生岁月中,没有几次能像这样的欣喜。

中国自从明王朝第一任皇帝朱元璋先生下令"片帆不得出海",

中国人遂被禁锢在陆地上，成为专制政府的人质，在封建王朝，出国是一种卑贱的和冒险的行径。台湾“政府”亦宣称：中国是天下第一等大国，凡是想前往海外的人，都非善良之辈，而是天朝弃民，一定会颠覆祖国。对于这种人，必须加强禁制，以免他们滑出自己的手心。所以，在台湾出境遂成为政府奖励摇尾系统和压制异议分子的一种手段。

这种情形一直到二十世纪八十年代，都还是如此。我出狱后，曾收到海外几封邀请函，政府当然不准，连在报上登广告都不准出现“柏杨”二字，要想拿到出国护照，简直比登陆月球还难。而且，警备司令部如果不发出入境证，即使拿到外交部一百张护照也没有用。白色恐怖时代，警备司令部是政府中的政府，能不能出境，它的裁决才是最后定案。

然而，天下事难以预料，在很多邀请函中，新加坡共和国《南洋商报》的邀请函，发生了力量。1981 年元月份的一天晚上，警备司令部接伴我回台北的萧桃庵先生，请我和香华吃小馆，当场拿出“外交部”发的护照和警备司令部发的出入境证，这真是又一个意外，萧桃庵并没有特别交代，只是告诉我：

“国事维艰，请多体谅！”

去新加坡，并不是我生平第一次出国。1957 年，我曾经乘登陆艇护送回国参加青年救国团暑期战斗训练的留日和留韩学生，分别送返长崎和釜山。不过，那一次是纯公务的旅行，匆匆登岸，又匆匆回船，对日本的唯一印象就是：“哇！大人小孩都会讲日本话！”到韩国后虽然对那里的大人小孩都会讲韩国话不再惊讶，不过我实在想不通，世界上为什么会有这么多迥然不同的言语，和这么多稀奇古怪的文字。

这次出境，除了香华同行外，还带着佳佳，和比佳佳小一岁的香华的女儿碧心。我们受到新加坡读者热烈的英雄式的欢迎，人潮汹涌，中英文报纸全幅报导，对一个刚刚从屈辱的监狱出来，还不太习惯自由生活的重刑囚犯而言，简直不可思议，只有青蛙变王子的童话里,才有这种强烈对比的奇遇。蒋家王朝加到我身上的迫害,想不到在万里之外,竟还给我百倍的温暖和百倍的荣誉,使我终生难忘。

而我的和香华的女儿,更被当地读者宠昏了头,以致碧心要求佳佳说:

“你可不可以跟你妈妈讲,在新加坡多玩几天?”

佳佳惊讶地叫起来:

“那是你妈妈,不是我妈妈。”

我们当然不能多做停留,因为行程早已安排。不过,这一趟欢乐的旅行,却种下了佳佳永远离开的种子。她在飞机上认识一位澳洲航空公司工作的青年,回台北后,决定放弃她在台湾大学法律系已读了三年的学业,前往澳洲结婚。我劝她先完成学业,她一心早日离去,父女更生龃龉。佳佳远嫁后,音讯渐少,终于一年不过一封。

在吉隆坡,我们接受《马来西亚通报》董事长周宝源先生招待,广大读者群的欢迎盛况,简直使我要再感谢一次幸而有这场长达十年的文字狱。

过去,在“华侨是革命之母”口号的引导下,我总以为东南亚各国华人,是一个强势族群,现在我亲眼看到的,却不尽然。各地华人在经济上、商业上虽然占有优势,但是却忽略了文化、政治上的发展,以致稍微有点风吹草动,都会造成不安。马来西亚建国之初,华人身负“好男不当兵”的传统文化,拒服兵役,拒进军校,自己阻止自己成为社会主流。我回台北后,写了一系列的《新马港之行》,口吐真言,说出我的忧虑。在马来西亚,有些朋友认为是暮鼓晨钟,有些朋友则反唇相讥说:“柏杨是老几,竟跑这么远来教训我们!”

归途中经过香港,会晤到香港烟草公司总经理何关根先生。一般人印象中,商业和文化不能兼容,财富和爱国也几乎有尖锐冲突,然而,何关根身上两者融化成为一体。1968 年,我被捕的两个月前,那时《异域》一书,正在海外发行。有一天,我忽然接到何关根一信,他对被接到台湾孤军的凄惨遭遇,深感悲痛,捐出一笔巨款,要我转交。就在被捕前夕,刚好把它转发完竣,而且在报上一一征信。所以这次到香港，第一件事就是拜访他，向他致谢。何关根不像一位资本家，而像一位教授，他温文儒雅，指着办公室墙壁书架，告诉我说：

"你看，这全是你的作品，我已摆了好多年！"

马来西亚报上刊载不少我访问时的照片，其中有些人被蒋家班特务认为是左派分子。回台北后不久，警备司令部就派人询问我，为什么在海外专找左派来往。我于是向他们建议：调查局既然有的是钱，最好每年派人出国，带着给牛马烙印的烙铁，把华人分为左右两派，一一在面颊上烙出印记，这样的话，政治犯再出国时，遇到烙有"左"字烙印的人，就望风而逃。

新马回来半年，我接到世界诗人大会将于7月在美国旧金山召开的邀请函，试探着向警备司令部申请出入境证，竟然获得批准，同样地由萧桃庵把出入境证当面交给我，仍是一句"国事维艰，请多体谅"的吩咐。

这是我第一次美国之行，除了发现"大人小孩都会说英语"外，使我最惊讶的是，美国人的礼貌多端（后来才发现日本人的礼貌更为多端），和交通秩序有条不紊，并且了解：斑马线在此邦竟然有使汽车礼让的功能，而台湾的斑马线却是专门引诱行人深入埋伏，以便汽车撞死的陷阱。

诗人大会后，我在旧金山斯坦福大学、柏克莱大学，以及在洛杉矶，各做一次演讲，最后纽约一站演讲，安排在孔夫子大会堂，当我再一次把传统文化形容为"酱缸"时，听众中一位先生提出：

"世界各国到处都有唐人街，中国人应该感到骄傲！"

"唐人街不但不是中国人的骄傲，"我说，"应该是中国人的羞耻，看它的脏、乱、吵，和中国人对自己中国人的迫害与压榨，实在是应该自顾形惭。"

一位听众激动得一跃而起，斥责说：

"原希望你带来鼓励我们的好消息，像反攻大陆已经准备完成之类，想不到你却来打击华人的民心士气，羞辱我们民族。"

我呆了一下，时到今日，竟然还有人相信反攻大陆，实在难以理解,我不是政府官员,也不是文化打手,所以不能撒谎。但这项行动立刻引起严肃的关切,纽约《华语快报》在社论上呼吁华人社会对我不可提出尖锐的问题:

柏杨来纽约市,在纽约知识分子圈中,卷起了一个热潮。不管是右派、左派,或自由派的知识分子,都争着和他谈话,都争着邀请他举行座谈会,于是柏杨夫妇忙得团团转。但是也有很多真正爱戴柏杨的读者,忧心忡忡。

忧心忡忡的原因很简单,纽约市华人社会,是一个五花八门的社会,在政治上有左、右、中、独,各种派别,这些人各有各人自己的一套想法,都希望能和柏杨交换意见。从好的地方来看,这是柏杨吸收新看法的一个好机会,但是如就柏杨本身的安危来看,这也可能包含有使柏杨回台湾后再坐九年监狱的危机。

台湾在民主与人权上,最近虽然有一些进步,但是在对付共党和台独分子这两方面来说,常常是有理说不清的。在台北与左派分子接触就可能是滔天大罪,但在美国来说,和左派分子接触的机会实在太多了,何况人人都想接近的柏杨。柏杨在台湾,曾被安全方面的工作人员,戴过红帽子。这一次柏杨接触了那么多各种政治意见的人,在公开场合说了那么多的话,如被断章取义,要戴他红帽子,也不是很困难的事。

有的人认为,这是台北方面的错误,应该要台北方面改正,不应该自我约束。但也有人认为,如果真正爱护柏杨,便应该为他着想,为他的安全着想,尽量使台北方面不要误会他。

回台北后的第二年(1982),我和香华又去了泰国北部。《异域》写作的时候,我并没有亲自到过异域现场,写作的内容又被忠贞分子指控为挑拨人民与政府之间的感情,这句几乎在每个政治犯判决书上都会出现的话,是一顶足以致人于死的铁帽。想不到时代在变,现在反而激起读者急于追问大撤退后孤军的命运,《中国时报》副总编辑高信疆先生要我往泰国北部走一趟。

我立刻接受这项委托,心中充满自信,因为“外交部”和“中国大陆救灾总会”都有电报给驻泰国商务代表沈克勤先生,我手中又握有几封给代表处其他官员的恳切介绍信,自认为会受到使人宽心的帮助。可是,沈克勤在接见我的短短十分钟里,却一口回绝。首先,他表明他地位的重要:

“我一抬脚,一举步,美国大使馆都会震动!”

接着警告我说:

“这里是泰国,不是台湾,政府怎么想送谁到泰北,就送谁到泰北,简直无知到这种地步!你一个人孤孤单单前去,那里正有战事,你会死在路上,即令到了泰北,一个报告回台北,说你贩毒,你就完了。”

得不到官方支持,我开始找云南和潮州同乡会,他们满口答应,可是第二天却全都变卦,连人影都看不见,气氛诡异。我和香华完全被困在曼谷,言语不通,投奔无处。幸好,遇到了“中国人权协会”派在当地的法律顾问王福迈先生,他冒着触怒沈克勤的危险,亲自陪我们前往北方九百公里外、万山丛中的孤军基地美斯乐。

这是一次生死不测之旅。有中国人的地方,就有悲惨的内斗,酱缸文化孕育出来的定律如此,所以孤军中派系林立,互相间手不留情。而当地的毒枭对每个陌生的外来人,尤其警觉,在那山高谷深、渺无人烟的蛮荒地带,暴尸一年两年都不会被发现。我闯过沈克勤那一关,深入蛮荒,还带着香华,事后回想起来,真不禁毛骨悚然。

泰北回来,写成《金三角·边区·荒城》,当它在《中国时报》连载时,就收到读者捐助巨款,并引发社会上长达数年之久的“送炭到泰北”运动。

可惜,这笔巨款,勾起“大陆救灾总会”的注意,依我和信疆的看法,认为应该由《中国时报》直接汇到泰北,可以建立若干个小型水库,解除山区最逼人的干旱之苦。可是,“大陆救灾总会”却坚持由他们统筹办理。官场文化中,“统筹办理”也就是使焦点变得一片模糊,统筹的不办理。我们反对,于是“大陆救灾总会”召开了一个会

议,宣布他们的决定,并且严厉地说:

"这笔钱如果没有我们的批准,一分一毛也汇不出去。"

"我们可以找另外的管道汇出!"我说。

显然这正是"大陆救灾总会"最担心的,一位官员咆哮说:

"那你可是犯了外汇管制条例,战时扰乱金融,包你又得坐牢。"

我和信疆灰头灰脸地走出会场,可以购买一千两黄金以上的巨款,不能为泰北孤军做出任何贡献。

次年,借着参加该年度的世界诗人大会,再度出境,此行除了西班牙外,我和香华还去了德国、法国、意大利,而且立刻爱上意大利。在米兰定居的医生潘贤义、古桂英夫妇,开车送我们南下罗马,在我的要求下,行程特别列上圣马力诺。这个世界上最小的共和国之一,早就使我向往。我曾读过一篇报导说,第二次世界大战,盟军向北推进时,忽然发现前面有个城堡,两位身穿罗马帝国时代铠甲、手执铁矛的古代战士,大喝一声:

"这是我们神圣的国土,不容许侵犯!"

这个国土就是圣玛利诺。然而当我们进入圣玛利诺国土时,并没有发现城堡,也没有发现身穿铠甲、手执铁矛的古代战士,不过一条普通的乡村道路。路上寂无一人,也没有任何岗哨盘查,十分宁静。车行大概八九分钟,抵达首都小镇,在那个小镇上,我的思想千回百转,一件事困惑着我:一个国家为什么一定要那么大?人民幸福才是第一重要,国土大而人民生活贫苦,只能算是地狱。我特地买了一个望远镜,登上小镇山丘,俯瞰四周,万里青,全是意大利国土。这真是一个奇妙的袖珍国家,他们至少七百年没有战争,也就是说,从宋王朝迄今,都平安地度神仙岁月。多么奇妙的山河!多么幸福的人生!

欧洲之行以罗马作为结束。因为我是基督徒的关系,罗马的名胜古迹,对我来说,都有一种亲切之感。我们一行人都喜欢罗马,喜欢天主教的神父。有一回,一位神父开车,带我们直向一条巷子冲去。我急得大叫:

“这是单行道！”

神父说：

“这是罗马！”

于是车头一转，屁股朝前，倒车进去，神父说，就是警察看见，也只能瞪眼佩服。

最兴奋的是，我们见到了教皇，教皇还亲自和我握手，不相信的话，有照片可以为证。——我是教皇在广场上巡视信徒时，千万个握手者之一。圣彼得大教堂附近的礼品店，每天都出售昨日所拍的照片，我就买了有自己的那一张。

44. 爱荷华

开始写《通鉴》的第二年(1984)，我和香华接到美国爱荷华大学的邀请，参加该校为期三个月的国际作家写作计划，于是再度赴美。在爱荷华五月花大厦宿舍里，我每天埋头的，仍是继续翻译《资治通鉴》，香华因为会说英语，有用武之地，总是找时间访问其他国家作家。这项写作计划的主持人，是美国诗人保罗·安格尔先生，和他的华裔妻子聂华苓女士。五十年代，聂华苓是雷震先生的助手，主编《自由中国》文艺版，她跟我是二十年以上的老友，自然成为他们家的座上客。当时中国作家，无论海峡的哪一岸，有一项共同的特征，个个都是烟枪。我很少看到世界上有这样爱妻子的丈夫，安格尔自己不吸烟，但他却纵容他妻子的中国朋友，把家里搞得烟雾弥漫。华苓喜欢朋友，所以安格尔经常储备一条烟，以防中国作家一旦口袋里烟抽完的时候一哄而散。而爱荷华华裔的北京饭店店东裴竹章先生，他捐一笔巨款给爱荷华大学，指定作为邀请柏杨夫妇之用。这位从来没有回过祖国的韩国华人，从朝鲜到韩国，再从韩国到美国，他唯一的盼望是:盼望他的祖国更好。

就在爱荷华唯一的一次演讲,我讲了《丑陋的中国人》。一向,在任何地方演讲,无论讲得多么烂,总会有一些礼貌性的掌声,这次演讲以后,只有椅子纷纷移动的声音,听众静悄悄地起立散去。平时习惯于演讲后为读者签名,那一次也没有这种荣耀,连主席都觉得不好意思,搭讪着把我送回五月花公寓。

一个星期后,一位南美作家把两卷录音带交给我,说:

"一个中国学生要我把这两卷带子交给你。"

那是《丑陋的中国人》的演讲录音,我请吕嘉行先生代为整理。感谢邀请单位没有把录音带销毁,否则的话,未必有再一次的讲出机会,也不可能有《丑陋的中国人》一书问世。

——就在前一年,我坐了两个小时的火车,从台北到台中东海大学讲同样的题目,大礼堂满座,前几排全是教官、教授,事前主办单位答应给我一卷录音,可是除了开头几句话外,全部空白。讲演后的第二个月,美籍华裔作家江南先生,被从台北国民政府安全局派出的杀手狙击。案子没有破时,凶手是谁,已呼之欲出。我们在返台湾途中,经过旧金山时,向江南遗孀崔蓉芝女士致哀,并写一诗悼念老友,也同时自伤:

枪声三响撼金山　我来湾北哭江南
陡觉浑身如泼水　顿惊亡友已入坛
骨灰盈掬枉成泪　音容仍在化作烟
香火两支献灵上　痴望归魂立窗前
书生爱国非易事　举笔方知人世艰
身陷诛杀皆不晓　恩怨亲仇都茫然
昔日曾蒙伸援手　而今无力报如泉
从此永诀幽冥道　空余只手扬孤帆

文化人最大的错误,就是高估暴君赃官们的智慧,认为他们会做某些事,或不会做某些事。

我在美国时便写信到大陆寻找冬冬和毛毛，经过一番一言难尽的转折，终于把她们分别找到。因为母亲的再婚，两个女儿的处境，都是一把辛酸眼泪。但因为郭家是辉县大族，冬冬还没有改姓。而毛毛却一开始就认为母亲的丈夫就是生身之父，直到有一天，政府动员青年学生“上山下乡”，每家只能留下长男或长女，其他子女都要去乡村锻炼，做父亲的才告诉她说：

“你的生身之父是蒋匪余孽，下落不明！”

只有真正遭受到这种亲情遽变的人，才能体会出它的打击，是如何的沉重。现在，苍天保佑，就在这时候，生身之父出现。我必须从美国寄信，因为写的是四十年前的地址，万一退回，不会被台湾特务发现，那可能招来杀身之祸。信件终于寄到她们手上，几经安排，直到 1987 年，冬冬、毛毛分别从辉县和西安，抵达香港，我和香华也从台北到香港。当初仓促离开她们时，一个还未出生，一个还是那么小，而今她们头上已生出白发。

父女相聚一星期，又要分别，送她们到红磡车站上车，看到二女伛偻的背影，四十年前离开时的情景，再现眼前，而这次难道是再度永诀？忽然间伏在栏杆上失声痛哭，香华扶着我说：

“火车还没有开，快赶上去，还可以送她们一程！”

我们跳上列车最后一节车厢，一直送到罗湖，心情仿佛阴阳相隔。

而就在当天晚上，听到广播，蒋经国在台北宣布，准许国人前往大陆探亲。沧海桑田，真是一个幻梦接一个幻梦。

早在七十年代，美国总统尼克松先生访问北京引起大地春回，笼罩全世界的冰山，开始融解。中国共产党宣布改革开放，欢迎台胞回乡探亲。

这是一件石破天惊的巨变，当年随政府来台的军公人员，和像我这样的平民，大约有三百多万人，大陆被当作“匪区”，很多人因写一封信给故乡亲人，或接到过故乡亲人一封信，而被判十年以上有期徒刑的，比比皆是，至于亲自回乡，更是骇人听闻。而今，四十年后，时间办到炸弹办不到的事,再严厉的惩罚都阻挡不住回乡探亲。其实,把亲人接到香港会面的浪潮,在此之前,早已开始,但只是隐秘进行。当大多数人都向法律挑战时,法律便失去尊严。

蒋经国宣布准许台湾居民前往大陆探亲之后的一段时间,我成了“温门”人物,不断有记者访问,甚至有些外国驻北京记者,万里外来台湾采访时,总是顺便问一声我是不是准备回去,当然也附带调查一下,我在大陆被翻印作品的稿费,如何处理。从现在开始,九年零二十六天的牢狱灾难,完全转化成正面意义,《纽约时报》把我比喻为中国的伏尔泰时,我悄悄地查《大不列颠百科全书》,才知道伏尔泰的事迹,非常感动。

45. 家　园

中国并不一直是个统一的国家,大分裂时代就长达三百八十六年,小分裂时代也有七十三年。但因为当时的政治制度和军事技术,都不能严密地封锁,所以边界上商贩来往,从没有长期断绝。可是1949年,共产党的人民政府在大陆建立了中华人民共和国,国民党的国民政府败退到台湾,仍保持中华民国的国号和年号,以海峡为国界,双方连一封信、一个字,都不能飞渡。

两岸突然解仇,使人震惊于万物不断蜕变的本质。大陆欢迎台湾同胞前往大陆探亲,台湾不但准许台湾同胞前往大陆探亲,更开放前往大陆投资经商。这是一个划时代的突破,结束了长达半个世纪的国共对立。

我于1988年9月,和香华重回大陆,先从香港直飞上海。回忆四十年前,上海四号桥警察公墓难民营那段日子,以及吴文义先生带我到台湾的往事。上海是我最后离开大陆的城市,又是回到大陆第一个踏上的城市，面对眼前的光景，不禁感慨万千。一向，国民党和共产党见面，总有一方是被绳捆索绑，想不到一夕之间，双方都能这样友善和睦，真得感谢新时代的来临。

北京已变得与四十年以前大不一样，只有古老的胡同，仍是当年情景，我特地前往住过的口袋胡同二号凭吊。当初的主人魏国瑞夫妇以及东厢住的常咸六夫妇，都已化成幻梦。西厢当初住一位军官的太太，挺着大肚子等候丈夫归来。他最后归来了没有，没有人知道，现在只是另一位穿着陈旧的年轻女人，在屋檐下蹲着洗衣服，茫然地看着来去自如的我们，一句话没有说，一句话也没有问。我走到大门，回想四十年前离开北京那一天的早晨，天色未明，常咸六和杜继生等送我到门口。杜继生忠厚木讷，当时，他刚从北京师范大学毕业，和一位美丽的北京姑娘辛蕙芳结婚，一对金童玉女，人人羡慕。听说他后来在石家庄河北省教育学院当副教授，稍后退休，摔断了腿，又转成静脉炎，妻子半身瘫痪，不能言语。我两次去大陆都没能见到他，但我们终于取得了联系。

离开北京的前两天，在北京的台湾同乡会宴席上，我表示渴望能前往民主同盟总部做一次参观。因为我是在台北调查局特务刘展华监督之下参加民主同盟的，如果借此机会能够看一眼民主同盟总部是方是圆，死也瞑目了。台湾同乡会长热心地说，她愿意代为安排。

第二天上午，我和香华就接到民主同盟的请帖。晚上，就在民盟总部，见到了久仰大名的民盟主席，也是当天做主人的费孝通先生。其余在座的都是民盟的高级官员，三十年代、四十年代全国知名的高级知识分子精英。

对香华而言，她完全不知道在座的人的来历，索性不听大家的谈话，只顾一面吃东西，一面看她手中的一本书。半个小时后，用敬佩惊讶的眼光望着我，低声说：

“这本书写得真好！”

我随手接过来，是一本抗战时《大公报》派驻伦敦的特派员萧乾先生的大作，这才发现当年可望而不可即的萧乾先生也在座，不禁啼笑皆非说：

“你连萧乾先生是谁都不知道？”

香华一脸茫然，我这才感觉到，海峡两岸隔绝得这么彻底。

下一站，我单独地返回故乡——河南辉县，香华则直接去西安，在毛毛处等我去会合。我就这样地回到了匆匆离开四十余年的故乡，正应验了一首唐诗，不过，只改一个字，就更符合眼前情景：

少小离家老大回，乡音已改鬓毛衰。

儿童相见不相识，笑问客从何处来。

两岸开放后不久，我就叫冬冬在幸而还没有被铲平的祖坟上，为父亲立下一碑，纪念我的哀思：

这里安葬的是郭学忠先生及夫人，也是我的父母，我没有见过母亲，但父亲于1940年在这里入土的时候，眼看灵柩冉冉下降深穴，我曾经抢地痛哭。而今（1988），大姐育英、二弟德漳，均已病故，大妹育俊、三弟德洋、幼妹育杰，不知流落何方，音信全无。事实上我非长子，长子汴生，幼年早夭，可惜我记忆模糊。已逝之人，当在地下见父，未逝之人，凭墓哀悼。我于1949年远移台湾，将来也葬台湾，子孙永难再归故土。父死之年，五十有七，儿今已六十有九，为我父立此一碑，如果幸得保存，作为海峡两岸郭门一线相牵，血浓于水，但愿两地后裔，相亲相爱。

我在冬冬和她的家人带领之下，就在碑前，向父亲的坟墓下跪叩头。当初父棺下葬时，我的哭声已远去天际，四十年后归来，泪已流干，只剩百感交集。

我回到当初读书的县立小学，看到书架上摆满北京友谊公司出版的《柏杨版资治通鉴》。回想读五年级时，第一次向上海北新书局购买当时新文艺作品的情形，历历仍在眼前。我读五年级时那栋教室仍在，只是看起来是那么小，当时同班同学，除了邓克保外，一个也不复记忆，只克非先生坐在讲台上的影子，和侯万尊先生的手板，一幕幕升起。

回到故居,“老司院”广场已经不见,乱七八糟地塞满了房舍。冬冬引导我走一条小巷,最后才走到老宅,大体上仍保持当年形状,住着不少人家。那些乡亲仰起脸,表情木然,没有欢喜,也没有惊愕。我原来住的大厅南厢房,却空荡荡寂无一人,对面有张大床,就是姥姥睡的那一张吧!霎时间,仿佛看到她把缠过的小脚泡在尿盆里,悲惨地仍在呼喊。我走到北厢房,那是表婶住的地方,当初她就隔着中庭,拉大嗓门给我讲故事,想探听她的行踪,却不知道怎么开口。

故居被瓜分四十年,我想多站一会儿凭吊儿时往事,却无法停步,有一种不能承受的陌生感使我窒息,隔离得太久太久了。同辈、玩伴,一个不见,环绕在四周的是深深的代沟,没有共同回忆,也没有共同言语,好像又是异乡。

我又回到开除我的百泉初中,当年的建筑所存无几,寻寻觅觅,校长不在,书记李春亭先生郑重地招待茶点。我怀念起当年的梁锡山先生、刘月槎先生,辜负他们教诲,那时太小,又没有人扶我一把……

下榻百泉宾馆,一天夜深,客人散去,我脱光衣服洗澡,才发现并没有热水,家乡十月末的酷寒使我受了凉,得了严重感冒,从辉县到郑州,从郑州到西安,从西安到香港,然后带回台北,过度的疲劳,不知道节制的应酬,加上水土不服,故乡气候已不能适应。

离开辉县,冬冬陪伴我前往西安探望毛毛,住在西安人民大厦。按照原定的计划,本来还要前往重庆,经三峡到武汉,但感冒已使我无法行动,困顿昏睡,四肢无力,所以决定由西安直飞香港返台,只好向热情挽留的当地朋友解释说:

“出门快一个多月了,有点想家。”

“你家不是就在河南吗?”

“不,我家在台湾。”

离西安那天,一早,毛毛、冬冬和大陆作家周明先生、诗人晓钢女士一行人,把我们送上飞机。四十年隔绝后,第一次重返故乡,就这样匆匆结束。唯一的遗憾是:女儿的母亲们先后去世,姐姐也稍早去世,只留下一个不识字的甥女窦芳爱。往日种种,遗恨留到黄泉。

46. 最后文字狱

匆匆十年,《通鉴》终于完成,十年中虽然发生了很多事,但都没有使翻译工作中断,任何时候,晚上都工作到深夜。我执笔那一年,六十四岁,早有白发,而到七十三岁完成时,白发已经满头。返乡探亲时,大陆报纸强调我六十九岁"高龄",我暗自心惊,回台北后困惑地问城城说:

"六十九岁算高龄吗?"

城城反问说:

"六十九岁不算高龄,几岁才算高龄?"

《柏杨版资治通鉴》将近一千万字,平装本七十二册,精装本三十六册,恰恰是最初预估分量的两倍。远流出版公司安排1993年3月7日为"柏杨日",在台北诚品书店举行一个盛大的庆祝酒会,庆祝生日,也庆祝全书问世。最高兴的是,城城、垣垣和孙儿中中,都来参加,把我当作亲生之父的义女刘元旭,也从旧金山赶来,城城、垣垣、孙观汉、许素朱、陈丽真,也都拥至。我在致词时,万感交集地说:

"我是二十五年前的今天被捕的,那时候如果知道有今天这样的荣耀,心里一定不会那么痛苦难过。"

忽然间,我看到坐在前排的蒋纬国将军,忍不住直率地对他说:

"二十五年前的今天,也正是你老哥逮捕我的日子!"

我只是触景生情,脱口而出。而蒋纬国的风度这时完全呈现出来,他致词时,代表他的老哥蒋经国向我表示歉意,在座的人都深为动容。而最激动的还是元旭,为我过去的苦难,抱住我泣不成声。

《柏杨版资治通鉴》共译了十年,十年之内,另有三种版本问世:

一、《师大版通鉴》:1984年10月,台北文化图书公司印行。

二、《名远版通鉴》:1984 年 11 月,台北名远出版社印行。

三、《改革版通鉴》:1991 年 10 月,北京改革出版社印行。

这证实了一项事实:古文已经死亡,越古的文言文,死得越是彻底。传统的知识分子对文言文唯一的办法是加“注解”或加“导读”,现代广大的读者群,显然不能接受,而渴望有现代语文的古籍出现。少数人霸占垄断知识的时代已经过去了,每一个普通读者都可以直接吸收知识。《通鉴》是一部将近一千万字的庞大巨著,十年内竟有四部版本出现,指出古文今译的趋势,没有人可以阻挡。

我自信《柏杨版资治通鉴》可以代替司马光的原著,但“柏杨版”的寿命最长恐怕也只能维持二百年,河山代有才人出,届时自有二十三世纪流行的当代语文代替。我小时候用的言语,二十岁时别人已听不懂。入狱前用的言语,出狱后别人也十分陌生。二十三世纪的《通鉴》译本,一定和“柏杨版”大异,甚至到那时候,可能用的是汉语拼音文字,那就更令人兴奋。

和完成《通鉴》对我同样重要的一件事是,我获得国际桂冠诗人奖。1992 年,我请香华去美国凤凰城出席该会年会,一面代我补领去年颁给我的桂冠,一面代我向大会致词。她匆匆动身,到了桃园机场,行李已经过磅,柜台小姐却发现她的签证已逾期几天,既窝囊,又沮丧,急回台北,忙得夜不安枕,但总算加签了护照,搭上第二天班机。而就在会场,才发现该年(1992)的桂冠得主竟是香华,兴奋得几乎跳起来,谁说“福无双至”?福也有双至的时候,只不过比乘飞机时,空中小姐昏倒在你怀里的机会还少。

就在桂冠奖之后,李登辉先生曾经在两次讲演中,两次强调说:

“柏杨的事件,以后再不会发生!”

这是一项正式的宣示,我万分高兴,在中国历史上恶名昭彰的文字狱中,我能成为最后一个受害人。

47. 尾　声

在遥远的北方，夏季，黄沙滚滚；冬季，冰原一望无垠。刚从蛋壳中孵出来的幼鸿，伸出脆弱的翅膀，畏缩地试着起飞。突然间，他摔落在地，奄奄一息，他挣扎站起，重新起飞。突然间，他再摔落在地，奄奄一息，他再挣扎站起，再重新起飞。他饥寒交迫，两目茫然。无法抵挡的狂风暴雨，一会儿把他卷向东，一会儿把他卷向西，一会儿把他吹向高空，一会儿把他投向大地，一次又一次，不断重复，他侥幸地一天一天成长，也侥幸地一天一天健壮。不过，和茫茫天地相比，他仍然那么渺小，渺小到世界上没有人注意他的存在。他十分孤单，使他不得不用一己的力量，负起集结在翅膀上的层层坚冰。

对着无边无涯的天空，他只知道飞翔，因为一旦停止飞翔，他将栽倒在地。时光在振翅中过去，天气无论是热、是冷、是阴、是晴，有时冰雹当头而降，有时脚下汹涌着随时会吞噬他的大海。忽然，一支箭射中他，再一支箭射中他，他别无选择，仍只有继续不断地带箭奋飞。他羡慕其他的飞鸿，恣意翱翔天际，羽毛光亮，鸣声悦耳，掠过他的身旁，把他远远地抛弃在后。但他终于飞到鸟语花香的南国，他也哀伤一些比他更不幸的同伴，他们不过只中了一箭，甚至一箭都没有中，只不过眨一下眼，便栽落地面，粉身碎骨。飞行途中，偶尔留下脚印，几乎都是带血的脚印，他低头凝视，不知道他的爪痕，为什么与众不同。

孤鸿飞翔了七十五年，现在，他缓缓下降，驻足高岗，发现自己满身是伤，满身是箭，有些伤口已经愈合，有些伤口还在滴血，有些箭已经脱落，有些箭还深入骨髓。时间把伤口的流血止住，但不能把箭拔出，他只有引颈长啼。

高岗不胜寒冷,又无限寂静,他可以听到山中的精灵,向他耳语。就在脚下,一个村落接一个村落,原乡正默默地看着他,做无言的呼唤。

九天翱翔闯重雷　独立高岗对落晖

孤鸿不知冰霜至　仍将展翅迎箭飞

附录:

写给刘展华的一封信

柏　杨

《柏杨回忆录》在台北《中国时报》连载期间,1996 年 2 月 27 日,该报刊出当初我入狱时审问官刘展华先生一信。刘展华先生立场森严,措词严厉,声称要诉之于法,我遂写下列一信,作为回答。但延至 5 月 1 日,当本书交由远流出版公司出版,准备在附录中,两函同时刊出时,刘展华先生又立刻拒绝,一反他要求公开、希望天下皆知的初衷,其变幻莫测的程度,使我大为惊恐。谨把原委记录于此,说明这份《附录》只有复函、没有原函的原由。

《回忆录》初稿完成后,《中国时报》刊出牢狱之灾部分,《传记文学》刊出"序""跋"部分,香港《九十年代》刊出童年部分,使我心怀感谢。在白色恐怖时代,《回忆录》上的每一个字,都足以兴起大狱,血染囚室。然而,大时代的巨轮开创出今天的宽松环境,禁忌解除,说明现代人是多么的幸运。在《回忆录》中,我叙述了亲身遭遇,所涉及到的人物,大都尚在人间,我知道会有很多人不高兴,但没有想到最不高兴的人竟是刘展华先生。他写了一封措词严厉的信给《中国时报》,除了继续坚称我确实是一个匪谍之外,并且声明保留他的法律追诉权。有些朋友看了,十分担心,认为"山雨欲来风满楼",刘展华的凌厉姿态,会不会是另一个"风满楼"的先兆,担心我一旦再被约谈“调查”，再被“攻破心防”，又再被辛辛苦苦纳入叛乱组织，恐怕无法支持另一个九年零二十六天。这些担心，我都由衷感谢，并告诉他们，我会写一封公开信，答复刘展华先生。

可是，我现在因为视力衰退及动了脊椎手术，无法久坐，必须由人代笔，所以拖到今天。有些难友威胁说：“你如果不写的话，我们就代你发表一篇宣言。”我想还是由我直接说明，比较合乎礼貌。

刘展华先生的信，刊载在本年(1996)2月27日台北《中国时报》，全文约一千余字，一半以上在介绍颜小姐。颜小姐这件事，跟我是不是匪谍，以及跟刘展华是不是对我动过酷刑，并没有因果关系。然而，刘展华娓娓道来，却有一个效果，那就是会把重心转到颜小姐身上。颜小姐全名颜素心，当年是菲律宾的侨生，现在她和她的夫婿王先生是台北著名的凡德男装公司的负责人。当年她在国立政治大学读书，大力水手漫画刚开始刊出时，任主编的前妻倪明华，曾考虑请素心担任翻译，后来因邮寄稿件，往往延误，才改由我动笔。当风声鹤唳初起时，因为我自恃清白，十八岁那一年就赤胆忠心要为国效命，纵使我的杂文咄咄逼人，顶多不过丢掉《自立晚报》的差事，全家饿饭而已。所以，我们找到素心，告诉她我们的困境，认为只要她能承认是她翻译的，就可以渡过这次困难。素心一口答应，并照着我的翻译，重抄一遍，认为这样就解决了问题。当事后知道她为我冒的是那么大的危险，不但感激涕零，而且深为内疚，因为，如果当时特务们把她收押，严刑拷打，她可能成为沈嫄璋第二。我这一生，固然遇到很多灾难，但也遇到不少传奇性的侠骨柔情，素心是其中的一位，这种友情，特务不能了解，官场人物不能了解。

调查局是先逮捕倪明华的，审讯了一天一夜，我们这一项幼稚的顶替，几下子就被拆穿，还好，特务对明华和颜素心，并没有采取任何一步行动，因为他们的目标是我。所以当明华被释放回来，告诉我这种情况后，我才警觉到问题严重。也因之，当隔一天我被逮捕时，并没有如刘展华信上所说：“柏杨先生到案后，一直坚称此系颜小姐所为！”我不但没有坚称，而且包括刘展华，以及所有的问官在内，根本没有一个人再提大力水手,连调查局的“移送书”和警总军法处的“判决书”,也没有一个字提过大力水手,即令我想坚称,也无从坚称。明华先被传讯,其次才是我,以及那时候政府认为“大力水手”已经完成逮捕我的利用价值,为避免被指摘为文字狱,决定任何情形之下,都抹杀“大力水手”的存在,刘展华应该比我还要清楚,现在,却故意写得这样扑朔迷离,这是刀笔吏的手段。

刘展华先生说:“柏杨对过去在大陆期间之经历亦多有保留,后因涉有相当之犯罪嫌疑,而经依法羁押、侦办。”这段文章,学问就在“保留”二字。什么是保留?又保留些什么?《新生报》女记者沈嫄璋,就是因为被认为“保留”“坚不吐实”,死在调查局。调查局侦防处长兼上任秘书蒋海溶,就是因为被认为“保留”“坚不吐实”,死在他的部属之手。许席图,就是因为被认为“保留”“坚不吐实”,现在仍被囚禁在玉里疯人院。“保留”,一个多么学术、多么和缓的名词,我只是供不出来特务希望我供出来的罪行,才被认为“保留”和“坚不吐实”。如果有一天,有个单位逮捕了刘展华,认为他是刺杀林肯的凶手,认为他狡猾地“保留”和“坚不吐实”,请问刘展华先生该如何回答?至于说“依法”羁押侦办,我要提醒的是,在白色恐怖时代,谁才是法?法在谁手?三张犁荒坟乱冢,白骨遍地,他们又都死于何法?“依法”这两个字,已经被特务糟蹋得意义全失!过去蒋经国先生早有指示,革命远在法律之上。所以请问刘展华先生:“你是革命同志,还是守法官员?”

刘展华先生说:“在某天晚上,我指出他自称柏老,道德文章高人一等,实是欺世盗名,令仰慕之年轻人心寒、齿冷。”事实上,刘展华不仅仅心寒齿冷而已,而是,他简直气冲牛斗,一面对我辱骂,一面用米达尺在我脸上晃动。一个高级知识分子,对文学的欣赏水准,只能到这种程度,我宁愿投降。自称“老”,是我对当时政治人物互相称“老”的一种反讽,自称“先生”“夫人”,是一种自我调侃。我还写过“吾祖柏拉图”“吾友潘金莲”,刘展华如果看到,恐怕更会失控。人,如果灵性高一点,人性也会相对提升。有些人有的是斗争能力,却独缺幽默,使人长叹。

刘展华先生说,那一天从晚间八九点开始恳谈,到指责其说谎、欺骗年轻人,突破其心防、书写自白书、完成笔录,已是清晨三四点,前后约六七小时,一气呵成。仅柏杨先生与本人二人在侦讯室内独处,亦无任何人在附近走动,依当时本人身高二百八十七公分,体重五十多公斤的体型,与正值壮年的柏杨先生是不能相比的。实无刑讯之必要,亦无刑讯之可能。刘展华已坦白承认他跟我二人单独在侦讯室内,没有任何人在附近走动,所以我要问:我是三人小组处理的专案,“调查局”“警察局”,和国民党“中央党部”各派一人,一向问案都是三人在场,那一天,只有刘展华一人出现,不合乎你们自己的规则,那两位先生哪里去了?正因为只有一人在场,刘展华才能够在绝对没有目击者的情况之下,突下毒手!我一直认为那天是我偶尔激怒了他,现在,从刘展华自白的供词,终于了解,原来是他的预谋。刘展华先生说:“在这种一对一的情况下,突破心防!”真是要请他用更多的文字来解释,什么是心防?又心防些什么?屈打成招,或突破心防,有没有区别?我所做的供词,后来在军事法庭上,被国防部情报局查出全属虚构,这说明什么?请世人垂鉴,看看刘展华用什么可怖的手段,竟使我供出我从没有做过,连国防部情报局也认为我从没有做过的事!苍天在上,刘展华突破的并不是我的心防,而只是摧毁我的自尊!今天,刘展华如果熬不过酷刑,承认刺杀了林肯,是不是可解释为攻破了他的心防?

刘展华先生最精彩的几句话是:“当时本人身高二百八十七公分,体重五十多公斤的体型,与正值壮年的柏杨先生是不能相比的。实无刑讯之必要,亦无刑讯之可能。”刘展华一定是在心烦气躁之下写这封信的,所以才急不择言,假使他能够冷静两天再写的话,一定会发明更多更好的理由。千古以来,问官和囚犯相对,还讲究身高和体重?在暗室之中,以整个“国家机关”作为后盾的审问官,居有绝对的优势,一咳一笑,都能使囚犯颤抖。刘展华先生:可记得萧振文先生,在跪算盘的时候,屎尿齐流;又可记得另一位被告,也是你们的处长范子文先生,嘴巴被按在大便上,二人的哀号,岂是因身矮体轻?司马迁在《报任安书》上所描写的那种凄凉和悲惨:"看见狱吏,恐怕他毒打,就不由自主地下跪,用头撞地。看见法官,恐怕他不高兴,也不由自主地惊慌过度,不敢呼吸,何以如此?只因为受到强制的压力,自尊瓦解。"韩国四星上将参谋总长郑升和将军,被一个二等兵在囚室打翻在地!古今中外,难道都归因于狱吏个个健壮?囚房不是擂台,不是公共场所,打胜的一方可以昂然离开。许席图就是因为反抗殴打,被痛击脑部,造成精神错乱。至于说"无刑讯之必要",我完全同意,问题是既然没有刑讯的必要,为什么还要刑讯?没有刑讯的可能,我也同意,问题是什么原因把不可能变为可能?刘展华对他暗室行凶,竟如此沾沾自喜,使人目瞪口呆。

今天,我的答复,无意使刘展华先生成为焦点,他自己都不知道他也是一个时代的受害者。那是一个革命蹂躏法律的时代,领袖高过国家的时代。但是,在我叙述自己的来时路时,没有办法抹去入狱这项事实。我一直有一种罗曼蒂克的憧憬,当雷震案发生时,我曾经幻想,我如果是军法官的话,可能在法庭上突然宣判雷震先生无罪。"国策顾问"陈宝川先生曾告诉我一个故事。日据时代,他因反日,日本宪兵逮捕他的时候,曾给了他两个耳光。多少年后,那个宪兵年老退役,专程回到台湾,拜访陈宝川,双膝下跪,请求陈宝川先生原谅,他说:"逮捕你是我执行命令,但我不应该对你粗暴。"我听到这个故事的时候,热泪盈眶。出狱的当年,台北大水,苏杭小馆在清理内部积水后,招待《自立晚报》记者,我被邀参加,高义儒先生出现敬酒,我拒绝接受。他说:"在座所有朋友,我都对得起,只有对不起柏老一人,我罚我自己一杯。"我说:"你是对不起我,在调查局,我的罪状是你叫我编的。"他说:"是我叫你编的不错,但是你编得太像了。"这回答使我惊骇,我说:"我编得不像行吗?"他大声说:"反正你不是匪谍,如果枪毙你,我陪你一起死。"这些事使我希望也能够看看刘展华先生的表情,于是在我保证不给对方任何难堪的承诺下,一位朋友请我和刘展华在水都餐厅共进午餐。刘展华先行抵达,他是那么样的春风满面，热情地握着我的手，好像是昨天才分别的老友，夸奖我的气色不错，然后大谈他逮捕施明德、黄信介两位先生的经过，展示他的料事如神，没有半个字提及到审讯我的往事。最后，我的妻子香华忍不住插一句说："你们调查局会打人的，什么口供都会打出来。"刘展华坐在我的右边，忽然间紧靠向我，双手握住我的右臂，微笑地说："柏老，我们从来不做这件事，你说是不是？"我被他坦荡无邪的表情击昏，不知道如何回答。我想我说到这里为止，情治单位有存在的绝对必要，但运用不当时，也会凌虐人民，它是国家必要的恶，所以我希望，严防它成为维持一个人或一个党的权力的工具，必须在保护人性尊严为大前提下办案，使情治单位成长为国家必要的善。

关于刘展华、高义儒、刘昭祥，以及李尊贤等先生，即令将他们绳之以法，囚室暴力行为，也不会永远绝迹。应该做的事不是报复，而是迅速建立程序正义，那才是我追求民主、尊重人权的目标。

刘展华先生在最后一段说："本人从事公职近三十年，一切依法行事，谨守分寸，勉力从公，自有不容诬蔑之尊严，特此证明，以正视听，并保留法律追诉权。"义正词严，跟真的一样。不过，现在的"国安法"是保护刘展华先生的。依"戒严法"规定，戒严解除后，凡是戒严时的军法案件，都要重新审判，但现在新颁的"国安法"却规定仍维持军法原判，以致剥夺了千万受害人昭雪的希望。如果刘展华愿意和他过去审讯过的囚犯，平等地站在法庭之上，公开辩论，使是非真相，得以大白于世，我不但欢迎，而且将非常感激。看了刘展华先生的信，对一个在白色恐怖下幸存下来的人而言，仿佛又看到那个时代"调查局"的"移送书"和"警总军法处"的"判决书"，不禁悲从中来。如果刘展华不愿对簿公室，那么，不妨继续来信，使真相愈辩愈明，如果报纸不肯刊载，我愿把来往信件，集结成为一书，交由后人判断。我深信，带血的手，可掩盖一时，不能掩盖永远。

1996年3月27日

——载1996年4月11日，台北《中国时报》

柏杨诗

提　要

柏杨将近十年的牢狱生涯，可说是生不如死。除了女儿佳佳是他坚持活下去的动力以外，进入浩瀚的史籍，在历史的进程中寻找成败兴亡的复杂因素，探索人心人性的变与不变，对他来说，应是漫长苦痛岁月的一种寄托。此外，无可置疑的是，诗的写作必然是一种心理的治疗，在珠联玉缀的过程中抒放愁怨，省思个人与家国的千丝万缕之纠葛，生命之大悲苦乃化成血泪诗篇，扣人心弦。

1976年，柏杨欲出版其狱中诗抄而未果，四五年后才得以问世。再经十年他突然膺选为国际桂冠诗人，这迟来的肯定令人惊喜。柏杨虽无法出席领奖，但由妻子张香华代领并代读致词《诗人的祈福》。文中把诗人与时代环境的关系，做了极深刻的阐发，发人深省，对于了解柏杨的诗，颇有帮助。同年(1992)，《柏杨诗抄》增订再版，今加入出狱后十二首为“后辑”。

柏杨的诗，其实不多，含词在内大约六十余首。在旧体式微而新体风行的情况下，柏杨的旧诗显得特别值得注意，他直接间接宣泄冤气，结合耳闻目见，显现狱中风景，从台北三张犁调查监狱到绿岛“国防部”感训监狱，从入到出，尽是磨难。这些诗写尽了柏杨生命史中最悲惨的一段，尤其是在绿岛时期，从《我来绿岛》《我在绿岛》到《我离绿岛》，一字一句皆是血泪，今日读来，仍然深觉惊骇。

诗人的祈福

——1992年8月5日于美国凤凰城国际桂冠诗人联合协会致词

当协会主席本杰明·于松先生(Benjamin. R. Yuzon)通知我被选为国际桂冠诗人的时候,我被这一项突如其来的荣耀震惊。因为我从没有想到在许多年前一段悲惨岁月中,写下的诗篇,会在我生命中发出这样的光芒。尤其会长先生给我的通知书上,指出我的诗集——英译的*POEMS OF APERIOD*,是"一个天赋作家根据真实经验的监狱文学,其中充满坚定的指控和历史研究。"这一段褒奖的话,特别唤醒我沉重的回顾。

中国的优秀作家和诗人,跟世界上对人类文明有贡献的其他国家的作家和诗人一样,总是走在时代的前面,不愿牺牲自己的良知,不愿屈服于权势,不愿为世俗的荣耀或利益,甘心在专制独裁者之下,当一个被阉割过的宦官。这些作家和诗人常常惊世骇俗,写出由性灵转化而成的作品,每一个字都是智慧的火花,强烈而耀眼,在人们脑海中产生震荡。于是不可避免的,冒犯了专制独裁者,或者虽无意冒犯,而只是不屑于奉承,但得到的结果却都一样。作家和诗人心目中只有博爱与和平,追求的只是平等,从法律平等到人格平等。然而,这种特质却是专制独裁者最畏惧的炸弹,他们因畏惧而愤怒——愤怒作家和诗人暴露他卑贱的一面,严重地伤害了他们的自尊,他们要人民一致认为他们是英明的、勇敢的,而且永远不会犯错。所以,任何形式的专制独裁者,都像一个黑社会的头子,为了防止自己丑恶面的暴露,往往采用“杀人灭口”的手段。于是,诬陷、逮捕、下狱、处决,甚至屠灭全族。作家和诗人是一种最危险的行业,所受专制独裁者的摧残,每个时代都会发生。不过也产生一种现象,迫害成为检验人格的标准,官方越重视的作家和诗人,人民越轻视,这些被称为“摇尾作家”、“摇尾诗人”、“御用作家”、“御用诗人”的人,他们的作品也越卑屈堕落。而官方越迫害的作家和诗人,人民越是敬重,这种极端对立的发展,就文学本身来说,是一种畸形生态,但它却一直存在。

所有专制独裁者的内心,都充满了自卑情结,一首被世人赞扬的诗,会引起专制独裁者的嫉妒。一首纯感情的诗,也会触怒专制独裁者的神经。专制独裁者对作家和诗人的畏惧,说明作家和诗人的力量。协会的宗旨“透过诗歌的友爱与和平”,就是我们努力的方向。

我个人的悲剧发生在本(二十)世纪六十、七十年代,它是台湾从传统的酱缸文化转化为世界性民主、人权、自由、平等的巨变中,一个不可避免发生的献祭。我曾遭受逮捕、拷打、凌辱、囚禁,长达九年二十六天,但国民党也终于结束了它一党独大的专制统治,开始步向五千年从未有过的社会,当然,我们还有很长远的路要继续争取和努力。

我本来要亲自到凤凰城出席会议,但因为目前必须遵照医生指示,不适宜长途旅行,所以请允许由我的妻子张香华,她也是一位诗人,代我出席向各位致谢,也特别请求各国诗人朋友,本着你们对人类的爱心和对和平的追求,继续赐给中国人祝福。

——载1992年9月台北《文讯杂志》

A Poet's Hope

——Remarks at a meeting of United Poets Laureate International on August 5, 1992

I was taken totally by surprise when Benjamin Yuzon notified me that I had been named a poet laureate for *Poems of a Period*, because I had never imagined that these poems, written many years ago during a very bleak period in my life, would one day bring such an honor. In his notification letter, Mr. Yuzon wrote, "A gifted writer has turned out a work of prison literature based on his own personal experience. It is filled with unflinching accusation and rigorous histor- ical scholarship." I thank Mr. Yuzon for his kind words of praise, but I must say that they triggered a flood of painful memories for me.

In China, as in any country that has made a contribution to human civilization, the most talented writers and poets are always ahead of their times. They are unwilling to go against their own conscience, or knuckle under to those in power. They are not enticed by the meretricious fame and fortune that go to those willing to undergo "moral castration" in service of despots. Writers and poets shock conventional sensibilities with works that rise above the commonplace. Every word is a spark of wisdom, dazzling to the eye and unsettling to the mind. Such authors inevitably offend despotic rulers. In some cases the offense is not intentional, but only comes about because the author is unwilling to stoop to sycophancy. The result is the same in any case. For such writers and poets, nothing matters but brotherhood and peace. They seek only equality, not only under the law, but also in every man's heart. For the despot, however, this attitude is a bomb more fearsome than any other. And when a despot is afraid, he becomes furious with writers and poets for exposing his darker side, and for striking a blow to his self-respect. The despot wants everyone to regard him as wise, noble, brave, and infallible. Every despot in this way resembles an underworld boss, for he will do whatever it takes to silence anyone who would expose the ugly side of his nature. His methods include slander, arrest, imprisonment, execution, and even the extermination of entire family lines. Writers and poets pursue one of the most hazardous occupations of all, and they have suffered oppression in every period of our history. It turns out, however, that the degree to which an author is oppressed becomes the yard-stick by which his integrity is measured. The more a writer is praised by the authorities, the more he is looked down upon in the streets. The more these "tail-wagging writers" and "tail- wagging poets" are praised by officialdom, the more worthless are the works they put out. The more a writer or poet is hounded by the authorities, the more he is respected by the people. This paradox is a grotesque outgrowth upon the face of literature, but it is a reality that we have always lived with.

Every despot has a strong sense of personal inferiority. A poem that receives widespread acclaim will spark jealousy on his part. A poem that expresses pure feelings can strike a raw nerve with a despot. The fact that the despot fears writers and poets is proof of the power they wield. The motto of United Poets Laureate speaks of "the spirit of friendship and peace that is transmitted through poetry." That is precisely what we work for.

My personal tragedy occurred in the 1960s and 70s. Taiwan was in transition. It was moving away from a traditional Chinese world of moral ambiguity, which I have described as a "soy sauce vat" for its ability to stain one and all. In the 1960s and 70s, Taiwan was beginning to embrace the universal values of democracy, human rights, freedom, and equality. I was a sacrifice on the altar of social change. This sort of sacrifice was inevitable. I was arrested, tortured, abused, and deprived of my freedom for nine years and 26 days, but the Nationalist Party eventually loosened its iron grip on power and embarked on a path that has led to the first democratic society that has ever existed in 5,000 years of Chinese history. We still have a long struggle ahead.

I had originally wanted to go to Phoenix to attend this event in person, but my doctor has advised me not to take any long trips, so I have asked my wife, Chang Hsiang-hua, to accept the award in my place. I humbly beg your understanding. She is also a poet in her own right. In dosing, as poets filled with love for humanity and a desire for peace, I would also like to ask that all of you continue to support the Chinese people in their struggle to build a brighter future.

我爱的人在火烧岛上(代序)

张香华

有一个岛屿
有一首歌
有一个我爱的人
过去,他曾经出现在我的梦中
那时,我在海上挣扎
救生艇的木桨折断了
我随处飘泊
找不到岛屿
听不见歌
遇不着我爱的人
我爱的人在火烧岛上
没有美丽的青山、溪流
没有碧水涟漪
只有恶涛巨浪
烈日风沙
青草枯黄
菜蔬焦死
飞鸟敛迹
窗栏外的白云,凝结成硬块
那时,我爱的人
绕室唱一首老黑爵
他苍凉的歌声
掩没了我的身影
他衰退的视力

不能辨识我的容貌
他不能知道我疲惫的心
因为他比我更疲惫，疲惫于无望
如今，我爱的人
来到我身旁
伸手给我，救我出灾难
使飘泊成为过去
疲惫如拍落的尘土
他教我对抗风浪，修补断桨
他教我观察天候星象
我们用臂围成一个避风港
我们用温暖的眼色，点燃火苗的希望
我们将合唱壮丽的诗章
不能忘记那些没有星月的黑夜
只有海潮的哨音，日晒的烙痕
如今，我们纪念那个岛屿
我们怀念那首歌

序

俗云:"痛呼父母,穷极呼天。"前者是儿时感情的余绪,后者是成年后逢到绝境时的心声。当哀呼时,只是一种哀呼,忘我的哀呼,没有人还管那哀呼合不合韵律。发之于诗,也是如此。

中国人是一个诗的民族,从有文字以来,就有诗篇,迄二十世纪初叶,历久不衰。最大的特征是,几乎每一个知识分子,都会欣赏诗,都会作诗。我不能例外,唯一不同的是,我只会欣赏诗,不会作诗。直到身陷绝境。第一首《冤气歌》及第二首《邻室有女》,是在调查局狱,无纸无笔,用指甲刻在剥蚀了的石灰墙上,甲尽血出,和灰成字。

我入狱九年二十六天(1968 年 3 月 7 日至 1977 年 4 月 1 日),前八年是判处有期徒刑的正式囚犯,后一年二十六天是无罪无刑的特别软禁。囚犯尚有期满之日,软禁永无开释之期。上苍恩典,我是软禁伙伴中,最早打开锁枷,少数幸运者之一。

漫长岁月,只写了寥寥数十首,是太少了,但我素无写诗修养,在狱时情绪起伏,更无法多写,出狱后又消失了当时感受,也无法补写。1977 年秋,曾将原稿送往台北县三重镇一家打字行打字,准备油印数册,分送亲友纪念。不意有人检举,被台北县警察局查获没收。立法委员费希平先生,曾为此向行政院提出质询,警方一口否认。再行收集时,短缺十首左右,除非发还,恐永不能补全。

感谢四季出版社发行人叶圣康先生,他在别的出版社拒绝出版这几首诗时（他们害怕），慨允出版。感谢苏宗显先生，为本书设计封面。感谢董建设先生，他辛苦耐心地，为若干人事沧桑，作详细注解。最后，感谢我妻我友，给我精神上的支持。

我也感谢我自己（或许是我应埋怨我自己），使我于出狱四载之后，仍决心把它付梓。只缘家国迈向新境，仍恋旧作者，雪泥鸿爪，回首一顾而已。

1982年1月1日于台北

【上辑·诗四十首】

1. 冤气歌

天地有冤气　杂然赋流形
在下为石板　在上为石顶
门则为铁锁　窗则为铁棂
于人曰俨然　斗室拷口供
他白即自白　栽赃复心证
时穷苦乃见　一一服上刑
在鲁少正卯　五罪毕其命①
在宋岳武穆　三字丧其生②
在元窦娥冤　六月雪打灯③
为颜大夫腹　无语也词穷④
为杜伯坚目　三日生蛆虫⑤
或为韩非笔　异域陷牢笼⑥
或为廷珑史　五族化血脓⑦
或为清风诗　老幼伏刀锋⑧
或为柏杨文　家破人飘零
此气之所向　冷血灌心灵
当其贯日月　更带三色镜
私怒借此泄　私欲借此逞
私恶借此掩　私恨借此明
嗟予遘阳九⑨心粗气更庸
大力水手画　动摇国本情⑩
专案设小组⑪全力扑孤蓬
水手难相助　七番查生平⑫
二十年前事　当时已曚昽⑬

清算复锻炼　现出新内容
受训有学院　参加有民盟[14]
逃亡有路费[15]居住有叮咛
上海闹恋爱[16]北平又立功[17]
好友成间谍　台湾追人踪[18]
但求早还家　不惜一身腥
初云政治决　继云恕道行
三云洗个澡　四云待人诚[19]
好话都说尽　临了变狰狞[20]
苍天曷有极　悠悠我自清
冤魂日已远　生魂怜典型
囚室空对壁　相看两无声

① 少正卯，公元前五世纪春秋时代，鲁国一位很有名望的文化人。被当时代理宰相（摄相事）孔丘逮捕处决，宣布少正卯五大罪状是："居心阴险，处处迎合人的心意。行为邪恶，不肯接受劝告。说出的全是谎话，却坚持说的全是实话。记忆力很强，学问也很渊博，但知道的全是丑陋的事。自己错误，却把错误润饰成一件好事。"

② 岳飞，谥武穆，十二世纪宋王朝名将，屡次击败北方金国的侵略，立志把金军逐出宋朝国境。受到皇帝赵构（宋高宗）及宰相秦桧的猜忌，诬陷他谋反，下狱处决。另一位名将韩世忠向秦桧询问谋反是不是真有其事时，秦桧回答

说:“莫须有!”即“不见得没有!”韩世忠叹息说:“莫须有三字,怎能使天下人心服?”

③ 窦娥,十三世纪元王朝民间故事女主角。窦娥丈夫早死,侍奉婆母,非常孝顺。恶棍张驴儿在羊肚汤里下毒,想要毒死婆母,霸占窦娥为妻。想不到张驴儿的父亲嘴馋,把羊肚汤偷吃,毒发身死。张驴儿勾结法官,诬陷是婆母下毒。窦娥不忍婆母被苦刑拷打,只好坦承不讳是她把张老爹毒死,即被判死刑。在绑到法场斩首时,正逢六月盛暑,却忽然飘起大雪,显示上天为这场冤狱哀伤。

④ 公元前二世纪,西汉王朝皇帝刘彻(汉武帝),发行“白鹿皮币”(一张“白鹿皮币”,值四十万钱,亲王公爵伯爵们纷由封地到首都长安朝觐皇帝时,都要购买,是一种变相的勒索)。农业部长(大农令)颜异表示反对,刘彻不悦。不久,就有人控告颜异违法。刘彻指派有名的酷吏张汤审问。最初,颜异跟朋友在一起闲谈,谈到法令扰民时,颜异没有回答,仅微微地“反唇”。张汤认为这就是“腹诽”证据,罪大恶极,处斩。从此,西汉王朝遂有“腹诽”的判例。

⑤ 杜伯坚,本名杜根。二世纪东汉王朝皇帝刘祜(汉安帝)在位,年方冲幼。皇太后邓女士听政,政府大权操在邓姓家族之手。杜伯坚上书抗议,要求将大权交还皇帝。邓太后震怒,下令把杜伯坚装在麻袋里,在金銮殿上扑杀,然后把尸体抛到城外荒郊。卫士们同情杜伯坚一腔忠贞,摔时未用全力,杜伯坚幸得悠悠苏醒。但他知道邓姓家族不肯罢休,仍躺在原地装死。三天后,邓太后果然派人察看,发现他眼角已生满蛆虫,才算安心。杜伯坚始行逃走,躲到乡下给人当仆役。直到十五年后,邓太后身故,邓姓家族瓦解,他才敢出面。

⑥ 韩非,公元前三世纪战国时代韩国贵族,是中国法家学派创始人之一,著有《孤愤》《五蠹》等书,当时秦国国王嬴政看到后衷心佩服,惋惜地说:“我如果能见到这些书的作者,跟他交游,死而无恨。”宰相李斯告诉他韩非仍然健在,嬴政大喜,于公元前233年,用隆重礼节,把韩非迎接到秦国首都咸阳,然而不久李斯就发现他的宰相职位受到威胁,于是向嬴政说:“韩非是韩国的贵族,不是普通平民,不可能忠于秦王国。与其用他,不如送他回国。但与其送他回国后变法图强,跟我们对抗,不如杀他。”嬴政遂把韩非下狱,在狱中毒死。

⑦ 庄廷珑案是中国历史上最著名的文字狱之一,发生于十七世纪。庄廷珑所著《明史》,对当时当权的清王朝政府,有斥责的和轻视的字句。时庄廷珑已死,清政府下令剖棺剉尸。庄廷珑的弟弟,和为该书作序的人,以及出版商、经销商、刻字工人,全部被处决。庄廷珑的家属,不分男女老幼,被全体发配酷冷的边陲黑龙江,给穷披甲人为奴。此案使中国文化人陷于恐怖之境。

⑧ 十八世纪是中国文字狱最多的一个世纪,大狱一个接一个兴起,死人千

万。诗人徐述夔早已去世，但在他的遗著中，发现有"清风不识字，何故乱翻书"句，清王朝皇帝弘历（清高宗），认为他故意讽刺元首，以及诽谤清政府。徐述夔被剖棺剉尸，他的儿子女儿孙儿，和地方政府官员，被全体斩首。

⑨"嗟予遘阳九"，为文天祥《正气歌》原句，原注云："遘，遇也。阳九，谓穷困之时运。说详《汉书·律历志》。"

⑩柏杨被捕，导火线是一幅美国金氏社发行的《大力水手》连环漫画，时柏杨前妻倪明华任职台北《中华日报》主编，采用该漫画，柏杨负责文字方面翻译，把 fellows 译为蒋中正总统常用语："全国军民同胞们"。被指控为"以影射方式，攻讦政府，侮辱元首，动摇国本"。

⑪侦讯柏杨，由"台湾司法行政部调查局""台湾警备总司令部""台北市警察局"中国国民党中央"党部"第六组，共组项目小组负责。侦讯之初，四单位代表均出场，稍后由调查局单独负责。

⑫办案人员令柏杨写详细自传，从呱呱坠地到《大力水手》，第一遍被认为有隐瞒，乃写第二遍，再被认为有隐瞒，乃写三遍四遍五遍六遍七遍……直到招认罪行，办案人员满意为止。

⑬指1949年沈阳易守时之事，距1968年柏杨被捕，整整二十年。

⑭柏杨自动招认："在沈阳民主建设学院受训三天"及参加"民主同盟"。（见"台湾警备总司令部"1969年度书检诉字第〇〇六号军事检察官起诉书。以下四注均同此。）

⑮柏杨自动招认："共产党发给三十元金元券作为由沈阳赴北平活动费。"

⑯柏杨自动招认："在上海与民主同盟负责人、国立复旦大学教务长许逢熙，取得联络。并与许逢熙的女秘书岳政芬恋爱。"

⑰柏杨自动招认："在北平旃坛寺接受共产党训练三天，劝人投共，及调查军队脚踏车数目，为共产党立功。"

⑱柏杨自动招认："来台湾后，曾在台北《民族报》上，刊登广告，欲与共产党地下工作人员许逢舜（许逢熙之弟）及岳政芬取得联络，不果。"

⑲以上四句，均办案人员语，保证政治问题政治解决，并云国民党是讲恕道的，充分理解当时困境，绝不追究。又云经过此项自动招认，等于洗一次澡，一身清白。复强调他们是三民主义信徒，一秉至诚承诺，绝不欺骗。

⑳最后将柏杨移送"台湾警备总司令部"军法处，由"台湾军事检察官"以"戡乱时期惩治叛乱条例第二条第一项"（"唯一死刑"）起诉，要求枪决。

2. 邻室有女

——调查局监狱，位于台北三张犁，各房间密密相连，却互相隔离，不通音讯。稍后频闻女子语声，有感。

忆君初来时　屋角正斜阳
忽听莺声啭　蓦地起彷徨
翌日尚闻语　云购广柑尝
之后便寂然　唯有门锁响
初响是提讯　细步过走廊
再响是归来　泣声动心房
君似患喉疾　咳嗽日夜扬
日嗽还可忍　夜嗽最凄凉
暗室幽魂静　一嗽一断肠
我本不识君　今后亦不望
唯曾睹君背　亦曾系君裳①
同病应相怜　人海两渺茫

我来因弄笔　君来缘何殃
君或未曾嫁　眼泪遗爷娘
君或已成婚　儿女哭母床
今日君黑发　来日恐变苍
欲寄祝福意　咫尺似高墙
君应多保重　第一是安康
愿君出狱日　依然旧容光

① 调查局狱囚禁后期，每天有十分钟散步。某日散步时，晒衣架上一件女衣，被风吹落地面，柏杨代为捡起，重系绳端。

3. 几　番

几番铁链过门前　几番哀号震铁栏
肠萦儿女悲离别　魂惊鞭后咽寒蝉
天上千年如一日　狱中一日似千年
到此人生分岁月　听风听雨两茫然

4. 家　书

伏地修家书　字字报平安
字是平安字　执笔重如山
人逢苦刑际　方知一死难
凝目不思量　且信天地宽

5. 小　院

小院黄昏密密灯　正是人间两死生
男子剥衣坐冰块　女儿裸体跨麻绳
棉巾塞口索悬臂　不辨叱声与号声
暂罢稍休候再讯　只余血泪对孤灯

6. 有　感

东方闪闪日光新　诏狱压压积乌云
闭眸便见娇儿女　展眉仍自对铁门
人生飘渺半如梦　乍惊我梦偏沉沦
此情都已随风去　依墙寂寞待黄昏

7. 梦　回

夜半无声月色迟　睡中依旧到华池
仍携妻子稚儿女　惊醒枕畔梦如丝
倚墙欲写相思字　提笔彷徨意已痴
可奈此情无处寄　今时不是往年时

8. 除　夕

鞭炮断续逢除夕　席地举杯共进觞
楚囚相对无人泣　丹橘酿酒下回肠
似醉还畏狱吏责　回头更觉意彷徨
怜我固然太懦弱　看他岂是真刚强
未沉其境皆清醒　既沉其境都迷茫
人道人权一笔勾　斗室恰如刀俎场
毒言詈语能挫骨　坐冰压趾两相忘
互证相符织成线[①]空言狡展结文章
自动招认夷狄法　坦承不讳传统方
何患无辞肉喂虎　欲加之罪狼食羊[②]
喜看时雨萧萧至　怒觑血斧频频扬
人生千古终须死　留取片心映日光
鼻息均匀人已睡　离魂何曾入梦乡
此诗写罢年将尽　低眉仔细理囚裳

① 依现行刑事诉讼法，被告之间所作不利于对方的口供，得作为对方犯罪的证据。

②《伊索寓言》：狼要吃小羊，坚称小羊去年曾偷吃它门前的草，小羊说："去年我还未出生呢！"狼说："你讲的全对，可是，我吃什么？"

9. 秋　雨

一番秋雨一番凉　滴滴声声入铁窗
花下孤蜂觅残蕊　枕前穴蚁衔冬粮
屡念蛛丝千折线　一笑梦醒百回肠
遥怜贪玩小儿女　不知已未加衣裳

10. 囚　房

重锁密封日夜长　矇眬四季对灯光
天低降火类炉灶　板浮积水似蒸汤
起居坐卧皆委地　呻吟宛转都骨僵
臭溢马桶堆屎尿　拥挤并肩挥汗浆
身如残尸爬黄蚁　人同蛆肉聚蟑螂
群蚊叮后掌染血　巨鼠噬罢指留伤
暮听狂徒肆苦叫　晨惊死囚号曲廊①
欲求一刹展眉际　相与扶持背倚墙

① 政治犯枪决时，总在凌晨天色将明未明时执行。

11.闻判十二年

——判决书:姑念情节轻微,免死,处有期徒刑十二年。

刀笔如削气如虹　群官肃然坐公庭
昔日曾惊鹿为马　而今忽地白变红
兀狼有权制冤狱　书生空恨无强弓
自怜一纸十二年　迎窗冷冷听秋风

12.读　史

每一展史册　触目自心惊
所谓礼仪邦　更夸最文明
有记四千载　冤狱染血腥

侠义若郭解[1] 豪迈若李陵[2]
精忠若岳飞 诤谏若田丰[3]
大勇若李牧[4] 大智若文种[5]
大识若于谦[6] 大名若孔融[7]
功如周亚夫[8] 亲如司马宗[9]
财如士孙奋[10] 学如王阳明[11]
才如苏东坡[12] 史如庄廷珑
文如司马迁[13] 诗如薛道衡[14]
赤心伍子胥[15] 割肉杨继盛[16]
肝胆袁崇焕[17] 雄谋封常清[18]
曲端活烤死[19] 李斯具五刑[20]
荣爱灌铅汁[21] 崔浩囚铁笼[22]
郑鄤生剥皮[23] 杨涟耳贯钉[24]
铁铉化焦骨[25] 彭越烹肉羹[26]
一读一落泪 一哭一抚胸
献身系囹圄 爱国罹刀锋
中华好儿女 几人有善终
不如懵懂人 扶摇到公卿
此中缘何故 欲言又无从

① 郭解,公元前一世纪轵关(河南济源)人,好客任侠,得到民间敬重崇拜。西汉皇帝刘彻(汉武帝),名他的坟墓所在地为"茂陵"(陕西兴平),强迫全国各地富豪,移民该地,作为他将来尸体的守卫。郭解的财产并未达到规定标准,可是却被贪官污吏列入名单。当他动身时,民众为他设宴饯行。县政府一位杨姓官员,却不准那些人跟他见面。郭解的侄儿气愤不过,把杨某刺死。杨某的父亲去当时首都长安告状,又被人在中途暗杀。西汉政府下令逮捕郭解。法官调查结果,发现两件凶杀案均跟郭解无关,因为事发当时,他正在途中,依法应判无罪。可是宰相公孙弘却说:"郭解虽没有杀人,也没有主使杀人。但竟有人自动为他杀人,他的罪比他杀人或主使杀人还要重。"郭解遂被全家处斩。

② 李陵,公元前一世纪名将。公元前99年,李陵率五千步兵,孤军深入沙漠;匈奴汗国且鞮侯单于以十六倍兵力迎战,李陵大败,突围不得,箭尽刀折,力竭投降,期能在匈奴内部用奇计立功。西汉皇帝刘彻(汉武帝)大为愤怒,将他全家老幼,包括他的八十余岁母亲,一并处决。

③ 田丰,二世纪末,东汉政府衰微,各地握有重兵的将领,纷纷以独立王国姿态,据地自雄。三世纪的第一年——200年,东汉政府宰相曹操,与冀州(河北)州长(州牧)袁绍,在官渡(河南中牟)会战。战前,袁绍智囊之一的田丰,认为只有持久消耗战,方可取胜。袁绍自恃兵强将广,要速战速决,以动摇军心的罪名,逮捕田丰下狱。结果袁绍大败,众人向田丰贺喜,田丰说:"袁绍是个外貌宽厚,内心忌猜的人,如果获胜,还可能恩赦。现在失败,必然杀我遮羞。"袁绍果然告左右说:"我后悔没有听田丰的建议,今后会受他轻视。"命田丰自杀。

④ 李牧,公元前三世纪战国时代赵国名将,对北击败匈奴汗国,对西击败秦国。秦国恐慌,派遣间谍贿赂赵国国王的亲信郭开,诬告李牧谋反。公元前229年,李牧被逼死。秦国大喜,次年(前228),大军攻陷赵国首都邯郸,生擒赵王赵迁。

⑤ 文种,公元前五世纪越国宰相。公元前494年,越国与吴国在夫椒(江苏太湖包山岛)会战,越国大败,国王姒勾践被掳到吴国首都姑苏(江苏苏州)为奴。文种在国内主持政府,十年生聚,十年教训。公元前473年,越国准备成熟,大举反攻,吴国国王吴夫差自杀,国亡。姒勾践大赏功臣,对文种说:"你有七个灭人国家的方法,我只用了三个,就消灭了强大的吴国。还剩下的四个,你准备用来对付谁?"文种只好自杀。

⑥ 于谦,十五世纪军事家和政治家,初任明朝政府国防部副部长(兵部侍郎)。1449年,皇帝朱祁镇(明英宗),在宦官怂恿下,御驾亲征瓦拉部落。于谦竭力劝阻,朱祁镇不听,终于在土木堡兵溃,朱祁镇被俘。明政府大震,群臣主张迁都到南方,于谦认为一旦迁都,北中国即将不保,力主守卫北京,并拥立朱祁镇的弟弟朱祁钰(明代宗)继任皇帝,领导全国抗战。瓦拉部落毫无所获,把

朱祁镇释回。1457 年,朱祁钰卧病,朱祁镇发动政变,夺回政权,再当皇帝。逮捕于谦,诬以谋反,处决。

⑦ 孔融,三世纪最著名的儒家学派学者,为全国知识分子崇拜的偶像。后来担任东汉政府财政部长(少府)。宰相曹操正在当权,二人不能相容。208 年,参谋主任官(军咨祭酒)路粹,指控孔融诽谤政府,孔融夫妇被一齐处斩,一个九岁的儿子和一个七岁的儿子,正在玩棋,有人劝他们快逃,回答说:"覆巢之下,安有完卵?"也一并被杀。

⑧ 周亚夫,公元前二世纪名将。公元前 154 年,西汉王朝七位亲王叛变,中央政府几乎瓦解。皇帝刘启(汉景帝)擢升周亚夫当全国武装部队总司令(太尉),出兵削平叛乱,再擢升当宰相。因与刘启意见不合,不久即被免职,但刘启仍耿耿在心。公元前 143 年,周亚夫的儿子为老父预寻墓地,用白纸竹片,扎成兵器,作为焚烧之用。有人秉承皇帝旨意,告发周亚夫谋反,即行下狱。周亚夫向法官说明所谓兵器,只不过是死人下葬时用的冥器而已,法官说:"你固然不在地上反,但你却在地下反呀。"周亚夫这才发现无罪不能无刑,遂服毒自杀。

⑨ 司马宗,晋朝亲王。四世纪二十年代,庾太后的胞兄庾亮当权,深忌司马宗守法不阿,且得众心,又跟镇守历阳(安徽和县)名将苏峻是好友。而庾亮正欲铲除苏峻,遂于 326 年,命总监察官(御史中丞)钟雅,控告司马宗谋反。司马宗愤而拒捕,被杀。

⑩ 士孙奋,二世纪东汉王朝的暴发户,当时东汉政府大权在全国最高统帅(大将军)梁冀之手,梁冀向他"借"钱五千万串,可是他只能凑出三千万串,梁冀大怒,即指控士孙奋的母亲,在梁家看管库房时,偷了白珠十斛、紫金千两逃走。地方政府遂逮捕士孙奋兄弟,就在狱中害死,价值一亿七千万串房地产被没收。

⑪ 王阳明,十六世纪思想家和政治家,是儒家学派中阳明学派的创始人。1506 年,任职明王朝南京分政府的国防部科长(兵部主事),时皇帝朱厚照(明武宗)年幼昏暴,宠信宦官刘瑾,把宰相免职,王阳明上书抗议,乃被逮捕入狱,打五十军棍,贬到蛮荒边陲。

⑫ 苏东坡,十一世纪最有名的诗人、词人、作家、画家、政论家,各种文体,无一不精。该世纪七十年代,宋王朝因变法问题,政府中内斗极烈。时苏东坡任潮州(广东潮州)州长(知州),曾作《槐树》诗,有句云:"根到九泉无曲处,世间唯有潜龙知。"监察官(御史)李定、舒亶、何正言,联合检举他诽谤皇帝。因皇帝是龙,而龙却潜在地下,明显的是一种诅咒,于是苏东坡被捕下狱,百般折磨。幸营救者众,得以不死。

⑬ 司马迁,中国史学之父,公元前一世纪初头十年代,李陵兵败降匈奴,西汉王朝皇帝刘彻(汉武帝)向他征求对李陵的意见,司马迁认为李陵必是迫不得

已,定有后图。刘彻大怒,处司马迁宫刑。

⑭ 薛道衡,七世纪著名诗人,隋王朝皇帝杨广(隋炀帝)深忌他的诗才,乃诬以谋反,下狱处死。死后,杨广得意说:“看你还能不能再作‘空梁落燕泥’?”

⑮ 伍子胥,公元前五世纪名将和政治家,时逢战国时代,他担任吴国宰相。公元前 494 年,与越国决战;越兵大败,国王姒勾践被俘。姒勾践用谄媚和贿赂,使吴国国王吴夫差动心,于囚禁三年后释放回国,伍子胥反对。吴夫差东征西讨,忘掉心腹大患,伍子胥不断谏阻,吴夫差震怒,命他自杀。不久,越国大举反攻,吴夫差身死国亡。临死前,用布覆面说:“无颜见伍子胥于地下。”

⑯ 杨继盛,十六世纪中国大黑暗时期,明王朝皇帝朱厚熜(明世宗)任用严嵩当宰相,严嵩贪赃枉法,无所不用其极。杨继盛时任国防部人事司司长(兵部武选司),1553 年,上奏章弹劾严嵩五奸十大罪,朱厚熜大怒,逮捕杨继盛下锦衣卫狱,廷杖一百,割下烂肉三斤,断筋二条,日夜囚禁笼中,备尝痛苦。延至 1555 年,复被斩首。

⑰ 袁崇焕,十七世纪明王朝名将,镇守宁远(辽宁兴城),曾击毙来犯的清王朝第一任皇帝努尔哈赤。1629 年,清王朝第二任皇帝皇太极率大军由小道进军,直围北京,袁崇焕率五千名骑兵入援,士不传餐,马不再食,在北京城外,大破清军。皇太极乃施反间诡计,纵一宦官归,言袁崇焕与清军勾结,明王朝皇帝朱由检(明思宗)暴怒,逮捕袁崇焕,寸寸磔死,家属放逐三千里。

⑱ 封常清与高仙芝,均为八世纪名将。755 年,范阳(北京)战区司令官(节度使)安禄山叛,举兵南下,唐王朝皇帝李隆基(唐玄宗)任命高仙芝担任统帅,封常清担任副统帅,在潼关布防。监军宦官边令诚屡屡向高仙芝请托和索取巨款,高仙芝不应。边令诚遂向李隆基密告二人谋反,李隆基下令斩高仙芝、封常清(次年,潼关军溃,边令诚投降了安禄山,充当向导,攻陷首都长安)。

⑲ 曲端,十二世纪宋朝名将,时张浚任西北军区司令官(陕西处制使),忌妒曲端盛名,恐无法控制,乃诬以谋反,逮捕下狱。命曲端私仇康随担任审判官,康随令狱吏缚住曲端,用布糊口,燃火烤炽,曲端口渴索饮,就给他醋汁,七窍流血而死。金帝国远征军闻曲端死,大喜,立即发动攻击,宋军崩溃。

⑳ 李斯,公元前三世纪,秦朝统一中国,李斯担任宰相。公元前 210 年,第一任皇帝嬴政逝世,李斯与宦官赵高结合,拥立嬴政少子嬴胡亥继任第二任皇帝。赵高欲独揽大权,乃诬李斯谋反,于公元前 208 年,以五刑将李斯处死。五刑者:一、先在脸上刺字;二、再割去鼻子;三、砍掉左右脚;四、用竹条活活打死;五、再将尸体斩首。李斯跟他的儿子被绑赴刑场时,对他的儿子说:“我们父子再牵黄犬,出城门打猎,岂可复得乎?”父子对哭,三族均被屠杀。

㉑ 荣爱,二世纪中国美女,是东汉王朝亲王刘去的一位姬妾。刘去骄暴无

人性，另一宠姬阳成昭信非常狡黠，先后由她进谗，而由刘去处死的姬妾婢女和家属，已有十四人，使用针刺、剑击、燔烧、铁烙、割鼻、断舌、烹煮、肢解等种种酷刑，王宫成为恐怖世界，人人自危。某天，刘去召荣爱陪酒，阳成昭信妒火中烧，即密告荣爱跟王宫医生通奸，刘去暴怒，把荣爱为他刺绣的方领烧毁。荣爱知大祸临头，万口难解，投井自杀，却被抢救出井，绑在柱上鞭打，不堪其苦，自动招认通奸是实，刘去用烧红的刀子挖去她的眼珠，片片割她的肉，又熔铅汁灌入她口中。死后，再把她肢解，用荆棘裹尸埋葬。

㉒ 崔浩，六世纪历史学家及政治家，南北朝时代北魏帝国宰相，被视为国宝。北魏皇帝拓跋焘（太武帝）叫他编写北魏帝国史，并信誓旦旦，要他"务从实录"。崔浩果根据事实，一一叙列。拓跋焘恼羞成怒，将崔浩囚入铁笼，送到首都平城（山西大同）城南闹市，公开展览，命守卫士兵撒尿到他头上身上。哀呼悲号，闻于行路。然后斩首，凡他故乡清河郡（河北清河）姓崔的人，不管是不是一族，一律捕杀。范阳（北京）卢姓家族，太原（山西太原）郭姓家族，河东（山西永济）柳姓家族，因跟崔浩有亲戚关系，也被全部捕杀。

㉓ 郑鄤，十七世纪著名的文化人。因得罪明政府当权宰相温体仁，被诬陷殴打母亲，凌迟处死。

㉔ 杨涟，十七世纪明政府左总监察官（左都御史），时宦官魏忠贤专政暴虐，杨涟向皇帝朱由校（明熹宗），弹劾魏忠贤二十四罪，魏忠贤大怒，逮捕杨涟及畜牧部副部长（太仆少卿）周朝瑞、左副总监察官（左佥都御史）左光斗、陕西省民政长（陕西按察史）顾大章、河南道监察官（河南道御史）袁化中等下狱，累累跪阶前，裸体窘辱，复加拷掠，大家荷枷横卧堂下，一一诬服受贿。复行追赃，三日一限，先后拷死。而杨涟最惨，家属领尸出时，只见土囊压身，铁钉贯耳。

㉕ 铁铉，十五世纪名将，明王朝内战（靖难之役）期间，亲王朱棣（明成祖）由北京率叛军南下，进攻首都南京，铁铉时任山东省长（山东参政），固守济南，屡败叛军。后来朱棣叛变成功，即位称帝，捕铁铉至，割掉耳鼻，炙熟纳其口中，问香不香。铁铉大声回答："忠臣孝子的肉，怎会不香？"朱棣暴跳起来，命寸寸磔死，投入油锅，顷刻化作焦灰。全家被处斩，妻子女儿被发入妓院，任人嫖辱。

㉖ 彭越，公元前二世纪名将，封为王爵。前196年，西汉王朝皇帝刘邦（汉高祖）北伐，彭越有病，不能随征，只派了一位将领率军作战。刘邦大怒，派人前去责备，部将劝彭越起兵叛变，他不肯，于是有人密告他谋反，被逮往首都长安，撤销王爵，废为平民，贬到四川省边陲地区。中途遇到刘邦的妻子皇后吕雉，向吕雉诉说冤枉求救，吕雉满口应允，带回首都长安，却向刘邦说："彭越是一位勇士，放逐到四川，岂不危险？"刘邦恍然大悟，命人再告彭越谋反，处斩，屠三族。把彭越尸体剁成肉酱，烹作羹汤，分给其他将领饮食，用以阻吓。

13. 中　秋

昨夜还是团圆月　今夕急风撼铁窗
孤魂历历身在地　斗室幽幽影倚墙
丹心全付纸和笔　离恨空余儿女肠
但愿化为千缕线　献于人人做衣裳

14. 椰子树下

人生此日不常有　且付丹青黄花手
椰子树下数落叶　一片落叶一杯酒
月照冷眉守白兔　千株万株动地吼
兀狼仍图留春住　二无身尽空余口
麻帐纵横又夜半　欣欣低语人对首
我愧保罗往昔事[①] 举目云天望北斗

① 保罗，耶稣十二使徒之一。

15. 感　奋

龙蟠虎踞彩霞生　八方仰首望云旌
百年睡狮终开眼　巍然众志化长城
五更海峡昏沉夜　东西分别认巨星
星光如火穿残月　连野鸡声啼晓明
江山如画待混一　鲸鼓动时看沸腾
虎旗横扫兀貔穴　鹰扬直入单于庭
英雄豪杰千秋事　恭理衣冠拜上京
乾坤洗净旧颜色　天际人间两太平

16. 黄　昏

黄昏最是相思际　狱门似海更艰难
倚枕迷茫畏入梦　攀窗惆怅羡高山
危危纸笔沉流水　冷冷人心逼面寒
我今且喜听啼鸟　凝眸空自望云天

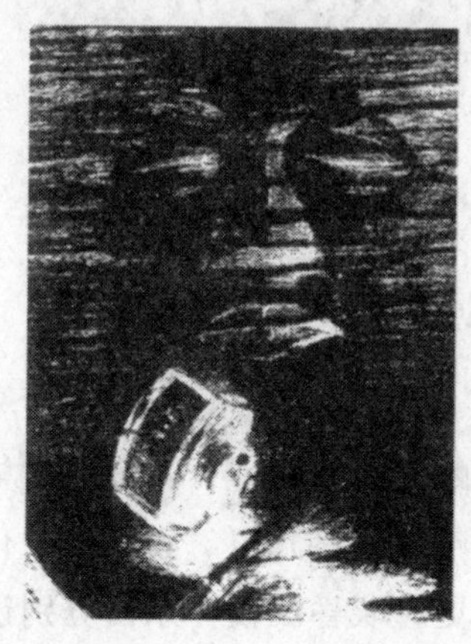

17. 我来绿岛

——1972 年 4 月，政治犯自台北解往绿岛，囚“国防部”感训监狱。

我来绿岛时　状如待烹狗
胸背缝数字　一三一二九
两人共一铐　绳索缚双肘
满目皆兵卫　飞机压顶吼
巨舰载千里　横卧甲板首
烈阳似火烧　甲板烫炙手
阵雨衣尽湿　阵风百骨抖
历尽三昼夜　仍见笑开口

18. 自 咏

纷纷大雪阻春风　春风刬地生青草
茫茫黑夜困金乌　金乌破海掀天晓
辛苦艰难雪夜时　一寸光阴一寸老
断腕男儿且自怜　俯听无涯雪夜笑

19. 重 逢

君自泰源来①　我自景美至②
昔日同铁窗　今日再逢此
承君频询问　告君别后事
某人尚未判　某人镣压趾
某人定无期　某人已伏死
某人妻绝裾　某人母殁世
某人女沦落　某人子乞食
都在缧绁中　相劝莫泪湿

① 中国台湾省台东县泰源乡有一监狱,亦囚政治犯,此狱于 1971 年改收普通犯,将政治犯移囚绿岛。

② 景美,即台北县景美镇,“台湾警备总司令部”军法处和军法处看守所,均在此处。柏杨囚此四年之久。

20. 怀孙观汉

万籁都从耳底收　孤鸟长啼山更幽
东风吹合离离草　残日会逢晚晚秋
飘泊地涯惊泪眼　仃伶海外托归舟
天生我辈人间世　一点赤心证白头

21. 我在绿岛

我在绿岛时　改服黑衣裳
编号二九七　一一剃发光
重犯十数人　独锁六区房[①]
囚室仅容身　旋转苦彷徨
咸风刺肌骨　海雨透铁窗

偶闻浪声急　百折断回肠
寂寥日复日　日日对砦墙
不知人间事　唯怀父母邦

①“国防部”绿岛感训监狱，为放射状二层四角大厦，一角称一区，六区在二楼，专囚重要政治犯。

22. 窗　下

窗下读残书　悠悠意自如
浑忘家何在　轻风送翠姑
斗室空寂寞　海浪听酣呼
云际传笑语　人孤心不孤

23. 暮　晴

暮天雷雨止　斜阳照曲池
村鸡啼声起　可惜非其时
蜻蜓掠碧草　斑鸠绕山迟
遥问家何在　低飞过北枝

24. 斜　倚

梦回斜倚对西窗　一灯惨淡正昏黄
急雨不停催阵冷　怒潮彻夜打空墙
潜龙万丈吟深海　巨珠千尺初生光
孤岛浑沌将破晓　旭日冉冉看八方

25. 炼

阴风习习火熊熊　发焦肤裂见性灵
尘沙一入成灰烬　断金千锤色益红
也有精钢变铁屑　更多铁屑化钢城
是非真假难预说　丹心百炼才分明

26. 渺　茫

生固渺茫无以料　死更仓皇未可知
油尽灯枯余烟袅　轻风波动化相思
千古艰难唯有此　丈夫默默对崦嵫
不负满头苍白发　尚存一夕仍吟诗

27. 春王正月

人言百分百　吾云九十九
苦听杜鹃啼　扪壁饮长吼
山色逼面来　又惧残花柳
莫非野菊开　将着红酥手

28. 无　风

无风无浪海如冰　残月似钩天半明
花落百端随水去　丝绕椰柳拂山青
逐日但见平安报　入夜还看星外星
掩卷自知苍白脸　泪珠一滴下芜城

29. 但　愿

试问何所有　处处开黄花
偶然无梦到　飘泊入谁家
年余河谷幽　月残冉冉斜
但愿从此始　一泻如流沙

30. 出狱前夕寄前妻

——本判十二年有期徒刑，后政治犯减刑三分之一，改为八年，八年终将届满。

明湖二月草正青　水里神前跪玉京
黉舍传书人语起　旅程初喜金宵灯
鹊桥霜滑长开眼　飘泊艰难物外星
永和陡绝云天隔　惭问鸳盟与鸥盟
石烂海枯誓言在　影伴形随叠步踪
巨弓惊散同林鸟　鸣镝哀乐已三生
感君还护覆巢女　魂绕故居涕棘荆
我今归去长安道　相将一拜报君情

31. 读史怀古

山雨欲来风满楼　台城王气黯然收
初听朽冢女鬼泣　继见文彩男士愁
大树倒时声厉厉　猢狲散日气啾啾
屈指兴衰仔细数　魑魅魍魉共一丘

32. 何年何月

何年何月桃花开　地涯天外久徘徊
也尝赋诗预志喜　无奈云深缓缓来
艰难又是重阳到　卧听山呼下草台
飞舞梦魂都在此　一日一番叫人猜

33. 出狱前夕寄女佳佳

吾儿初生时　秋雨正淅沥
父独守长廊　喃喃向神祈
护士终相告　告父生一女
此女即吾儿　此情舐犊意
儿啼父心碎　儿笑父心喜
看儿渐长大　摇摇学步举
曾入托儿所　一别一哭涕
负儿径自归　为儿理发髻
出疹畏风光　门窗日夜闭
儿身热如炭　抱儿屡惊悸
自幼厌进餐　一餐一淘气
悄悄吃狗食　吐泻几将毙
住院儿卧床　伴儿父卧地
五岁接电话　口舌即伶俐
怒时呼臭爸　顿脚如霹雳
六岁考幼园　百分高第一
滑梯玩不休　万唤都不理
上学有人送　下学父迎及
一路攀父臂　仍作秋千戏
爬肩闻烟味　翻腾上父膝
遇事即寻父　搂颈絮絮语
寻伴乐不归　惹父沿街觅
急急如疯汉　惶惶汗遍体
当父离家日　儿已二年级

坐地看电视　尚对差人嘻
一去即八载　一思一心戚
梦中仍呼儿　醒后频频起
而今父将归　儿业亭亭立
何堪吾家破　孤雏幸存息
儿已不识父　怜儿泪如雨

34. 出狱前夕寄陈丽真

我昔登车时　君送楼梯右
惊恐满双目　频频绞双手
我家骤然破　我命悬刀口
茫然无凭依　赖君为奔走
曾被官传问　又被警押肘
君独无所惧　仍探狱中叟
名虽为师生　情如兄妹守
君儿为我甥　君婿为我友

我幸留残年　已成丧家狗
接我千里外　安我北窗牖①
义深难为谢　无力置杯酒
唯盼天晴日　同拂洛阳柳

① 陈丽真在家腾出一室，安顿柏杨，并函告柏杨，将亲赴绿岛狱门迎接（后经有关人员劝阻，改赴高雄迎接，失望而归）。

35. 软　禁

——1976年3月7日，刑期届满出狱，踏出狱门，立即再被“台湾警备总司令部”收押，囚于绿岛兵营。

浓云压压压残苔　独倚栏杆一眼开
我惭千钧无气力　万籁无声待雨来

36. 嘱　女

千里来探父　父迎乍邂逅
茫茫两不识　迟迟相视久
父惊儿长大　儿惊父白首
相抱放声哭　一哭一内疚
父舌舐儿额　儿泪染父袖
睹儿思往事　利刃刺心薮
旧创初结痂　新创再毒殴
痴痴望儿面　父心泪中抖

环岛踏胜迹　汗湿裳衣透
儿或挽父臂　父或牵儿手
温泉洗双掌　绝壁听海吼
高崖攀灯塔　佛洞卜神佑
缠父打乒乓　父女大交斗
笑声彻屋宇　又如旧日友
儿居招待所　窗外荫椰柳
诸友屡邀宴　率儿起敬酒
明月照小径　父女并肩走
喁喁儿时事　指天询北斗
儿卧酣酣睡　父傍彻夜守
听儿呼吸匀　喜儿不解忧
儿虽已长大　仍是一孩幼
睡时仍踢被　不能自察纠
乘车惧颠簸　嘱儿紧抓绶
饭桌用饮食　嘱儿垂双肘
坐时儿弓背　嘱儿挺胸钮
食罢不刷牙　嘱儿勤加漱
隐镜疑伤目　嘱儿另选购
琐琐复絮絮　惹儿嫌父朽
二日匆匆过　留计苦无有
儿自凌空去　父自归窗牖
再视儿睡处　抚床泪如漏
小径仍似昨　父影独佝偻
重见尚无期　念儿平安否
自爱更自重　莫贻他人口

37. 寄梁上元

筋骸无病梦初回　新春遥远祝凯杯
窗前总说太阳事　睡中还向巨星飞
燕来燕去自有意　花开花落应相催
此心与国共休戚　千难万劫不成灰

38. 我离绿岛

我离绿岛时　厚云掩朝阳
脱我囚犯衣　换我平民裳
十年如一梦　此梦仍未央
抬臂觉肘痛　着袜抚膝伤
试步双足软　合唇齿半伤
仰头望苍穹　天人皆迷惘
金堂酣歌舞　壮士泣沙场
丹心化为泪　巨星引眉扬
高僧恕飞雀　奇异出画坊
野村相面客　俯首甘异乡
独念狱中友　生死永不忘

39. 谢虞和芳[1]

孤岛浑沌梦初醒　日暮方知草色青
英雄枉被兀鸫误　柔肠空付儿女情
极目江山如图画　愿君慧眼看苍生
战马仍嘶人未老　待碎残月迎晓星

① 二十世纪七十年代初期，国外盛传柏杨将遭处决，虞和芳正留学德国，百方营救。

40. 寄孙观汉

——1977年4月1日，获释，返抵台北，无家可归，暂住旅舍，欲致函孙观汉先生叩谢，久不能成一字，先寄数语。

今日踉跄回台北　人物都非两渺茫
去时家园如完瓯　于兹覆巢鸣寒蛩
念我身老童心在　仍将丹忱酬热肠
先把无穷感恩意　第一修书报孙郎

【附录·诗三首】

41. 二十世纪长恨歌

——1968 年 8 月，为柏老而写。

梁上元

展读法庭起诉状　如遭雷击心惊愕
再读先生冤气诗　掩卷悲泣泪滂沱
如此生灵如此日　热泪难干感慨多
抚今思昔难为言　我欲忍痛发悲歌
英雄自古多薄命　才高由来都坎坷
遍翻青史寻豪杰　豪杰偏是多奇祸
李广有功终自尽[1]　岳飞凄惨死风波[2]
子胥皓首悬姑苏　屈原含恨投汨罗[3]
乐毅功成身被逐[4]　廉颇逃亡发先皤[5]
睢阳围城未能解[6]　宁武残关哭陷落[7]
渡江楫头国耻深[8]　出师表上泪如梭[9]
宾王不悔讨贼檄[10]　文山空留正气歌[11]
明末儿女多豪杰　勤王抗敌举烽火
臣子皆非亡国臣　只有君王能亡国[12]
半壁东南有天堑　江淮子弟奋干戈
忠臣义士成虚话　扬州十日谁铸错[13]
延平浴血台湾岛[14]　亭林义绝满洲国[15]
死国君王只四人　殉难英雄遍山河[16]
英雄借问有何价　论功行戮无差讹[17]
回首再翻儒林史　双目模糊泪婆娑
史记一书垂万古　司马夏阳身被腐[18]
班固汉书未成章　一朝势落死囹圄[19]

子建才名高千代　难晤洛妃咏七步[20]
江南文采推李煜　凄凉终饮牵机毒[21]
昌黎为文起八代　死后方留盛誉在[22]
苏轼胸中怀丘壑　一诗使之人缧绁[23]
五柳孤高欲遗世　梦里桃源虚城郭[24]
髫龄文起滕阁赋　大海滔滔沉王勃[25]
司马才华第一流　琵琶水调足千秋
泪洒浔阳归何处　天涯沦落古江州[26]
少游诗誉起布衣　狂哭轩眉挥大笔
明月清风袖里过　苍茫地角死单骑[27]
欲渡黄河冰塞川　将登太行雪暗天
纵有才华惊绝世　太白亦叹行路难[28]
国愁家恨难挥泪　且把心情作笑声[29]
倚梦闲话藏辛酸　西窗随笔立干城[30]
春蚕到死丝方尽　蜡炬成灰泪始干
云游怪国心良苦　挣扎怒航挽河山[31]
菜园园主慕奇才[32]茅庐椎女衷心仰[33]
酒逢知己千杯少　文遇知音不嫌长
生不愿封万户侯　但愿一识韩荆州
鱼雁往返成莫逆　年岁长幼两相忘
怀台之思越海来　爱国热情纸上漾[34]
共望人性趋善美　但祈祖国日益强
大力水手划地起[35]恶风毒雨破西窗
酱缸一梦惊乍醒[36]残灯无焰鬼影狂
如椽巨笔人虽羡　笔锐亦惹奸人怨
圈外爱国诚不易　昔日戏言竟成谶[37]
爱妻忍辱迎巨变　幼女无知亦肠断
仗义亲朋半零落　世态炎凉人何堪
解事已知含悲凉　爱莫能助太心伤
仰问苍天有无眼　不对此事沉冤望

遗民泪尽胡尘里　刀尖何忍再内向
铁幕深垂犹未解　唯有团结是力量
万求当庭包青天　秉持良心莫作伥
勿把人权当草菅　勿使此恨万年长

① 李广，公元前二世纪名将李陵的父亲，自己亦为名将。时人称为“飞将军”，匈奴汗国为避其锋，不敢轻易侵边。李广一生与匈奴大小七十余战，很多部将和士兵，都晋爵封侯，只因他不善谄媚，始终不能封侯，大家为他惋惜，谓之“数奇”（天生坏命）。公元前120年，李广率军随全国最高统帅（大将军）卫青，出击匈奴，深入沙漠后，迷失道路，不能在指定时间及指定地点，与大军会合。卫青跟李广向来不睦，即将李广交付军法审判。李广知道他会遭遇到什么，叹息说：“我已年老，不能再受羞辱。”遂自杀。

② 民间传说，岳飞父子在当时宋朝首都临安（浙江杭州）监狱“风波亭”上，被生生剥皮，惨叫而死。

③ 屈原，公元前四世纪中国最早的一位诗人，博闻强记，明于治乱，担任楚国芈怀的顾问（左徒），深受信任。上官大夫（官名）靳尚陷害他，说他自尊自大，芈怀遂对他疏远。屈原悲痛之余，乃作《离骚》，是中国最早的韵文之一。公元前三世纪前299年，芈愧继承王位，宰相（令尹）芈兰继续陷害，把他贬逐到当时尚是蛮荒的洞庭湖，屈原自伤“信而见疑”“忠而被谤”，投汨罗江而死。

④ 乐毅，公元前三世纪名将，是燕国全国武装部队总司令。公元前284年，率领赵、秦、韩、魏、燕五国联军，大举进攻齐国，如疾风扫落叶，连陷七十余城。仅即墨、莒城二城不下。公元前279年，燕王姬平逝世，太子姬乐资继位。即墨城守将田单，使反间计，谓乐毅即将叛变。姬乐资遂把乐毅免职，用骑劫代之为将，乐毅不敢回国，逃亡赵国。田单用火牛阵反攻，燕军大败，侵地尽失，齐国复国。

⑤ 廉颇，公元前三世纪名将。赵王赵何在位时，廉颇曾大破齐国军团。国王赵丹在位时，廉颇曾抵抗秦国侵略，击退强敌。公元前245年，国王赵偃登基，秦国派遣间谍，用反间计，宣称廉颇年老，已不堪担当重责大任。赵政府遂把他免职，使乐乘代他，廉颇恐怕被杀，投奔楚国。

⑥ 八世纪唐朝时，范阳（北京市）战区司令官（节度使）安禄山叛变，大军南下，围攻睢阳（河南商丘），张巡与另一名将许远，孤军固守，其他政府军却坐视不救。城陷，二人骂贼被杀。

⑦ 十七世纪中叶，正当明王朝末年，政治黑暗，中国陷于混乱。陕西农民

首领李自成,率大军围代州(山西代县)。城内粮尽食绝,守城司令官(总兵)周遇吉,退保宁武(山西宁武)。李自成继围宁武,宣称五日不降,即行屠城。周遇吉力战,城陷后仍巷战不屈,被俘,拒绝投降,李自成命悬到高竿上,把他射杀。李军团亦损失惨重,预备撤退整补,适大同军区(山西大同)司令官(总兵)姜瓖、宣府军区(河北宣化)司令官(总兵)王承荫,纷纷投降,李自成大喜,决定继续前进,终于攻陷首都北京,明朝皇帝朱由检上吊自杀。李自成每语人说:"其他军区如果再有一个周遇吉,我安得到此?"

⑧ 四世纪初叶,晋王朝政府迁都建业(南京),跟匈奴后裔建都平阳(山西临汾)的汉赵政府,以淮河为界对峙。321年,晋政府皇帝司马睿派祖逖担任豫州(河南中部,当时在汉赵政府控制之下)州长(刺史),率军进驻淮阴(江苏淮阴)。可是司马睿对祖逖十分猜忌,所发粮秣既少,武器又十分陈旧。祖逖率众渡长江北上时,舟行江中,击楫誓言:"大丈夫如不能肃清中原,而再乘此船,有如大江。"然而所受猜忌日增,最后司马睿更派亲信戴渊,作他的长官,处处掣肘,祖逖忧郁而死。

⑨ 三世纪三国时代,建都成都的蜀汉国宰相诸葛亮,于227年,上疏皇帝刘禅,陈述必须北伐的理由,辞恳情切,忠义直贯天日,后世称之为《出师表》。

⑩ 骆宾王,七世纪文学家。八十年代时,唐朝皇太后武曌,废掉皇帝李治,另立李治之弟李旦继位,有明显迹象篡夺政权(五年后的690年,她果然称帝,另建南周朝)。前任眉州(四川眉山)州长(刺史)徐敬业,在扬州(江苏扬州)起兵讨伐武曌。骆宾王曾任长安(陕西西安)县政府主任秘书(主簿),追随徐敬业,撰写文告,指控武曌种种不法,及包藏祸心。辞锋尖锐,含义沉痛,其中有句说:"一抔之土未干,六尺之孤何托。"武曌瞿然说:"有如此才,而使之沦落不偶,宰相之过也。"然军事上终于失败,骆宾王逃亡,不知所终。

⑪ 文山,文天祥别号,十三世纪七十年代,宋朝末年,蒙古大举南下。1276年,军抵首都临安(浙江杭州)城下,宋政府已半瓦解,谢太皇太后命右丞相陈宜中赴蒙古军营谈判,陈宜中不敢前往,弃城夜逃。乃临时任命文天祥当右丞相。既至蒙古军营,蒙古元帅伯颜即加拘禁。稍后逃走,集结武力作战。1278年,兵败被俘。囚禁蒙古首都燕京(北京)三年余,拒不投降,于1282年被杀。在狱中曾作《正气歌》见志。柏杨的《冤气歌》,即套仿该诗。

⑫ 1644年,农民领袖李自成,攻陷北京,明朝皇帝朱由检图逃不成,上吊自杀。在衣带中有遗书说:"君非亡国之君,臣皆亡国之臣。"然史迹斑斑,君正是亡国之君,临死仍妄图推卸责任。及李自成失败,满洲人大举进入,明人抵抗不屈,可作证明。

⑬ 1645年,满洲兵团攻陷扬州(江苏扬州),明政府守将史可法死难,满洲兵团元帅多铎,下令屠城十日。

⑭ 明朝伯爵郑芝龙在国家最危紧时，向清政府投降。他的儿子郑成功，据守厦门（福建厦门），继续效忠明政府，明政府封延平郡王。1658年，郑成功大举反攻，进入长江，直逼南京。不幸遇到飓风，溃败引还。以厦门岛既小而又邻近大陆，不能安居。时台湾为荷兰人占领，政治腐败，兵力单弱。郑成功乃攻略台湾，连战皆捷，荷兰总督揆义投降，郑成功收复台湾。

⑮ 亭林，指顾炎武，十七世纪史学家，被称为"亭林先生"，坚决反对满洲人建立的清政府。隐居山林，著书立说。

⑯ 中国历代君主，遇到国家危亡，非逃即降，没有一个慷慨牺牲，不成功、就成仁，像他平常训勉别人那样。作者指仍有四人例外，无法查考。

⑰ 清朝诗人吴谷人《岳飞论》云："补已缺之金瓯，论功行戮；返将消之玉弩，为敌报仇。"辞意均极沉痛。

⑱ 司马迁是夏阳人（陕西韩城），中国从前习惯以地名作为对人称呼，表示尊敬。

⑲ 班固，一世纪历史学家。89年，西汉政府最高统帅（大将军）窦宪；北攻匈奴汗国，追击一千五百公里，深入沙漠，登燕然山（蒙古杭爱山）。时班固在军中任军事总监（中护军）代理总指挥官（行中郎将事），曾代窦宪撰写宣扬西汉国威碑文，刻石山上。92年，皇帝刘肇厌恶窦宪专权，逼窦宪自杀，大肆逮捕窦宪部属。洛阳县长（令）种兢，跟班固有私怨，乘势囚禁班固，就在狱中害死。班固著《汉书》，未能完稿，由其妹班昭续成。

⑳ 曹植，字子建，诗人，三世纪三国时代曹魏帝国亲王。其兄曹丕是皇帝，其嫂甄洛，以美丽见称于世，死而为洛水之神。民间传说曹植与甄洛有段恋情，故有《洛神赋》之作。曹丕屡欲陷害，一次，命曹植在七步内成诗，不成则杀，曹植咏说："煮豆燃豆萁，豆在釜中泣。本是同根生，相煎何太急。"适皇太后卞女士闻风来救，始未遭毒手，然亦危矣。

㉑ 李煜，中国最著名的诗人之一，也是十世纪南唐的亡国皇帝，虽忧国势日危，不但无力振作，反而纵情声色，不恤政事，所作的词，悱恻缠绵，极哀感香艳之致，后人无出其右。975年，被俘到宋国首都汴京（河南开封），妻子小周后，也为宋国皇帝赵光义奸辱。回忆往事，每日以泪洗面，所作词曲，多含故国之思。978年七月初七，是李煜生日，在家中宴饮，共为欢乐，声闻于外。赵光义大为厌恶，派他的儿子赵元佐前往祝寿，酒中掺有毒性最酷的"牵机毒"。李煜饮下去，毒发，首足相接，翻转哀号而死，年仅四十二岁。

㉒ 韩愈，九世纪散文家，先世昌黎（河北通县）人，以地名称他，表示敬重。819年，唐朝皇帝李纯，把"佛骨"迎接到皇宫中祈福。韩愈上疏反对，称"佛骨"不过朽骨，要求烧掉寺院及佛经。李纯大怒，把他贬到南方千余公里外，当时尚

是蛮荒地带的潮州(广东潮州)当州长(刺史)。韩愈主张文章必须道德挂帅,即"文以载道",结构词藻,都要朴实,反对当时流行的华丽文体。但此项努力,当时并未成功,直到十一世纪,经文豪苏东坡等继续提倡推行,称之谓"文起八代之衰"(八代:东汉、曹魏、晋、南宋、南齐、南梁、陈、隋等八个王朝),始成为文章正宗。迄二十世纪初叶,一直为中国知识分子奉行。

㉓ 十一世纪,宋朝六任帝赵顼在位时,党争激烈。名重士林的苏东坡咏"桧木",有诗句云:"根到九泉无屈处,世间只有蛰龙知!"被李定、舒宣等检举。谓龙象征天子,应在天,而竟入地,至为恶毒。遂逮捕苏东坡,囚"乌台监狱",备受凌辱,性命岌岌可危。适逢赵顼祖母曹太皇太后逝世,死前告诉赵顼说:"你父亲(五任帝赵宗实)曾对我说,他选拔了两个有宰相奇才的知识分子——苏氏弟兄,留给子孙。而今,你却把当哥哥的下到监狱。"赵顼遂下令开释。这件事被称为"乌台诗案",是中国历史上第一次文字狱。

㉔ 陶潜,五世纪田园诗人,一度担任彭泽(江西湖口)县长(县令),仅八十余日。郡政府视察官(督邮)来县,依例,县长应亲往拜见,陶潜说:"我不能为了五斗米(县长俸禄)折腰,去奉承官僚。"即日辞职,著《归去来辞》以见意。居家贫困,唯以诗酒自娱,门前植有柳树五棵,因自号"五柳先生"。尝著《桃花源记》,叙述一渔夫误入一神秘世界——桃花源,该世界充满欢乐和平,人无纷争。后人遂以"世外桃源",形容理想国度。

㉕ 王勃,绛州龙门人(山西龙门),七世纪诗人,六岁时即能写作,文思尤其敏捷。父亲王福,任交趾(越南首都河内,时越南属中国版图)县长(县令)。675 年,王勃万里迢迢,前往省亲,中途经过南昌(江西南昌),恰逢都督阎伯舆新建"滕王阁"落成,大会宾客,想使他的女婿作一文记盛,以展示才学。王勃前去拜见,阎伯舆顺便留他参加宴会。席上,阎伯舆请与会人士执笔,大家都知道他女婿早已完稿,所以无不谦让。让到王勃,他因不知内情,就留下笔墨,当众挥毫。阎伯舆大不高兴,命仆人在旁伺候,写一句,禀报一句,及报到"落霞与孤鹜齐飞,秋水共长天一色。"惊为天才,由衷叹服,厚赠行装,继续南下。想不到行至南海海口,竟堕海溺死。

㉖ 白居易,九世纪诗人,曾任唐朝政府皇太子宫政务参议官(太子左赞善大夫),直言敢谏,满朝权贵,得罪了十之六七。815 年,宰相武元衡受到强盗伏击,首都长安震动,都知道凶手是叛将彰义(河南汝南)战区司令官(节度使)吴元济派遣,可是无人敢言。白居易独主张缉拿正凶,时吴元济同党李师道尚潜伏中央,纠弹说:"白居易是宫官,不是谏官,不应越权。"并散布谣言,指控白居易母亲因看花堕井而死,而他却有《赏花诗》《新井诗》,有害儒家礼教,不配在中央做官。于是贬谪到浔阳(江州,江西九江),当州政府的军务秘书长(司马)。在浔阳写下《琵琶行》长诗,确定他在中国文学史上重要地位。

㉗ 杜甫，八世纪诗人，别号少陵。有中国“诗圣”之称，一生穷困，到处流浪谋生。八世纪七十年代，南下衡山，由衡山再往耒阳（湖南耒阳），不意中途遇到山洪暴发，被困荒岛十数日，没有东西可吃。耒阳政府特派船把他救出来，接回耒阳，酒宴款待，他久饿暴食，又喝酒过量，当晚去世，年才五十九岁。

㉘ 李白，亦为八世纪诗人，后人尊为“诗仙”，与杜甫齐名。性情愉悦浪漫，有《行路难》诗：“欲渡黄河冰塞川，将登太行雪满山。”一生落魄无依。五十年代时，范阳（北京）战区司令官（节度使）安禄山叛变，攻陷首都长安。唐朝皇帝李隆基逃亡，行至中途，他的儿子李亨，自己宣布继位。另一位儿子李璘，聘请李白当他的幕僚，不知道消息，也自己宣布继位，不料兵败。李白也跟着成了叛徒，被判死刑。先前，李白曾救过一位低级军官郭子仪的性命，此时郭子仪已晋升大将，向皇帝李亨请求，愿以官职为李白赎罪，李亨乃把李白放逐到当时蛮荒的夜郎（贵州北部地区）。后来遇到大赦，回到浔阳（江西九江），受人连累，又第二次坐牢。最后，他的朋友李阳冰在当涂（安徽当涂）当县长（令），他去投奔。民间传说，有一天，他在长江上泛舟，看见水中月影，跳下去捉月，溺死江心。

㉙ 此二句为柏杨《鹧鸪天》词后二语，此词作于入狱前夕，原词见下辑。

㉚ 二十世纪六十年代，柏杨在台北《自立晚报》初写杂文时，专栏名《倚梦闲话》。稍后在台北《公论报》为文，专栏名《西窗随笔》。

㉛ 柏杨以杂文体写小说《古国怪遇记》（初名《云游记》）。《挣扎》《怒航》，则是柏杨以本名郭衣洞于二十世纪五十年代写的小说。

㉜ 被尊为台湾原子科学之父，台湾第一位原子炉建立人孙观汉，二十世纪四十年代至七十年代之间，在美国匹兹堡西屋公司任放射线研究所主任。六十年代初，回台湾讲学时，发现柏杨著作，爱不忍释，就跟他通讯，成为莫逆。1968年柏杨入狱，孙观汉在海外营救，并在香港出版《柏杨和他的冤狱》巨书，坚忍不息，十年如一日，1977年，柏杨出狱后，孙观汉回台探望，二人始第一次见面。

㉝ 本诗作者梁上元于二十世纪六十年代，就读台北第一女子中学，年方十六岁时，即被柏杨文章感动，写信致意，成为忘年之交。

㉞ 孙观汉虽已入美国籍，且有美国夫人，但仍热爱祖国，心怀故土。先后著有《菜园怀台杂思》《菜园怀台续思》等书（二十世纪八十年代重印时，改称《关怀与爱心》《菜园里的心痕》），本诗作者因之称他为“菜园园主”。

㉟ 柏杨入狱导火线，系由《大力水手》漫画而起，见前注。

㊱ 柏杨对传统文化中病态毒素积成的中国畸形社会和文化传统，称之为“酱缸”。

㊲ 柏杨语。

42. 柏杨出狱

——1977 年 4 月，探望老友，赠以此诗。

东方望

卞和献楚玉　罪名刖双足[①]
子昂推文宗　囚衣登鬼录[②]
贞材下遇时　奚止身之辱
天地自悠悠　抗怀藐薄俗

① 卞和，公元前八世纪玉石专家，曾在荆山（安徽蚌埠）找到一块大石，看出其中含有天下最精致的宝玉，因而呈献给楚部落酋长芈熊眴（古书称之为“厉王”，实际上那时他还不是“王”，仅被称“蚡冒”）。芈熊眴认为他使诈弄骗，砍掉他的左脚。等楚国建立，第一任国王芈熊通即位，卞和再去呈献，结果一样，仍认为他使诈弄骗，砍掉他的右脚。等第二任国王芈熊赀即位，卞和只好抱着那块巨石，在荆山下痛哭。芈熊赀派人问他悲伤什么。他说：“我不是悲伤我被砍掉的双脚，只是悲伤宝玉被当作顽石，忠诚被当作诈骗。”芈熊赀下令剖石，果然得到宝玉，遂命名为“和氏璧”，成为中国历史上最著名的宝玉，稍后成为中国历代王朝的皇帝玉玺。

② 陈子昂，七世纪唐朝诗人，被当时尊为“文宗”（文化界的宗师）。曾在北方边陲，登蓟北城楼远眺，泫然流涕。高歌：“前不见古人，后不见来者，念天地之悠悠，独怆然而泪下。”这四句话流传迄今，成为名句。他晚年定居射洪（四川射洪）。县长段简，是一个贪暴残忍的赃官，听说陈子昂家富有，贪心大动，随便给他加一个罪名，企图勒索。陈子昂恐惧，使家人送钱二十万，而段简仍不满意，不断逮捕他又放掉，放掉他又逮捕，百般凌辱。陈子昂自问无力对抗，服毒而死。

43. 题历史研究丛书[①]

东方望

千里潮音逐梦来　十年火岛有余哀
天心毕竟徒人愿　孤愤沉冤铸史才

① 柏杨在其历史研究丛书“总序”里称:“丛书是在火烧般的斗室之中,或蹲在墙角,或坐在地下,膝上放着用纸糊成的纸板,和着汗珠,一字一字写成。”可喜的正是那“九年零二十六天艰难而漫长的岁月”,柏杨没有替苦难的中国和苦难的中国人交白卷。

【下辑·词十二首】

44. 鹧鸪天

廿载风尘逐断萍。渔阳鼙鼓不堪听。可怜无计留黑发，一番对镜一番惊。　　人已老，百未成。孤灯凄雨话生平。国愁家恨难挥泪，且把心情作笑声。

45. 少年游

荒鸡乍动笛音哀。星堕九天开。几阵寒风，几番冷壁，无语倚窗台。可怜只此方寸地，起坐不堪徊。索索心情，茫茫岁月，缓缓成痴呆。

46. 鹧鸪天

义气一身遍九州。江山踏尽不知愁。歃盟笑滴男儿血，剖胆轻骄好汉头。　　今已矣，事都休。断魂残梦复何求。收回四海纵横志，闲对西窗学集邮。

47. 满江红

午夜惊魂，推孤枕灯花百裂。多少恨，誓言蜜语，都成噎咽。枯臂沾遍点点泪，薄襟染满斑斑血。只是非恩怨霎时休，徒悲切。　数往事，如烟灭。便归去，关山绝。算场场恶梦，何时能歇。此命频逢落井石，一身恰似离枝叶。这颗心到死也凄凉，千般劫。

48. 八声甘州

看皱纹满面鬓毛霜，对镜久无声。叹孤魂拖影，天涯踏遍，都是仃伶。三十年来岁月，空染一身腥。多少辛酸泪，难挽流萍。　尝尽人间滋味，为是非恩怨，误了归程。纵真正好梦，也愿自今醒。待晴日奇书看罢，卧小窗午睡听黄莺。两相许，清风明月，度此平生。

49. 金缕曲

问梦迷何处,恁孤魂绕遍斗室,欲飞无路,一霎数惊不成寐,举目更添凄楚。想那人正相笑语。紧倚栏杆北望月,把新愁旧怨齐吩咐。多少事,恁谁诉。　　奈何天,生生又缺,岂能为主。千载女娲炼青石,今日也难重补。寂寞了当年很箫鼓。流水落花两有恨,凡痴情总被无情误。恩与爱,都尘土。

50. 忆王孙

头颅盈斗血盈腔。赠与人间识货郎。遍数男儿无刘邦。少张良。便是曹瞒也思量。　　绝域斗室自彷徨。今世但求遇宋江。忠义堂前定八荒。焚阿房。跨马插花下洛阳。

51. 木兰花慢

傍田陇立久，无语对景销魂。望溪流影底，鸭鸣草际，鸡啄篱根。原野万籁都寂，剩悄悄街巷掩重门。静静两行矮树，低低一抹微云。　　青峰岭下乱鸦飞，湿重不扬尘。那荒坟还在，千年百载，谁觅前因。数缕炊烟散罢，任苦风凄雨压孤村。偶听几家笑语，灯帷又报黄昏。

52. 扬州慢

北国凄迷，南山怀抱，深渊紧接高峰。托浓云销誓，记滨海散盟。缘当初，回身一转，心田阵阵，化作春藤。双生日，暗度良宵，午夜初醒。　　解衣斗室，唤起我，重认辰星。怜可扶弱枝，马林梦好,都付离情。纵意天长水远,对孤窗,入梦仍惊。念黑从淡抹,此躯知为谁生。

53. 定风波

反复书笺意不成。寄情。寒笼斗室夜凄清。万里云天人入睡。心碎。一钩残月压三星。　　惆怅这番盈手写。相谢。且将热泪洗前程。红叶岂因自己醉。随水。只剩余梦慰飘零。

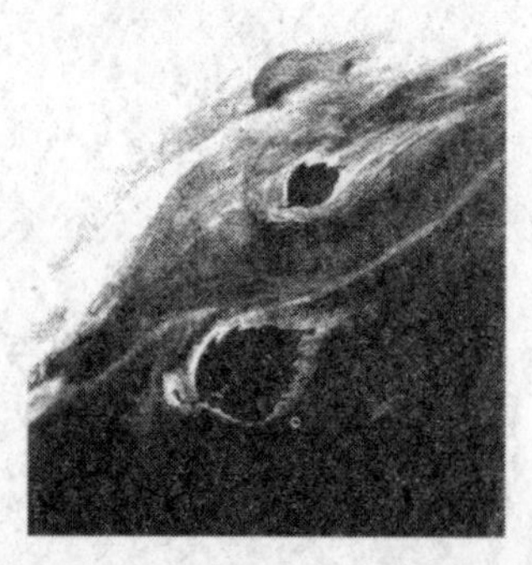

54. 巫山一段云

多愿唯期日。少衣只盼晴。黑云万里总无情。压压欲天倾。　　急雨穿空泡,斜风掠草坪。可怜都是断肠声。起坐不堪听。

55. 百字令

几番细听,抱满怀愁绪,扶栏痴立。已晓无晴还怅望,一抹长空堆积。滚滚浓云,沉沉黑雾,万里龙涎滴。伤心窗外,潺潺苦雨又急。

可奈昼夜连绵,声声是泪,住竟无消息。夏日单衫三两件,怎敌秋寒摧击。吠落铁门,冷侵残膝,忍卧牛衣泣。便求一梦,西风也断踪迹。

【后辑·诗十二首】

56. 悼江南

——1984 年，江南遇刺，适在爱荷华，急奔旧金山。当时，谣言四起，华人知识分子，人人自危。

枪声三响撼金山　我来湾北哭江南
陡觉浑身如泼水　顿惊亡友已入坛
骨灰盈掬枉成泪　音容仍在化作烟
香火两支献灵上　痴望归魂立窗前
书生爱国非易书　举笔方知人世艰
身陷诛杀皆不晓　恩怨亲仇都茫然
昔日曾蒙伸援手　而今无力报如泉
从此永诀幽冥道　空余只手扬孤帆

57. 绿岛呼唤

——出狱之后，建人权纪念碑之前，曾三返绿岛，四入囚房，万感交集。

晚霞如火烧古城　群山齐动传笳声
孤岛有情长夜泣　蛰龙沉睡海吐腥
无边风雨萧萧去　曙色穿云一线明
法场鲜血囚房泪　痴心仍图唤苍生

58. 贺周碧瑟博士生日

君云四五已经老
我云四五正妙龄
当我三十郎当岁
可怜君还未出生

59. 马嵬驿

——读史

七月鹊桥初架迟　长生殿前人双至
比翼连理渡银河　海誓山盟谁逾此
全仗恩爱护终身　身尚未终恩爱止
君王若是有情时　马嵬怎不同生死

60.《回忆录》尾声

九天翱翔闯重雷　独立高岗对落晖
孤鸿不知冰霜至　仍将展翅迎箭飞

61. 重返柏杨

疏疏林木谁家庄　天色朦胧地色荒
四十年前悲往事　空余残梦绕山岗
昔日吾女犹在腹　而今胎发渐变苍
鹰架初支泥初砌　衰草几时覆斜阳
旧道已废新道改　洞口伫立百回肠
桑田深锁沧海恨　柏杨挥泪访柏杨

62. 重返故居

——重返当初被捕时台北敦化南路故居。

三十年前此门中　缓缓儿语伴笑声
笑声已杳人老去　曲廊仍挂旧时灯

63. 祭姊墓

——返故乡,祭姊郭育英墓。

当初娘亲逝世日　阿姊抱弟泣床前
继母不容留巢女　半嫁半逐出庭园
再逢时节姊已寡　阿弟仍非懂事年
不知阿姊不识字　十信八信总纠缠
不知阿姊贫且苦　开口闭口只索钱
阿姊为弟缝长裤　阿姊为弟织布衫
偏嫌阿姊手工拙　掷向灶头不屑穿
阿姊视弟贵如宝　我愧视姊轻似烟
冥纸一捧焚墓上　能有几文到九泉
地下应听泪声唤　重结来生姊弟缘

64. 孤　雁

——《奋飞》序

展翅奋飞五十年
回首依依衔残篇
重读昔日笔下字
一字一情一惘然

65. 异　域

——《异域》全集版序

桥断水崩月落天
孤军一支溃云南
异域景残人老去
家园也非旧河山

66. 盼　君

盼君再来君不来
转眼阶前秋草衰
夏去春去冬又至
再来时节墓花开

67. 山　居

独坐窗前对黄昏　霎时夜色漫山村
万家灯火沉河底　满天星斗落红尘
海市蜃楼非是幻　梦中神话现真身
一叶扁舟从此去　双桨无声水无痕

【附录·散文一篇】

柏杨访柏杨

——1997年7月30日,载于台北《中国时报》

周碧瑟

柏杨的一生,不只坎坷,更充满传奇。在偶然的机缘下,我执笔写《柏杨回忆录》,才把柏杨人生的片片段段串联起来。在他一生里,掀起许多社会事件的高潮,进入历史的痕迹;就在最近,又发生了另一次历史事件,柏杨做了一位归化原住民的汉人。

柏杨有四个名字,郭定生是他的本名,初二被开除,他父亲怕考高中受开除的影响,替他改名郭立邦。以郭立邦之名考取开封高中,读了一年,交不出初中毕业证书,于是,只好投笔从戎。抗战期间,流亡学生在重庆可以分发上大学,柏杨找到一张南京中央大学政治系三年级"郭大同"的证件,修改成"郭衣洞",被分发到东北大学。

郭衣洞这个名字用了相当长一段时间,从入东北大学,直到毕业,抗战胜利,教育部发现南京中央大学学籍簿上根本没有郭衣洞名字,于是下令永久开除学籍。经过一番逃亡生涯,到了台湾。仍用郭衣洞之名,写了十年小说,成为名作家。

台湾中部横贯公路通车前夕,公路局局长林则彬先生邀他做一次通车前的访问,为通车典礼写一本小册——《宝岛长虹》;"柏杨"这个笔名,就来自这趟横贯公路之旅。当时横贯公路已经全线通车,只有最后一个隧道——衡山隧道,鹰架还没有拆下,车到了隧道东口停下来,徒步从鹰架间穿过,走到隧道西口,再坐另一部接驳专车西行。

就在等候西口专车的时候,招待人员引他们到隧道附近高地喝茶。这个原住民部落的马来语发音叫"古柏杨"(Gu Boyang)。他非常喜欢这三个字的发音,回到台北开始写杂文时,最初本来想直接用"古柏杨"作笔名,但看起来好像是武侠小说的作者,就改用"柏杨"。从此,这两个字开始对抗中国五千年的传统文化,也承载中国近百年来的苦难。

《柏杨回忆录》出版后,公共电视公司拟用两年时间,拍摄一部纪录片人物志——柏杨博。柏杨本人不知道自己的出生地在哪里,但却知道"柏杨"源自何方,于是我兴起代他寻根的主意。

第一个想到的是埔里邓相杨先生,他对原住民情有独钟,花了几十年的岁月,搜集原住民的史料。我到埔里拜访,他一听,未加思索就说,那个地方现已改名"新柏杨"。太热的朋友,太快的反应,使我直觉以为他只是顺口随便说说,没有再追查下去,于是转向公视宋颖莺小姐,请她探询。

公视效率之高,真是惊人。她们居然查访出,并联系上古柏杨阿维家族的后裔;目前,整个部落已搬迁到花莲县万荣乡见晴村,于是,我们决定做这次回归之行。

除了公视外景队与柏杨、香华夫妇之外,柏杨的幺女佳佳,也带着她四岁的混血女儿郭迺美(Pate),远从澳洲赶来同行,这是祖孙三代寻根之旅。

艾忠进牧师安排柏杨与见晴长老教会等人,享用一顿原住民特色的晚餐,每一家做一道菜,组合成一桌佳肴。接着,古柏杨阿维家族动员全村男女老幼,很用心地举办一个温馨感人的欢迎晚会,载歌载舞,以原住民特有的方式,来欢迎“柏杨爷爷”回归。

族里的妇女编制了一件阿维族的上衣与头带,亲手为柏杨穿戴,族人长老为柏杨系上传家的山刀。柏杨在族里最年长的人瑞婆婆(112 岁)额上深深一吻,送上一个红包:他难掩内心的激动。

第二天,在族人与万荣乡阿信军(Isakomin)乡长陪同下,赴古柏杨旧地。途经太鲁阁、天祥,多日豪雨,几处坍方。停车前,居然看到一个路牌:新柏杨,令我不觉一怔! 佩服邓相杨这位老友对原住民的熟稔!

最后下车步行,在族人带领下,走到“衡山隧道”。旧隧道躲在新隧道的侧边,草树遮掩,仍依稀可辨半剥落的红色“衡山隧道”字迹,若非有人指点,确实难觅。

三十余年前,柏杨最幼的女儿佳佳,尚在妈妈腹中;如今,旧地重归,她已为人母。柏杨百感交集,这一位归化原住民的汉人,为这次回归,写下一诗《重返柏杨》。人世沧桑,令人唏嘘感慨。